30

REWIND:
Historical
Moments
with
PR
Insights

대 뉴스에서

PR

30인의 PR 전문가가 돌아본
30년간의 30대 뉴스

을 읽다

한국PR협회 엮음

한울
아카데미

일러두기

'PR'의 국립국어원 외래어표기법은 '피아르'입니다. 그러나 이 책에서는 저자의 의견에 따라 '피알'로 독음하고 'PR이', 'PR은', 'PR을' 등으로 표기함을 밝힙니다.

이 도서의 국립중앙도서관 출판예정도서목록(CIP)은 서지정보유통지원시스템 홈페이지 (http://seoji.nl.go.kr)와 국가자료종합목록 구축시스템(http://kolis-net.nl.go.kr)에서 이용하실 수 있습니다. (CIP제어번호 : CIP2019044981[양장] CIP2019045422[학생판])

차례

한국PR협회가 창립 30주년을 맞았습니다. 30이면 뜻을 세운다는 이립而立
입니다.

한국PR협회는 PR 환경이 척박했던 1989년 8월 22일 한국PR산업 및 PR학
의 건전한 발전과 회원 간 교류확대를 목적으로 세워져 지금까지 PR 활동의
효율적인 전개와 이에 관한 연구 토론, PR 관련 국내외 단체들과의 교류 등
다양한 사업을 전개해 오고 있습니다.

한국PR협회는 초대 회장인 조해형 나라기획 회장을 비롯해 김경해 커뮤
니케이션 코리아 사장, 김한경 KPR 사장, 마의웅 해태그룹 홍보실장, 서정우
연세대학교 교수, 신용석 조선일보 논설위원, 신창규 제일기획 프로모션 본
부장, 원우현 고려대학교 교수, 이기홍 한국일보 광고이사, 장성현 SH Jang
& Associates 사장, 전유윤 대한적십자사 섭외부장, 최시중 동아일보 논설위
원, 최창섭 서강대학교 교수(이상 당시 직위) 등 13명이 창립총회를 개최하면
서 시작되었습니다.

그동안 한국PR협회는 한국PR 대상 실시, PR 전문가 인증제 도입, PR 교실
및 PR 세미나 개최, PR 우수논문상 시상, 대학생 PR 경진대회 개최 등 다양한
활동을 통해 PR산업 발전에 기여해 왔습니다.

한국PR협회는 30주년을 맞아 협회 창립을 기념하기 위해 PR인들이 참여해
30년간 세상의 관심이 집중되었던 뉴스를 모아서 이를 재해석하고 분석해 책
을 출판하기로 했습니다. 한국PR협회 30년의 역사 동안 언론사의 10대 뉴스

등에서 선정된 좋은 소식, 나쁜 소식 등을 망라해 30개의 아이템을 선정하여 집필하는 형식입니다. 당초에는 30년 동안 매년 하나씩 30개의 뉴스를 선택해 필자들의 의견을 받았으나 일부 뉴스 아이템에 관심이 덜하여, 연도가 겹치더라도 대중의 관심을 끌 만한 주제를 추가하고 일부 필자들의 의견을 반영해 30개의 원고를 구성하게 되었습니다.

이번에 선정된 뉴스를 보면 1989년 한국PR협회 창립을 제외하면 대부분 언론사 10대 뉴스에 올라간 주제들입니다. 이를 분류해 보면 먼저 국가 행사로 대전엑스포(1993), 한일 월드컵(2002), 서울 G20 정상회의(2010), 여수엑스포(2012), 인천아시아경기대회 개최(2014), 평창동계올림픽(2018) 등이 있습니다.

그리고 정치 뉴스로는 김대중 대통령 노벨평화상 수상(2000), 김정일 사망과 김정은 등장(2011), 경제 어젠다로는 OECD 가입(1996), IMF 위기(1997), 글로벌 금융위기(2008), 삼성전자 갤럭시 S 출시(2010)를 다루었습니다.

사회적 파장을 몰고 온 사건·사고로는 낙동강 페놀 사태(1991), 성수대교 붕괴(1994), 삼풍백화점 붕괴(1995), 위도 핵폐기장 백지화(2003), 황우석 논문 조작(2005), 태안 기름유출사고(2007), 미국산 쇠고기 수입 반대 시위(2008), 세월호 사건(2014), 메르스 사태(2015) 등으로 주로 위기관리 측면에서 많은 분석이 이루어졌던 주제들입니다.

사회적 이슈로는 정주영 회장 소떼 방북(1998), 박세리 LPGA 대회 우승(1998), 밀레니엄 시대 도래(2000), 인천공항 개항(2001), 박인비 세계 골프 제패(2013), 「김영란법」 실행(2016), 미투 열풍(2018), BTS 한류 열풍(2019) 등을 다루고 있습니다.

이 책에서는 제외되었으나 검토되었던 뉴스 중에는 한·중 수교(1990), 한·소 수교(1992), 금융실명제(1993), 김일성 사망(1994), 대우 해체(1999), '바다이야기' 비리(2006), 〈겨울연가〉 열풍(2002), 청계천 복원(2005), 한국 첫 우주인 탄생(2008), 노무현 대통령 서거(2009), 아덴만 여명작전 성공(2011), 현대자동차 소나타 생산 30주년(2015), 간통죄 위헌 판결(2015), 촛불시위 및 대통령 탄핵 소추(2016), 영화 〈기생충〉 황금종려상 수상(2019) 등이 있었습니다.

특히 이번 책자 집필에는 학계, 기업홍보실, PR 대행사 등에 근무하면서 PR 분야에서 다양한 업적을 쌓은 분들이 참여했습니다. 한국PR협회 활동에 직접 참여하신 분도 있고 밖에서 PR 발전에 기여한 분들도 같이 참여했습니다.

이 책은 면밀한 학문적 접근보다는 국가 행사나 사회적 이슈, 사건 등을 PR인들이 어떻게 보고 있는지, 그런 역사적 뉴스들이 PR 측면에서 어떻게 해석될 수 있는지를 살펴보자는 취지에서 출간되었습니다. 따라서 이 책의 내용은 각 전문가들의 독자적인 견해가 나타날 수 있으며 사안에 따라서는 정치적 견해를 달리할 수 있지만 이 책에서는 오로지 PR인의 시각에서 편견 없이 주제를 다루었다는 말씀을 드립니다.

PR은 30년 전에 비해 그 활용 폭도 넓어지고 PR 개념 자체도 확대 해석하는 관점이 늘어났으며, PR업에 종사하는 전문인도 늘어났습니다. 30년 전에는 생소했던 디지털 PR, 마케팅 PR, 소셜 미디어, CSR, 소셜 임팩트Social Impact, 위기 관리, 이미지 관리, 사회적 가치 등의 단어들이 일반화되고 있습니다. 정부기관이나 공공단체, 기업, 병원, 비영리기구를 가리지 않고 PR 전략을 중시하고, PR 대행사를 활용하는 데 익숙한 시대가 되었습니다. 대통령, 지방자치단체장, 국회의원 선거 전략에 PR은 필수 요소이고, 정책 PR의 중요성도 커지고 있습니다.

이제 PR은 단순히 기능적 역할에 머물지 않고 사회를 움직이고 변화시키는데 적극적인 역할을 하고 있습니다. 이 책이 30년간 큰 변화를 겪고 있는 시대 환경 속에서 PR이 차지하는 위상이나 PR의 중요성을 짚어보는 계기가 되길 바랍니다. 또 앞으로 다가올 30년은 PR이 더욱 중요한 역할을 할 것이라는 믿음 속에 PR인들이 이 책을 통해 역사의 편에 같이 설 수 있기를 기대합니다.

2019년 9월 / PR인 저자 30인을 대표하여

한국PR협회 회장 한광섭

한국PR협회 30주년 기념행사 위원장 김재인

한국PR협회 30주년 기념책자 편집위원장 김주호

한국PR협회의 과거에 대한 역사적 기록이자
미래를 향한 나침판

이 책은 1989년 본 협회의 창립 이후 한반도를 중심으로 일어나는 국가적 관심이 집중된 행사와 온 국민이 마음 졸이고 안타까워하던 사건을 중심으로 PR의 안목과 이론 틀에서 그 의미와 역사적 가치를 재조명했습니다.

한국PR협회의 30주년을 기념하여 한국PR협회 회원들의 글이 총망라된 이 책은 본 협회의 과거에 대한 역사적 기록이요 미래를 향한 나침판으로 기능이 크게 기대가 됩니다.

지난 30년 수많은 뉴스 중에서 모두 자랑스럽게 여기는 서울 G20정상회의, 대전엑스포를 비롯하여 한반도에서 국민의 미음을 시로잡았던 한일월드컵과 평창동계올림픽 개최 등 우리 사회의 국가적 행사는 물론 정치적·사회적 이슈를 총망라하여 PR 전문가들이 참여하여 한국의 30년의 톱뉴스를 PR의 관점에서 조명한 점이 흥미롭고 특별합니다.

PR 분야의 과거에 대한 자기 성찰과 다가올 미래에 대한 대비 측면에서도 한국PR협회가 국내 톱뉴스를 PR 자료화해서 30년 단위로 기록을 남긴 점에서도 보람찬 결실이라고 생각합니다.

한광섭 회장과 김재인 30주년 기념행사 위원장, 김주호 30주년 책자 편집 위원장 등 이 책을 구상하고 출간하는 모든 과정에서 애쓰신 분들의 헌신을 되돌아보면서 깊은 감사를 전합니다. 모든 집필진이 본 협회 회원으로서 또는 PR 전문가로서 격조 있는 글을 투고해 주신 점에 감사와 경의를 표합니다.

원우현 고려대 명예교수, 전 한국PR협회 회장

국가적 사안을 PR인의 안목으로 재조명하다

요즘처럼 '소통'의 중요성이 화두가 된 시기도 없습니다. PR은 상호 간에 활발한 소통으로 우호적인 관계를 유지시켜 줍니다. PR은 현상을 파악하고 좋은 방향으로 이끌어가는 여러 방법을 찾습니다. PR은 고객과 공중을 서로 이해시키는 쌍방향 예술과 같습니다.

PR의 개척자인 에드워드 버네이스Edward Bernays는 미국이 PR 카운슬러의 노력으로 복잡한 사회의 온갖 아이디어와 정보에서 필요한 것을 선별해 이를 리드해 나감으로써 더 살기 좋은 나라를 만들어나갈 것이라고 주장했는데 이 주장에 공감합니다.

지나간 국제적 행사나 정책, 이슈, 사건을 PR인의 안목으로 재조명해 본다는 것은 문제를 찾아보고 개선점을 찾자는 의도일 것입니다. PR인은 어떤 특정한 문제를 바라볼 때 자신에 속한 그룹에서 한 발 벗어나 공정한 시선으로 보기 때문에 고객과 공중 모두에게 도움을 줄 수 있으며 여론이 형상되기 전에 모호한 상태일 때 여론의 흐름을 주도하는 역할을 합니다.

이 책은 우리나라의 국가적 프로젝트나 위기 등에서 PR인의 역할이나 PR의 원리가 어떻게 작동해야 하는지를 잘 보여주고 있습니다. 큰 뉴스와 사건 속에 PR이 어떤 기능을 하고 어떤 의미를 가지는지, PR인들이 전문가의 시각으로 분석한 내용을 보면서 미래의 일을 대비할 수 있을 것입니다.

한국PR협회의 『30대 뉴스에서 PR을 읽다』 출간을 축하합니다.

이순동 국제광고협회 한국본부 회장, 전 한국광고총연합회 회장, 전 한국PR협회 회장

30년 역사를 통해 성찰하는 PR의 역할

지난 1989년 한국PR협회KPRA 창립 발기인의 한 사람으로서 30주년을 맞아 남다른 감회를 느낍니다.

저는 미국 뉴욕의 공립도서관New York Public Library에서 20년 가까이 근무했습니다. 미국에서 생활하면서 PR을 알게 되고 PR의 중요성을 실감했는데, 1987년 한국으로 돌아와 보니 국내는 PR의 불모지였습니다. 그러던 중에 1989년 한국PR협회와 국제PR협회IPRA 한국지부의 설립에 참여했고, 같은 해에 PR 기업인 KPR도 창립하여 올해 30주년을 맞았습니다.

30년의 세월이 흐르면서 PR의 필요성은 더욱 커졌고 PR인들의 역할도 매우 다양해졌습니다. PR을 가르치는 학교도, 공부하는 학생도 많아지고, PR산업도 성장을 거듭해 왔습니다. 지난 30년간 국가적·정치적·사회적·경제적으로 다양한 일이 많이 일어났습니다. 그럴 때 PR은 중요한 역할을 해오기도 했지만 뒷전으로 밀려 위기 국면을 하릴없이 바라볼 수밖에 없던 때도 있었습니다.

언론을 통해 온 국민의 주목을 받았던 현장의 일들에 대해 역사적인 평가는 이르지만, PR인들이 커뮤니케이션 측면에서 이를 성찰, 분석해 보는 것은 큰 의미가 있는 작업이라고 생각합니다. 한국PR협회가 30대 뉴스를 선정해 PR 측면에서 평가를 하고 이를 기록하는 일에 열의를 가지고 참여한 30인의 PR 전문가 분들께 감사의 말씀을 전합니다. 아울러 다시 한 번 한국PR협회 창립 30주년과 기념책자 발간을 진심으로 축하합니다.

김한경 KPR 회장, 전 국제PR협회 한국지부 회장

PR 산업의 오늘을 있게 한 'PR 교실'

1989년 ● 한국PR협회 창립과 PR 교실

김 경 해

커뮤니케이션즈코리아 대표

❖ '한국PR협회', 미래지향적 명칭이 정해지다

1989년 한국PR협회를 발족시키기 위해 발기인들이 남산에 위치한 그랜드하얏트서울 호텔에서 여러 차례 조찬모임을 가졌다. 모든 참석자가 현 한국PR협회와 같은 조직을 발족시키는 데 만장일치로 찬성했다.

그다음 협회 명칭에 대한 논의가 시작됐다. 그때만 하더라도 홍보라는 단어가 폭넓게 사용되고 있어 한국홍보협회라는 명칭을 갖는 것이 당연하다는 분위기였다.

서강대학교 최창섭 교수와 필자는 앞으로 40~50년 이후를 내다보아야 한다고 강조하면서 새로이 부각되고 있는 'Public Relations', 즉 'PR'라는 용어를 제안했다. 열띤 논의 끝에 홍보냐 PR이냐에 대한 결정은 다음 미팅으로 미뤄졌다.

필자는 그 당시 홍보라는 용어에 대한 부정적인 사용 사례를 수집하여 참석자들에게 자료를 제공했다.

종종 정부 부처 장관들이 정책의 실패를 인정하지 않으면서 '홍보가 잘못되었다'고 방송에 출연해 자연스럽게 이야기하곤 했다. 홍보를 과장하고 '얼굴에 분칠'을 하는 것으로 인식하고 있는 정치인들이나 관료들이 모든 잘못을 홍보 탓으로 돌리고 있었다.[1]

그리고 그때 미국에서 PR의 개념이 점점 더 확대되어 마케팅과 평판 관리, 위기관리까지 취급하는 사례도 자세히 설명하였다.

이러한 근거를 기반으로 다음 미팅에서 한국홍보협회가 아닌 '한국PR협회 Korea Public Relations Association: KPRA'로 명칭을 정하는 데 모든 참석자가 찬성했다.

이후 PR 관련 교수들이 모여 관련 학회를 발족시켰다. 처음에는 '한국홍보학회'[2]로 명칭을 정한 후 몇 년 뒤에 뒤늦게나마 '한국PR학회'로 명칭을 바꾼 것을 보면 30년 전 PR인들이 모여 정한 '한국PR협회'는 앞을 내다보는 미래지향적인 명칭이었다.

초대 조해형 회장이 1대 회장으로 임기를 마치고 필자가 2대·3대 회장을 역임하였다. 필자는 2대 회장 취임사에서 '공부하는 PR협회'를 강조하면서 이것을 달성하기 위해 매달 'PR 교실'을 운영할 계획을 발표하였다.

❖ 한국 PR산업의 원동력이 된 PR 교실의 열기

PR 교실은 PR협회 30년 역사상 10대 주요 뉴스 중 하나라고 할 수 있다. 그 이유는 간단하다. 30년 후 오늘날 PR 산업이 현재와 같이 발전, 성장할 수 있는

---

1   Public Relations는 국내에서 PR 또는 홍보로 번역된다. 홍보보다는 PR이 전략적인 설득 개념으로 받아들여지고 있다. 일본에서는 광보廣報, 중국에서는 공공관계公共關係라 불린다.

2   한국홍보학회는 1997년 창립되어 윤희중 교수가 초대 회장을 맡았다. 학회지 《홍보학연구》도 창간했다.

원동력이 된 것이 PR 교실이었기 때문이다.

한 달에 한 번씩 정상 업무를 끝낸 후 서강대학교에 모여 각 분야에서 가장 최신 PR 기법을 터득한 강사들(주로 외국에서 박사학위 취득 후 최근 귀국한 교수들 포함)과 업계 전문가들이 깊이 있는 발표를 진행했다. 그 이후 열띤 질문/답변 시간이 뒤따라 이어졌다.

매달 진행되는 PR 교실과 관련하여 가장 어려운 과제는 유능한 강사 발굴이었고 또 그 강사가 발표할 주제 선정이었다. 그 당시 많은 PR 교수들과 업계 지도층 인사들이 강사와 주제 선정에 큰 도움을 주었다. 이 자리를 빌려 그분들께 진심으로 감사를 드린다. PR 교실은 PR인에게는 네트워킹을 넓히는 데도 크게 기여하였다. 심지어 PR 교실에서 만나 사귀게 되어 결혼한 커플도 나왔다는 이야기를 들은 적도 있다.

많은 참석자가 PR 교실을 마친 후 저녁 10시 가까운 시간에 대학 언덕 가로수길을 내려왔던, 그 잊을 수 없는 추억에 대해 이따금 이야기하곤 한다.

PR 교실을 위해 많은 참석자가 저녁 식사도 제대로 하지 못한 채 서강대학교 카페테리아에서 2000원 식사로 저녁을 때우고 대학 시절보다 더 열심히 강의에 몰입했다. 또 PR 교실을 통해 PR에 관한 지식의 폭을 넓힌 것에 대하여 협회에게 감사의 인사를 전하기도 했다. 다시 대학생으로 돌아간 기분을 느끼게 되었으며 뭔가 흐뭇한 만족을 가슴에 안고 대학 캠퍼스 언덕길을 내려온 것을 일생을 두고 잊지 못할 추억으로 여겼다.

미국 콜로라도 대학교에서 교수로 재직하고 있는 김장렬 총무(당시 커뮤니케이션즈코리아 과장)가 PR 교실 업무를 담당했다. 강사 발굴에 많은 시간을 소모하였고 모든 진행을 담당하여 PR 교실의 가치를 높이는 데 큰 역할을 하였다.

그간 진행된 주요 PR 교실의 강의 주제는 다음 도표와 같다. [3]

---

3 한국PR협회가 발행한 『한국PR편람』 등의 자료를 취합하였다.

구분		강의주제
1991년	01월 제1회	'퍼블리시티란 무엇인가?', '루머 잠재우기'
	02월 제2회	'커뮤니케이션으로서 정치광고와 정치PR의 가능성 및 제한성', '정치PR의 실제'
	03월 제3회	'정치 PR의 기법'
	04월 제4회	'기업문화와 PR', '위기관리와 PR'
	05월 제5회	'CI와 기업 PR', 'CIP 이론'
	06월 제6회	'이벤트의 문화성', '국내이벤트업계의 현황 및 전망'
	07월 제7회	'기업 PR, 뉴미디어 활용을 중심으로'
	08월 제8회	'기업의 국제 PR: 문화적 장애요인을 중심으로'
	09월 제9회	'조직커뮤니케이션과 PR', '위기상황하에서의 내/외적 커뮤니케이션'
	10월 제10회	'언론과 PR: 기자와 PR 실무자와의 관계'
	11월 제11회	'기업문화와 PR'
	12월 제12회	'언론중재', 'Corporate Positioning 및 Brand Positioning'
1992년	06월 제14회	'Branding과 기업 PR'
	10월 제16회	'Toward 2,000: Issue and Developments in PR'
1993년	04월 제18회	'대선 사례를 통해 본 정당홍보의 개선 방향'
1994년	12월 제23회	'조직의 위기관리와 Public Relations'
1995년	05월 제24회	'한국의 세계화와 이미지 문제'
	07월 제25회	'한국적 위기관리 PR 모델 PR 프로젝트의 과학화: PR 연구 사례를 중심으로'
	11월 제26회	'PR에 있어서 7 : 3의 법칙 — 차별화와 파워생성 원리', '지방화 시대 기업의 지역관계와 이슈관리'
1996년	05월 제27회	'세계 초우량 기업의 PR 전략'
	06월 제28회	'한국기업의 해외홍보와 국가이미지'
	08월 제29회	'한국의 위기관리, 무엇이 문제인가? 언론, 정부, 기업의 문제점 진단과 대처방안 모델연구'
	09월 제30회	'21세기 문화경영 시대의 사보의 역할과 기업PR의 정책과제'
	10월 제31회	'인터넷을 이용한 PR 전략 연구: 삼성, 현대, IBM의 인터넷 홈페이지 비교분석'
	12월 제32회	'미국 PR 실무자와 기자와의 관계: Publicity의 도구인 Profnet을 중심으로'
1999년	06월 제33회	'외신기자가 제시하는 한국정부 및 기업 PR의 문제점과 해결책'
	07월 제34회	'MPR: 통합마케팅커뮤니케이션Integrated Marketing Communications: IMC 시대에 있어서 마케팅력을 강화시키는 PR전략들'

	09월 제35회	'조직체 이미지 관리와 조사'
	10월 제36회	'IR과 PR'
2000년	04월 제38회	'벤처기업 PR'
	05월 제39회	'PR 효과의 측정 방법'
	07월 제40회	'언론인이 본 PR과 PR인'
	09월 제41회	'POSCO Corporate Communications'
2001년	04월 제42회	'사이버 PR'
	05월 제43회	'한국코카콜라의 브랜드 전략'
	06월 제44회	'경마 PR'
	09월 제45회	'조선일보의 경제 관련 기사 편집, 보도 방향'
	12월 제46회	'KBS의 경제 관련 기사 편집, 보도 방향'
2002년	07월 제47회	'동아일보의 경제 관련 기사 편집 및 보도 방향'
	06월 제48회	'삼성전자의 해외 MPR'
2004년	06월 제49회	'쟁점 관리'
	11월 제50회	'아테네 올림픽을 통해 본 홍보의 힘'
2005년	10월 제51회	'PR인 재교육과 전문가 인증제도'
2006년	07월 제52회	'국정홍보, 무엇이 달라지고 있나'

고故 김용식 외무부 장관도 PR 교실 강사로 초청돼 '외교와 위기'에 관해 강의한 적이 있었다. 오랜 시간이 지난 지금까지도 그의 명강의를 잊지 못한다. 한일국교 정상화 이후 한일문화재 반환협정 논의 시 일어난 사건이었다. 국보급이 아닌 문화재는 일단 한국으로 돌려주기로 사전에 합의가 되었으나 외교문서에 어떻게 표현하느냐가 중요한 이슈였다. 해당 논의 내용을 외교문서에 어떤 표현으로 담느냐가 무척 중요했기에 마지막까지 진통을 겪으며 위기 상황으로까지 발전하였다.

양국 주장에서 한국은 우리 문화재를 '반환하다return'라고 하였고 일본은 '기증하겠다present'는 표현을 고집하였다고 한다. 3일 동안 서로의 주장만 펴자 결말이 나지 않고 마지막 점심식사를 하는데 일본 외교관 한 사람이 '건네주다hand over'라는 단어를 외교문서에 쓰는 것을 건의하며 양국이 다 윈 - 윈win-win할 수 있다는 설명을 덧붙였다. 한국 측은 한국 외무부 기자실에 가서 일본이 '반환했다'고 부연 설명하고 일본은 우리가 한국에 '기증하였다'고 외무성 기자실에 가서 설명하면 된다고 했더니, 양측이 다 박수를 치면서 큰 외교의 골칫덩어리가 해결되었다고 얘기해 참석자들에게 큰 감동을 주었다. 'hand over'라는 두 단어로 모든 위기 요소가 없어지고 양국이 윈 - 윈하는 'solution'이 나온 것이다. 이처럼 그동안의 PR 교실에서 PR 산업 발전에 실제로 도움이 된 많은 유익한 강의가 있었다.

필자가 발족시킨 PR 교실을 후임 회장들도 이어받아 계속 진행시켜 더욱더 충실한 내용으로 계승·발전시켰으며, 그 축적된 힘이 PR협회 30주년을 맞는 우리 PR인들의 자부심이 됐다고 생각한다.

한국PR협회 30주년을 맞았다. 과거의 영광에 머물러 있는 PR 교실을 새 시대에 걸맞게 진행했으면 좋겠다. 새로운 PR 교실을 통해 매월 PR인들이 모여 다가올 30년을 향한 또 다른 준비를 해보는 것도 우리 PR인에게 큰 의미가 있을 것이라 확신한다.

➡ **참고자료**

김주호. 2019. 『PR의 힘』. 서울: 커뮤니케이션북스.
원우현·박종민. 2000. 『여론홍보론』. 서울: 법문사.
한국PR협회. 2013. 『한국PR편람』.
한국PR학회 홈페이지(www.kaspr.net).
한국PR협회 홈페이지(www.loreapr.org).

페놀 누출 사태로 살펴본 PR의 교훈

1991년 ● 두산전자 낙동강 페놀 사태

문철수

한신대학교 미디어영상광고홍보학부 교수

✤ 두산전자의 낙동강 페놀 누출 사고 개요

1896년 '박승직 상점'으로 출발한 두산그룹은 창업 100주년을 목전에 두고 그룹 이미지에 치명적 손상을 입게 된다. 계열사인 두산전자 구미공장에서 페놀 누출 사고가 발생한 것이다. 이 사고로 그룹의 간판이라 할 수 있는 OB 맥주의 매출액이 급감하고 주가도 곤두박질쳤다. 특히 두산전자가 영남권 주민의 식수원인 낙동강에 발암 물질인 페놀을 무단 방류했다는 기사("발암 물질 페놀 325톤 무단 방류", 《한국일보》, 1991.3.21)가 확산되면서, 두산제품 불매운동으로까지 이어지는 등 두산그룹은 창사 이래 최악의 위기에 봉착하게 되었다.

두산전자의 페놀 누출 사고는 구미공장 내 페놀 원액 탱크 연결 파이프가 파열되어, 1991년 3월 14일 오후 10시부터 15일 오전 6시까지 8시간 동안 페놀 원액 30톤이 낙동강 지류인 옥계천에 누출되면서 시작됐다. 이로 인해 16일에는 230만 대구 시민의 식수원인 낙동강과 다사 수원지 등에 페놀이 흘러

들어가 각 가정에 공급되는 수돗물에서 심한 악취가 풍기기 시작했다. 다음 날 대구시 상수도사업본부는 낙동강 상류로부터 공장폐수가 수원지에 대량 유입되어 염소 소독을 실시했는데, 페놀과 염소가 결합하면서 클로로페놀이라는 성분을 형성, 16일 오후 2시부터 수원지의 물이 독한 악취를 풍기기 시작했다고 발표했다.[1] 실제로 당시 낙동강에서는 음용금지 수준의 약 40배에 달하는 페놀이 검출되어 식수 비상 상태가 발생했다.

페놀을 방류한 회사가 두산그룹의 계열사임이 밝혀지면서 대구 지역은 물론 전국적으로 여론이 악화되었고, 21일 두산그룹의 박용곤 회장은 지상파와 각종 일간지 광고를 통해 사과문을 발표하면서 피해보상에 최선의 노력을 다하겠으며 대구시에 수질개선 자금으로 200억을 기부하겠다고 약속했다. 또한 7명의 그룹 내 대표이사로 구성된 사고수습 대책팀을 구성해 대구시 및 관련기관과 구체적인 피해보상 문제를 협의토록 하겠다고 밝혔다. 그뿐만 아니라 자숙의 의미로 '두산을 기업명으로 하는 그룹사의 광고를 중단하고 수입 브랜드의 광고도 자제함을 원칙으로 한다'는 지침하에 22일을 기해 그룹 광고를 전면 중단했다.

한편, 22일부터 두산전자는 한 달간 조업정지를 당했으나, 이 회사가 전자제품의 필수부품인 PCB(인쇄회로기판) 생산의 85%를 담당하고 있어 국내 전자업계가 원자재 공급난을 겪게 된다는 이유로 조업정지 기간이 단축되었다. 그러나 조업 재개 직후인 4월 22일 페놀이 또 다시 누출되어 대구시가 14시간 동안 수돗물 취수를 중단하는 상황이 발생했다. 이처럼 겨우 한 달 만에 페놀 누출 사고 재발로 국민들의 분노가 최고조에 이르자, 24일에는 두산그룹의 박용곤 회장이 모든 사고의 책임을 지고 물러났으며 25일에는 환경처 장·차관이 동시에 해임됐다.

---

[1] 페놀은 1ppm의 농도에서는 냄새를 느낄 수 없을 정도로 약하지만 염소와 화합하면 클로로페놀로 변화되면서 냄새가 300~500배로 강해진다고 한다.

❖ 부정적 언론 보도의 확산과 기업의 이미지 추락

사고 초기에는 주로 대구 지역 언론에서만 관심을 보였으나, 페놀을 방류한 기업이 재벌그룹의 계열사임이 밝혀지자 전국지와 방송을 중심으로 기사화되었고, 두산그룹은 환경오염의 주범으로 낙인찍힌다. 특히 '두산전자의 페놀 폐수 소각로가 사고 전년도(1990년) 10월부터 고장이 났지만, 회사 측이 이를 방치한 채 페놀 유출을 지속해 왔다'는 제보로 인해 두산그룹은 크나큰 타격을 입게 된다. 또한 식수를 오염시킨 페놀이 발암 물질이라는 기사가 실리면서 진실 여부에 상관없이 국민 건강을 해친 두산그룹에 대해 여론이 급격히 악화되었다.

인간 생명과 관련한 환경오염 문제, 특히 수돗물 오염으로 식수난과 임산부 건강 위협 등을 야기한 페놀 누출 사고에 대한 언론의 질타는 무서웠다. "낙동강을 죽인다; 영남 일대 식수 비상; 재벌 부도덕 규탄"(《경향신문》 1991. 3.21), "공해물질 방류 기업주, 〈간접살인죄〉 적용 여론"(《동아일보》 1991.3.22), "외국상표로 먹고 마시는 3대: 환경오염 두산의 성장사"(《조선일보》 1991.3. 23), "소비자가 응징하자: 소비자단체 대표들 두산제품 불매 결의"(《동아일보》 1991.3.24) 등의 주요 기사에서 알 수 있듯이 페놀 방류 대기업의 부도덕성과 비윤리성은 엄청난 비판을 받았다.

한편, 이 시기는 국내에서 환경오염에 관한 국민적 관심이 높아져 정부도 이에 부응해 환경청을 환경처로 승격시키는[2] 등 환경 문제가 범국민적 이슈로 떠오르던 시점이었기에 페놀 누출 사건에 대한 뉴스 가치가 더 높았던 것으로 판단된다. 또한 1990년부터 시작된 걸프 전쟁으로 인해 환경오염 문제가 국제적인 핫뉴스[3]로 보도되는 상황이어서 미디어의 관심을 끌기에 충분했다.

---

2 정부는 1990년 환경청을 환경처로 승격시키고, 초중고교 정규 교육과정에 환경교육 내용을 반영시키는 등 환경 문제에 대한 국민의 높은 관심을 반영한 바 있다.

3 1990년 걸프전쟁 시작과 함께 쿠웨이트 사막에 많은 유전이 파괴되었고, 1991년에는 이라크 군이 해안에 위치한 유전을 고의로 폭파하면서 페르시아만에 100만 톤에 이르

당시 두산그룹은 OB맥주와 프로야구 원년 우승팀인 OB베어스 등으로 국민들의 사랑을 듬뿍 받았지만 식수 오염을 일으킨 두산그룹의 주력 제품이 OB맥주, 코카콜라처럼 깨끗한 물을 원료로 한다는 점이 오히려 공격의 대상이 되었다. 또한 일반 공중에게 친근한 느낌을 주던 그룹의 이미지가 사라지고, '별다른 노력 없이 외국 브랜드에 로열티를 지급하는 소비재 기업'이라는 비판까지 제기되기에 이른다. 이로 인해 일반 공중의 분노는 두산 제품 불매운동으로 번져갔다. 두산그룹에 대한 비난과 불매운동은 소비자는 물론 유통업체까지 번져 전국의 슈퍼마켓에서 두산 제품을 무기한 취급하지 않기로 결의하는 일까지 벌어졌다. 이처럼 소비자 단체가 아닌 유통업계가 전국 조직망을 동원해 불매운동을 결의한 것은 전무후무한 사건이었다.

❖ 두산그룹의 위기관리 문제점과 이미지 회복 노력

두산그룹은 창업 이후 최대의 위기상황을 맞이했지만 체계적인 대응방안을 마련하지 못한 채 금전적 손실은 물론 엄청난 이미지 손실을 가져오게 되었는데, 위기관리 차원에서의 몇 가지 문제점과 이미지 회복 노력을 정리해 보면 다음과 같다.

첫째, 위기관리의 가장 중요한 원칙인 초기 대응이 없었다는 점이다. 실제로 위기 발생 이후 24시간이 매우 중요하다고 할 수 있겠는데, 두산전자가 페놀 원액 누출을 처음 감지한 시점이 3월 15일 오전 9시였으나, 대구 시민들이 가정에서 악취를 호소하고 언론에 기사화되기까지 약 3일 동안 구미공장 직원들의 초기 수습 과정은 없었다. 페놀 원액 누출이 확인되었을 때 즉시 관계기관에 보고했더라면 최소한 '폐수 무단 방류'라는 비판은 면할 수도 있었을 것이다.

는 원유를 유출시켜 유네스코가 평가한 체르노빌 핵 발전사고 이후 최대 환경 참사로 기록된 바 있다.

둘째, 두산그룹은 사건 발생 이후 7명의 사장단으로 '사태 수습 대책위'를 구성해 대응에 주력하는 듯했으나, 실질적으로는 피해 당사자들인 지역 주민과의 진정한 소통 없이 일방적인 피해 보상 대책을 내놓고 사건 축소에만 주력하는 등 소극적인 대응을 했다. 특히 두산전자가 조업을 재개한 이후 각 일간지에 "낙동강 오염 사태로 국민 여러분께 커다란 고통과 걱정을 끼쳐드린 데 대해 머리 숙여 사죄드린다"는 사과문을 게재했지만, 곧바로 페놀 방류 사고가 재발했고 이후 페놀 유출량을 축소하기 위해 급급했던 모습이 여론을 악화시켰다.

셋째, 두산그룹은 페놀 누출 사고 이전까지는 비교적 큰 위기 상황을 맞이한 경험이 없어서인지 PR 조직의 규모가 다른 그룹에 비해 작았고, 최고 책임자의 지위도 높지 않았으며 각 계열사 홍보실과의 협조도 체계적으로 이뤄지지 않았음을 알 수 있다. 실제로 두산전자 홍보 실무자들이 사고 소식을 접하고 초기에 제대로 대응하지 못한 점 역시 그룹 홍보실과의 원활한 내부 커뮤니케이션이 이루어지지 않았음을 보여주는 결정적인 증거이다.

넷째, 방어적 PR에만 집중했다는 문제점을 지적해 볼 수 있겠다. 페놀 누출 사고 이후 연일 부정적 기사가 터져 나오는 상황 속에서도 두산그룹은 언론사에 적극적인 정보를 제공하기보다는 오히려 기사가 나가지 않도록 방어하는 데 급급했고, 언론사의 자료 요청에 비협조적인 태도를 보임으로써 언론의 공격을 받았다. 이처럼 두산그룹의 대언론 홍보 방향은 우호적인 기사의 개발보다는 불리한 기사를 봉쇄하는 방식에 치중했고, 언론에 다소 폐쇄적인 태도를 보이는 등 정상적인 언론관계가 형성되어 있지 않았음을 알 수 있다.[4]

---

4   당시 두산그룹에 대한 비호감적 기사를 통해 대언론 홍보의 문제점을 어느 정도 짐작해 볼 수 있다. "서울 강남구 논현동에 있는 두산전자 본사는 외부와의 접촉을 일절 끊고 있다. 외부 전화도 직원 한 명만이 받고 있으며, '모든 회사 간부는 대구와 구미로 내려갔다'고만 말하고 있다. 그러나 이 직원은 그룹으로부터 모종의 지시를 받은 듯 그룹과의 관련을 묻는 질문에 '그룹에 대해서는 아는 바 없다', '그룹과는 상관없다'는 대답으로 이번 사건으로 인한 여파가 그룹으로 비화되는 것은 막으려는 분위기를 여실히 보여줬다." 《조선일보》(1991.3.22).

그렇지만 마지막으로 위기를 기회로 삼아 이미지 회복의 기회로 삼은 점은 인정할 만하다. 두산그룹이 창사 이래 가장 큰 위기 상황을 겪으면서 초기 대응을 제대로 하지 못한 것은 비판받을 만하지만, 이를 계기로 환경 문제를 그룹 경영의 최우선 과제[5]로 삼고 전 사원에게 경각심을 불어넣은 점은 평가할 만하다. 이러한 노력의 결과 페놀 누출 사고 이후 3년 만인 1994년 환경처가 뽑은 환경 관리 모범업체로 선정되기에 이른다. 이 시기에는 페놀 사고와 관련된 피해 보상과 시설 개선 등 대부분의 사고 수습 작업이 마무리되었고, 대구시에 기탁키로 한 수질 개선 사업 기금 200억 원도 매년 50억 원씩 지불하는 등 대국민 약속을 지켰다.

❖ PR 차원에서의 페놀 누출 사고 대응에 대한 제언

우리나라에서 재벌그룹에 대한 인식이 다소 부정적이긴 하지만, 1991년 당시 OB맥주로 대표되었던 두산그룹은 '대학생들이 취업하고 싶은 기업'에 상위 랭크되는 등 일반 공중에게 비교적 우호적 평가를 받던 기업이었다. 그러나 계열사인 두산전자의 페놀 누출 사고로 인해 순식간에 환경오염 기업이라는 오명을 안게 된다.

지금 돌아보면, '페놀 누출 사고'는 고의적인 사고라기보다는 산업 안전사고로 볼 수도 있겠으나 이 사고가 온 국민을 분노케 한 것은 '사고'가 아닌 대기업의 고의적인 '폐수 무단 방류' 사건으로 인식되었기 때문이다.

또한 폐수 처리 비용 월 500만 원을 절약하기 위해 페놀을 낙동강에 몰래 버렸다는 의혹이 제기되면서, 두산그룹 전체가 부도덕한 기업으로 여론의 집

---

5 페놀 누출 사고로 엄청난 위기를 경험한 두산그룹은 환경 개선을 위해 연구소를 설립하고 환경 방지 시설과 오염물질 사전 예측 자동화 설비에도 많은 투자를 한 결과, 환경과 관련한 최고의 기업으로 평가받게 되었다.

중 포화를 맞았다. 상황이 이렇게까지 악화된 것은 두산전자 구미공장의 관리 소홀, 산업 안전사고에 대한 불감증, 현장 간부 및 실무진들의 초기대응 미숙이 결정적인 원인이었다.

역설적으로 페놀 누출 사고로 인해 두산그룹 계열에 전자 회사도 있다는 점을 알릴 수 있었지만, 대표적 브랜드인 OB는 치명타를 맞게 되었다. 일반 공중들의 분노가 전국적으로 확산되어, 각종 시민 사회단체들이 낙동강 페놀 오염 사태에 대한 간담회를 갖고, 두산 제품 불매운동을 벌였다. 국민에게 친숙했던 OB맥주는 불매 제품으로 전락하고, 업소들 스스로 OB맥주는 팔지 않겠다고 나섰다. 당시까지 OB에 밀려 만년 2위 브랜드였던 조선맥주가 반사이익을 얻어 몇 년 뒤 1위 기업으로 등극하게 된 것도 우연은 아니다.[6]

페놀 누출 사고의 잘못된 대응은 지금도 PR 수업에 주요 소재가 되고 있다. 두산으로서는 매우 불명예스러운 일이 아닐 수 없다. 이미 30년 가까운 세월이 지났지만 페놀 누출 사고는 PR에서 위기관리가 얼마나 중요한지 크나큰 교훈을 주고 있다. 원론적인 얘기지만 위기는 개인이나 조직과 연관된 공중 또는 이해관계자와의 관계가 악화되는 상황에서 발생한다. 이 과정에서 조직의 신뢰나 이미지 등 평판이 부정적으로 변화하는 상황이 수반된다는 점을 항상 명심해야 할 것이다.

또한 위기관리의 방법과 활용할 미디어는 시대에 따라 달라질 수 있으나 변하지 않는 원칙이 있다면 그것은 바로 신속과 진실이다. 신속하고 진실하게 대응하는 것이야말로 최고의 위기관리라는 점을 두산의 페놀 누출 사고가 너무나 정확히 보여주었다.

---

6 조선맥주는 1993년 '하이트Hite'를 출시하며, '지하 150m 천연 암반수'라는 물에 대한 구호를 달고 나왔다. 당시 사람들의 물에 대한 관심사를 잘 이용한 것이다. 하이트가 깨끗하다고 느낄수록 OB맥주는 그렇지 않은 것처럼 느껴지며 시장 판도가 바뀌었다. 1996년 7월에는 하이트가 처음으로 OB맥주를 추월하게 되었고, 이를 계기로 사명을 조선맥주에서 하이트맥주로 변경한다.

➡ 참고자료

김경해. 2001. 『위기를 극복하는 회사, 위기로 붕괴되는 기업』. 서울: 효형출판.

김병희 외. 2017. 『100개의 키워드로 읽는 광고와 PR』. 서울: 한울엠플러스.

오영란. 1991. 「위기관리를 위한 기업PR: 페놀유출 사건을 중심으로」. 서강대학교 대학원 석사학위 논문.

유창하. 1991. 「낙동강 오염 페놀사건 보도분석」. ≪신문연구≫, 51호(여름), 211~223쪽.

이주영. 2007. 「위기발생 시 기업 명성의 역할과 한계에 대한 연구」. 연세대학교 언론홍보대학원 석사학위 논문.

선진국 도약의 염원으로 빛난 대전엑스포

1993년 ● 대전엑스포 개최

한 광 섭
한국PR협회 회장

❖ 개발도상국이 개최하는 최초의 엑스포, 국가 위상을 제고하다

1993년은 특별한 해였다. 정치적으로는 문민정부가 들어서 오랜 민주화의 염
원을 이루었다. 86 서울아시안게임, 88 서울올림픽으로 한껏 높아진 국민적
자부심은 대전엑스포 '93[1]으로 그 정점을 찍었다. 후에 국민정부의 슬로건인
'세계화'는 이러한 시대적 분위기와 전 세계적인 개방화 물결을 반영한 것으
로 볼 수 있다. 서울올림픽 직후인 1988년 11월 12일 엑스포 유치를 위한 실
무기획단이 설치되었고, 1989년 2월 10일 엑스포 개최 방침이 처음으로 발표
되었다. 그해 9월 19일 국제박람회기구International Bureau of Exposition: IBE에 대
전엑스포 '93 공인을 신청하였다. 1990년 4월에는 대전엑스포 '93 공식 휘장
과 마스코트가 확정되었다. 8월 24일에는 대전엑스포 '93 기본 계획 및 주제

---

1   공식명칭은 The Taejon International Exposition, Korea, 1993이며 일반명칭은 대전
    엑스포 '93Taejon Expo'93이다.

가 확정되었다. 마침내 12월 12일 국제박람회기구 제108차 총회에서 대전엑스포 '93이 공식 승인되었다. 엑스포는 국제엑스포기구인 IBE의 공인을 받아야 하며 크게 등록 엑스포registered Expo와 인정 엑스포recognized Expo로 나뉜다. 등록 엑스포는 특정 주제 없이 5년 주기로 6주에서 6개월간 개최된다. 2010년 중국 상하이엑스포, 2015년 이탈리아 밀라노엑스포 등이 이에 해당되며 각각 6개월간 개최되었다. 반면 인정 엑스포는 등록 엑스포가 개최되는 사이에 열리며 3주에서 3개월 기간 동안 특정 주제를 걸고 해야 한다. 우리나라의 경우 대전엑스포와 2012년 여수엑스포가 이에 해당되며 각각 3개월간 개최되었다.

1993년 8월 7일부터 11월 7일까지 93일간 대전광역시 유성구 대덕연구단지 도룡지구에서 개최된 대전엑스포 '93에는 108개 국가, 33개 국제기구와 삼성, 한화, 선경, 럭키금성 등 19개 기업, 14개 시·도 및 7개의 정부기관과 공기업이 참가하는 성황을 이루었다. 대전엑스포 '93의 주제는 '새로운 도약의 길',[2] 부제는 '전통기술과 현대 과학의 조화'와 '자원의 효율적 이용과 재활용'이었다. 공식 마스코트로 '꿈돌이'가 선정되었다. 이러한 주제와 부제하에 총 93개의 전시관과 2300여 회의 문화 행사를 통해 자기부상열차, 전기자동차, 태양전지자동차, 태양전지거북선, 과학위성, 과학로켓, 신기전 복원 발사, 무인 비행선 등 첨단 친환경 기술의 현재와 미래 그리고 다양한 세계 문화를 펼쳐 보였다. 그 결과 해외관람객 67만 9000명 포함 총 1400만 명[3]의 관람객이 다녀가 당초 목표치인 50개국 유치, 외국인 50만 명 포함 1000만 명 관객 유치를 훌쩍 뛰어넘는 큰 성과를 거두었다.

세계 3대 스포츠 축제인 올림픽, 월드컵, 세계육상선수권대회 주최와 마찬가지로 엑스포 주최는 한 국가의 국제적인 위상을 과시할 수 있는 최적의 기

---

2 영문으로는 'The Challenge of a New Road to Development'이다.

3 공식 입장객 숫자는 1400만 5808명이다.

회이다. 특히 당시 개발도상국 최초로 엑스포를 개최한 우리나라는 이런 면에서 국가 위상 제고에 국제적인 이벤트를 잘 활용한 사례라고 할 수 있다. 일본은 1964년 도쿄올림픽, 1970년 오사카엑스포,[4] 1972년 삿포로 동계올림픽을 통해 성공적으로 국제무대에 복귀하고 위상을 과시한 사례가 있다. 아울러 2005년 나고야엑스포를 개최했고, 2020년 도쿄올림픽, 2025년 오사카엑스포를 유치한 것으로 볼 때 이러한 전략은 여전히 유효하다고 하겠다. 86 아시안게임과 88 서울올림픽에 이은 대전엑스포 '93 개최는 개발도상국에서 선진국으로 발돋움하는 계기를 만든 것으로 볼 수 있다. 대전엑스포 '93은 86 아시안게임, 88 서울올림픽과 1994년 '한국 방문의 해' 및 '서울 정도 600년' 기념행사와 더불어 국가 이미지 및 관광객 유치에 큰 역할을 했다. 아쉽게도 외환위기 등으로 귀결되기는 했지만 대전엑스포 이후의 경제 활황과 선진국 클럽이라는 OECD 가입 등으로 한껏 높아진 우리나라의 위상을 과시하기도 했다.

❖ 대전엑스포에 대한 국민여론을 변화시키기까지

대전엑스포 '93을 유치하고 준비하는 동안 국내 여론은 그렇게 호의적이진 않았다. 주요 언론들도 문제점 위주로 보도하는 경우가 많았고, 핵심 시설의 하나인 기업관 참가 기업들도 엑스포의 홍보효과를 확신하지 못해 참가를 주저하는 상황이었다. 그러나 엑스포에 대한 꾸준한 홍보 활동과 인식 개선으로 결국은 가장 성공적인 국제행사로 자리매김하는 성과를 거두었다. 여기에는 PR의 역할이 컸다.

엑스포 조직위는 국내 최초로 광고와 PR을 국내 광고대행사[5]에 총괄하게

---

4 일본종합연구소에 따르면 1970년 오사카엑스포의 방문객은 6400만 명, 경제효과는 약 2조 엔이다.

함으로써 효율적인 광고·홍보 활동을 할 수 있게 했다. 행사의 성격상 광고보다는 PR에 더 초점이 맞추어질 수밖에 없었다. 이른바 총괄 컨설턴트형 대행사의 활동이 국내에서 처음으로 이루어지는 계기가 되었으며, PR의 힘에 대해 인식하고 과시할 수 있는 계기가 되었다. 서울올림픽은 글로벌 광고대행사인 버슨 마스텔라가 담당했다. 당시 PR을 맡은 제일기획은 지리상 가장 가깝고 많은 관람객이 올 것으로 생각되는 일본에 대한 PR을 현지 대형 대행사인 하쿠호도에, 그리고 기타 글로벌 지역에 대한 PR을 버슨 마스텔라에 맡기고 이를 총괄하는 형태로 진행했다. 거리상 관람객의 40% 이상을 차지할 것으로 예상되는 일본에 홍보 중점을 두고 미국, 캐나다, 독일, 프랑스, 영국, 홍콩, 호주 등 8개국을 1차 대상으로 하고 집행했다.

　최초의 개발도상국에서 개최된 엑스포로서, 장기 홍보 목표는 국가 이미지를 높이는 것이었고 단기 목표는 국가 및 국제기구, 기업의 참가 유치와 관객 동원, 첨단 기술의 장으로 국민 통합 및 우리나라 경제 수준을 과시하는 것이었다. 선진국 대상으로는 개발도상국 최초로 개최하는 엑스포라는 점과 리우 환경선언을 최초로 실천하는 박람회임을 강조하고, 후진국에는 경제발전의 모델로서 한국의 과학기술을 소개하는 박람회임을 강조하는 것으로 PR의 큰 방향을 잡았다. 당시 『PR 가이드북』은 300페이지에 달했다. 이를 대전엑스포 '93 조직위원회는 물론 각국 담당자들이 모두 숙지해서 행동할 만큼 체계적인 PR 활동이 전개되었다. 300페이지의 방대한 계획서를 대상으로 예산 편성 및 국내 외신 및 해외 언론인 대상 인지도 조사, PR 매뉴얼 포스터 등 각종 홍보물 제작 배포하고 PR 회사 현지 언론 접촉, 보도 자료 배포, 방송용 뉴스 자료도 위성 송출했다. 국내에서는 1992년 7월 미스 엑스포 3명을 선발해서 세계 각국을 누비는 참가국 유치 및 엑스포 홍보 활동에 참여시켰다. 각국 정부 고위인사 예방, 민간 단체방문, 국제행사 참석, 기자회견 참석 등 일정을

5　국내 최대 광고대행사인 제일기획이 선정되었다.

소화했고, 세비야엑스포 BIE기 인수식 참석, 도쿄여행박람회 한국관 홍보활동, 교민단체 방문 한국의 밤 행사 참석 등 강행군이 이어졌다. 또한 오명 엑스포 조직위원장의 일정을 공식 수행하며 함께 참석하는 등 다양한 홍보 활동을 전개했다. 이 3인의 미스 엑스포 선발 과정은 KBS를 통해 방송됨으로써 화제가 되었고, 엑스포에 대한 관심을 유발하는 데 일조했다. 조직위원장도 대전엑스포를 위한 현장이라면 어디든 방문했다. 참가국 유치를 위해 IBE 사무국 회의 등 각종 국제행사 현장을 누비며 대전엑스포 '93을 소개했고, 세계 129개 매체와 76회에 걸쳐 인터뷰 및 기자회견을 했다. 대전엑스포 '93 공식 홍보사절인 '미스 엑스포'와 공식 마스코트인 '꿈돌이'와 함께 세계 각국을 누비며 홍보 활동을 전개했고, 미테랑 프랑스 대통령, 헝가리 대통령 방문 시 의전은 물론 각국 국가의 날 행사의 단골손님도 위원장 몫이었다.

이러한 PR 활동은 사상 최대의 참가국 유치 및 관람객 동원이라는 성과로 나타났다. 언론 활동을 보면 대전엑스포 '93 방문 기자의 수는 엑스포 개최 전까지 103개 매체, 149명에 지나지 않았으나, 개회식 이후 엑스포 기간 중에는 60개국 463개 매체 2218명이 방문하여 큰 관심을 보였다. 보도량을 보아도 1992년 1월부터 1993년 8월 5일까지 일본 및 아시아 언론을 중심으로 596건의 보도가 있었으나 엑스포 기간인 1993년 8월 6일부터 11월 7일까지 94일 동안 세계 각국의 매체에 555건이 보도되어 총보도가 1151건으로 집계되었다. 대전엑스포 '93 개회식은 《뉴욕타임스NYT》, 《뉴스위크Newsweek》, 《아사히신문》, UPI 등 35개 매체에 60명의 외신 기자가 취재하였고 WTN, BBC월드서비스 등의 방송 보도가 150개국에 송출되어 41개국 73개 방송사가 수신 방영하였다. 외국인 관람객 비율이 일본 1985년 일본 쓰쿠바박람회의 3.6%, 1970년 일본 오사카 박람회의 4.5%를 상회하는 4.8%를 기록했고 해외 언론도 대부분 긍정적인 보도였다. 대전엑스포 '93 조직위원회의 결과 보고서에도 국내 건 국외 건 대전엑스포 '93처럼 해외 언론 및 전문가의 호평을 받은 국제 행사는 그리 많지 않았을 것이라고 기술되었다.[6]

이 외에도 국내에서 크고 작은 홍보 이벤트가 지속적으로 전개되었다. 1992년 9월에는 총 665명이 응모한 1300여 점의 디자인을 대상으로 운영요원 공식 유니폼을 선정, 발표하는 행사가 KBS홀에서 열렸다. 같은 해 10월 24일부터 25일에는 대전·충남 아마추어 무선연맹이 무선국을 개설 전 세계 아마추어 무선사 1000여 명을 대상으로 한 홍보를 전개했다. 인터넷이 보급되기 전이어서 그 나름대로 의미 있는 행사라고 할 수 있다. 1993년 6월 1일에는 대전엑스포 '93 기념 항공서간 2종 10만 장이 발행되었고, 7월에는 클린턴 미국 대통령 방한 시 조선호텔 1·2층에 설치된 대규모 프레스센터 입구에 대형 꿈돌이 마스코트 풍선 인형 설치 및 도우미 3명을 배치해 대전엑스포 '93 홍보자료 및 문의에 대응하는 등 엑스포 붐 조성에 기여하였다.[7]

❖ 자원봉사자의 기여, 꽃피운 성숙한 시민문화

또 하나 주목할 만한 점은 86 아시안게임과 88 서울올림픽을 계기로 활성화된 자원봉사자 문화가 이번에도 빛을 발해 큰 역할을 했다는 것이다. 국내 행사로는 최초로 '도우미'라는 명칭이 부여된 이들 자원봉사자는 3개월 이상을 엑스포장 인근의 엑스포 아파트에 머물면서 성공적인 대회 운영에 큰 역할을 했다. 이러한 자원봉사자 문화는 이후에도 계속 이어져 성공적인 국제행사 진행에 핵심 요인으로 부각되었고, 성숙한 시민의식을 함양하는 데에도 큰 역할을 했다. 다양하고 새로운 과학기술의 소개와 체험은 국가 발전의 동력으로서 첨단 과학기술에 대한 국민적 인식을 크게 높이는 계기가 되었다. 당시로서는 최첨단인 자기부상열차, 전기자동차, 태양광 거북선, 무인 비행선, 사물놀이 로봇 등이 현장에서 시연되었고, 관람객이 체험할 수 있었다. 특히 삼

---

6   김주호, 『이기는 홍보, 성공하는 PR』(사계절, 1997)에서 인용.
7   "클린턴 방한 프레스센터 이모저모", 《연합뉴스》(1993.7.10).

성 우주탐험관, 럭키금성 테크노피아관, 쌍용 지구관, 한국전력 전기에너지관, 한국전기통신공사 정보통신관, 현대그룹 자기부상열차관, 선경그룹 이매지네이션관, 대우그룹 인간과과학관, 기아자동차 자동차관, 한국담배인삼공사 자연생명관 등 다양한 기업관은 각 기업 간 치열한 PR 경연장으로 엑스포 붐 조성에 크게 기여하였다.

각 기업관의 자체 홍보 및 광고, 도우미 선발 등 이벤트, 대회 기간 동안 VIP 및 고객 초청 등을 통한 관람객 증대 등의 기여는 엑스포 전체의 성과에 큰 몫을 차지했다. 이들 기업관은 각 기업에서 자랑할 만한 첨단 기술과 새로운 체험형 어트랙션, 과학과 기술이 제공하는 미래 사회에 대한 비전 등을 엑스포 개장 이전부터 지속적으로 광고 홍보를 통해 알렸고 기간 중에는 꼭 방문해야 할 명소로 자리매김함으로써 대전엑스포 '93 성공에 큰 역할을 했다.

❖ 방송사의 역할, 성공적인 엑스포 붐 조성

여기에 더해 인터넷이 아직 활성화되지 않았던 시절, 여론 조성의 핵심적 역할을 수행한 방송 3사의 역할 또한 주목할 만하다. 방송 3사 엑스포 방송을 위한 치열한 경쟁을 펼쳐 1993년 8월 2일부터 11월 2일까지 장기 생방송 및 기획 특집을 쏟아냈다. KBS는 수시로 대전엑스포 현장을 연결해서 방영했음은 물론 매일 75분씩 엑스포 행사를 중계했다. MBC는 108개 참가국의 55종의 문화행사 2300여 회를 보도하기 위해 생방송 〈오늘의 엑스포〉를 편성했고, 밤 12시부터 1시간 동안 〈엑스포 초대석〉을 통해 방한 외국인을 위한 「한국의 미」, 「한국문화의 원류를 찾아서」 등 한국을 소개하는 프로그램을 방영하기도 했다. SBS 또한 대회기간 중 매일 30분 연장 방송을 했고 〈엑스포 93 뉴스〉, 〈현장 엑스포 93〉을 정규 편성하여 지속적으로 엑스포의 이모저모를 알렸다. 인터넷이 없던 시절 방송을 통해 보는 엑스포의 다양한 모습은 국민들에게 관람 붐이 조성되기에 충분했다.[8] 그 결과 하루 평균 15만 6000명, 최대

22만 1727명(10월 31일)이라는 엄청난 인파가 엑스포장을 찾았다.[9] 부족한 편의 시설로 인해 많은 불평과 불만이 제기되기도 했으나 어린이는 물론 초·중·고교생을 포함, 노인층에 이르기까지 엑스포는 꼭 가봐야 하는 곳으로 인식되어 성공적인 관객 동원 실적을 냈다.

대전엑스포 '93이 끝난 후인 1993년 11월 3일과 4일 이틀에 걸쳐 공보처가 전국 1000명을 대상으로 조사한 엑스포에 대한 평가를 보면 대전엑스포 '93이 성공적이었다는 응답이 57.9%, 그렇지 못했다는 응답이 38%로서 성공적이라는 평가가 과반에 달했다. 특히 기여도 평가에서는 첨단과학기술 88.5%, 문화예술 83.7%, 국가 균형발전과 지방화 시대 추진 77.0%, 국제적 지위향상 76.7%, 경제 73.4%라는 응답이 나와, 대회의 당초 개최 목적에 부합하는 것으로 나타났다. 반면에 관람객을 대상으로 한 평가에서는 만족이 39.4%, 불만족이 35.1%, 그저 그렇다가 25.5%였고, 국민의식 개혁과 시민질서 함양에 대해서는 긍정적이 46.2%, 그렇지 못했다가 52%로서, 편의시설 등이 부족한 상황에서 하루 평균 15만 명 이상이 관람한 데 따른 불편함이 반영된 것으로 나타났다.[10]

❖ 체계적인 PR 계획이 기여한 국민의 참여와 자긍심

PR 관점에서 대전엑스포 '93을 조망해 보자. 우선 언급할 것은 체계적인 PR 계획하에 국내는 물론 주요 대상 국가에서 PR 활동이 전개되었다는 점이다. 특히 이러한 활동이 국내 최대 대행사인 제일기획을 통해 전개되었고, 해외 유수 대행사와 협업 망을 구축함으로써 그 효과를 높일 수 있었다. 한 개 대행

---

8 "방송3사, 엑스포 방송 경쟁", 《연합뉴스》(1993.7.27).

9 대전마케팅공사 홈페이지(www.dime.or.kr) 참조.

10 "대전 엑스포 만족도 39.4%", 《연합뉴스》(1993.11.5).

사가 전체 PR 과정을 총괄해서 운영하는 형태의 컨설팅형 PR은 향후 우리나라에서 개최된 많은 글로벌 이벤트에 채택되는 하나의 전형을 만들었다. 아울러 대부분의 관객과 참가 기업이 국내에 있는 상황에서 이를 제대로 이해할 수 있고 네트워크를 활용할 수 있는 국내 대행사가 리딩 에이전시 역할을 수행하고 해외에서는 각 특성에 맞는 글로벌 에이전시를 활용한 방식은 매우 효과적이라고 할 수 있다.

그다음으로 살펴볼 것은 국내 언론, 특히 방송사의 붐 조성이다. 엑스포라는 행사의 특성상 글로 된 인쇄매체의 기사보다는 현장을 직접 보여주거나 첨단 기술과 제품을 시연하는 모습을 직접 보여주는 방송매체의 역할은 매우 중요하다. 이 점에서 앞에서 언급한 대로 방송 3사의 엑스포 특별 편성은 90일 동안 엑스포 관람 붐을 유지하는 데 결정적인 역할을 했다고 할 수 있다. 인터넷이 보급되지 않았던 당시로서는 눈으로 볼 수 있는 방법이 직접 가거나 방송을 통해서밖에 없었음을 생각해 볼 때 전 방송사의 집중적이고 경쟁적인 현장 중계 및 관련 내용 보도는 가장 효과적인 수단이라고 하겠다.

세 번째는, 역량을 갖춘 기업관 유치를 통해 부가적으로 얻어지는 효과이다. 앞에서도 언급했듯이 삼성, 럭키금성, 포스코, 한화, 롯데, 선경, 대한항공, 유한킴벌리 등 기업관을 운영한 기업들은 지금과 비교하면 많이 부족하지만 당시로서는 가장 국제화되고 광고, 홍보에 전문적인 역량을 갖춘 집단들임에 틀림없다. 이들이 엑스포에 참가함으로써 엑스포에 볼 거리와 체험할 거리가 풍성해졌다. 제대로 된 콘텐츠가 풍성해짐으로써 엑스포 자체의 격이 크게 올라가고 관람객 동원에도 결정적인 역할을 하게 되었다. 실제로 대부분의 국가관이 간단한 자국 소개 부스 설치 정도에 그쳤음을 감안할 때, 기업관이 없었다면 대전엑스포 '93은 훨씬 초라한 엑스포로 남았을 개연성이 아주 높기 때문이다. 이들은 또한 글로벌 네트워크를 갖추고 있었고, 상호 경쟁을 통한 지속적인 광고 홍보활동을 전개함으로써 정부나 엑스포 조직위가 감당할 몫을 크게 나누어 수행할 수 있었다.

또 하나, 의미 있는 활동으로는 국민이 참여하고 붐을 조성할 수 있는 이벤트를 지속적으로 전개함으로써 엑스포에 대한 관심과 열기를 지속시켰다는 점이다. 젊은이에게는 새로운 체험의 장으로서 도우미 선발에 지원하고 선발을 통해 직접 글로벌 행사에 주체로서 참여할 수 있는 소중한 경험을 제공할 수 있었다. 또한 방송사와 연계해 공식 유니폼 공모 등의 행사를 지속했고, 지역과 연계한 다양한 이벤트를 전개함으로써 많은 국민이 함께 참여하는 축제로서 위상을 갖추게 되었다.

마지막으로, 적극적인 글로벌 홍보를 진행한 점을 언급할 수 있다. 외신기자 초청 행사는 물론, 국제기구의 행사나 주요 국가의 각종 이벤트에 조직위원장은 물론 선발된 홍보대사가 적극 참여해서 엑스포를 알리는 활동을 꾸준히 전개했다는 점이다. 이러한 활동은 사전에 준비된 PR 계획에 의거하고 준비된 콘텐츠를 활용함으로써 체계적이고 조직적이며, 광범위한 글로벌 PR 활동이 전개되었다. 물론 참가국 유치에는 정부의 역할이 매우 중요하지만 이를 뒷받침하는 이러한 PR 활동의 중요성 또한 절대 간과할 수 없다고 하겠다.

대전엑스포 '93은 국민들에게 새로운 경험과 지식과 정보를 가져다준 훌륭한 체험의 장이었다. 미래 기술과 산업에 대한 안목을 높이고 비전을 공유함으로써 국민적 자긍심을 한껏 높인 축제의 장이었다. 이를 통해 국민들의 국제화 안목도 크게 높아졌다고 하겠다. 미흡했던 점이 몇 가지 있었음은 부인할 수 없겠지만, 여러 가지 지표가 보여주듯이 아주 성공리에 끝난 행사였고, 문민정부 출범과 함께 1993년 대한민국의 역사를 수놓은 아주 중요하고 대표적인 역사적 사건이라고 할 수 있다. 아울러 체계적인 PR도 그 성공에 큰 역할을 한 한국 PR 역사 측면에서도 의미 있는 역사의 한 장이라고 하겠다.

➡ 참고자료

김주호. 1997. 『이기는 홍보, 성공하는 PR』. 사계절.
《연합뉴스》. 1993.11.5. "대전 엑스포 만족도 39.4%".
《연합뉴스》. 1993.7.27. "방송3사, 엑스포 방송 경쟁".
《연합뉴스》. 1993.7.10. "클린턴 방한 프레스센터 이모저모".
대전마케팅공사 홈페이지(www.dime.or.kr).

성수대교 붕괴와 그 즈음의 홍보산업 고찰

1994년 ● 성수대교 붕괴

조 재 형

피알원 대표이사

❖ 빨리빨리 문화가 키운 사고공화국

당시 우리 사회는 성장기로 접어들면서 산업이 폭발적으로 성장해 가고 대대적인 건설공사가 전국에서 활발히 이뤄지던 시기이나 빨리빨리 문화가 만연하여 그 부작용도 만만치 않았다. 그 결과로 '사고공화국'이라는 낙인이 붙을 만큼 대형 사고가 끊이지 않았다.

그 대표적인 사건이 성수대교 붕괴이다.

1994년 10월 21일 금요일 아침, 서울 한복판에서 부끄럽기 짝이 없는 사고가 발생했다. 출근길 붐비던 성수대교의 상판 50여 미터가 무너져 버려 버스 등 차량 6대가 추락하면서 32명이 숨지고 17명이 부상당한 것이다.

도무지 상상할 수 없는 사고가 발생하자 이영덕 국무총리는 사표를 냈고, 이원종 서울시장은 경질됐다. 그리고 사흘 뒤인 10월 24일 김영삼 대통령은 특별담화문을 발표하고 국민에게 사과했다. 국가와 시공사 모두 위기관리에 실패하여 총리가 사퇴하고 동아건설은 결국 법정관리에 들어갔다.

우리들은 이제 더 이상 용서할 수 없다

그 어떤 변명 핑계 용납할 수 없다

무너진 다리 끊어져 버린 꿈 무너져 버린 사랑

무너져 버린 믿음 어른들의 치졸함에 누명을 쓰고

가버린 친구들은 기억해야 한다….

1994 부실공사 추방 원년 1994!

그룹 DJ DOC가 1995년 5월 발표한 정규앨범 2집에 수록된 「성수대교」노 랫말 일부다. 노랫말과 달리 대형 사고는 계속되어 성수대교 붕괴 사고가 발 생한 1994년은 부실공사 추방 원년이 되지 못했다.

✤ 국제화 시동과 위기관리 수요 증가로 PR 시장 대두

한편 이 시기에는 1987년 최초의 전문 PR 대행사인 커뮤니케이션즈코리아가 설립된 이래 1990년대에 들어오면서 많은 PR 회사가 신설되고 국내 PR 서비 스가 본격화하였다. 1989년 메리트버슨 마스텔라(현 BCW), KPR, 1990년에 CJ's World, 1992년에 CPR, 링크인터내셔널, 1993년에 에델만, 인컴기획(현 재 플레시먼힐러드 코리아), 엑세스커뮤니케이션, 신화커뮤니케이션(현 PROne), 써니릴레이션스 등 현재 메이저급 에이전시들이 대부분 이 시기에 태동을 했 다. 비즈니스 형태도 한국에 들어와 있거나 처음 한국에 진출하는 외국 기업 또는 정부기관의 국내 PR을 대행하는 형태의 업무가 주류를 이루고 있었다. 언론홍보를 대행하고 일정 수수료를 받는 단순한 형태에서 마케팅, 광고제작 과 같은 주변 업무를 비롯, 공공관계 업무 Public affairs, 인큐베이팅, 투자 유치, IR과 같은 새로운 영역까지 넓어졌을 뿐만 아니라 위기관리 등 다양한 서비스 로 인해 PR 산업이 점차 보편적인 서비스로 자리를 잡아가는 시기였다.

필자가 이 주제를 선정한 이유는 1993년 말에 PR 회사를 설립하고 1994년부터 치열하게 비즈니스를 시작한 해이기 때문이다. 당시는 다국적 기업 위주로 PR 서비스가 확산되는 시기로서 국내 기업에도 체계적인 PR 서비스를 제공하고 싶은 생각이 컸다. 기업에서 10년간 언론홍보와 캠페인 기획자로서의 경험을 살려볼 요량이었다. 이 시기에는 두산그룹의 낙동강 페놀 방류 사건을 시작으로 충주 유람선 화재 사건, 성수대교 붕괴와 삼풍백화점 붕괴 사건이 잇따라 발생해 위기관리에 대한 중요성이 커지고 있었다. 기업에서 경험한 위기관리 노하우를 토대로 『위기는 없다』(신화커뮤니케이션, 1995)라는 위기관리 전문 서적을 출간하고 기업과 공공기관을 대상으로 위기crisis 컨설팅을 본격화하였다. 그 결과로 많은 회사들의 자문 요청과 홍보회사가 위기관리에 많은 도움을 준다는 인식을 키울 수 있었다. 하지만 대다수 기업들이 위기관리 노력보다는 사건을 은폐하고 로비나 언론관리 등으로 위험에 대응하는 패턴이 바뀌지는 않았다. 도리어 언론관계를 강화해 언론매수 등으로 문제를 키워온 것이 사실이다.

✤ 국민의 정서를 헤아리지 못한 사건 책임자들

대통령이 대국민 사과문을 발표할 만큼 성수대교 붕괴 사고가 던져준 사회적 충격은 실로 엄청난 것이었다. 국민의 정서를 헤아려 누군가 책임져야 했지만 결국 아무도 책임지려 하지 않아 국민의 공분을 살 수밖에 없었다.

조사결과 준공된 지 겨우 15년도 안 된 성수대교의 붕괴는 날림 공사가 원인이었다. 실제 발주처 입찰예정 가격은 116억 원이었지만 동아건설은 77억 2000만 원에 공사를 낙찰받았다. 덤핑 수주는 부실시공으로 이어졌다. 예정가의 절반 수준에 그친 낙찰가로는 값싼 저급 자재를 쓸 수밖에 없었다. 이마저도 규정보다 적게 투입됐다.

서울시는 즉시 시청에 사고대책본부를 설치하고 긴급복구대책을 수립하는 한편 사고조사팀을 구성해서 원인규명과 피해자 보상 및 지원대책을 세워 적극적인 피해자 위로활동을 전개했다. 성수대교의 시공을 맡았던 동아건설은 최원석 회장의 지휘 아래 사고 대책본부를 구성하고 바로 기자회견을 통해 원인조사 활동 및 긴급복구 계획을 설명하는 한편 최 회장의 도의적 책임론을 적극 피력했다.

그러나 곧바로 시작된 사고원인에 대한 서울시와 동아건설 측의 상호 책임 공방은 분노한 국민정서를 전혀 헤아리지 못한 것이었다. 서울시는 15년밖에 안 된 다리가 무너진 원인은 부실시공에 따른 구조적 결함이라고 주장하자 동아측은 하자보수 기간 5년이 지나 법적 책임이 없다거나 설계 당시 최대 통과 하중인 18t 이상의 차량을 통제하지 않은 서울시의 관리 소홀이라는 논리로 대응했다. 언론은 건설업계에 만연한 부실공사 사례를 대대적으로 파헤쳤고 관리소홀로 위험하게 방치되어 있는 전국의 다리, 고가도로, 육교 등의 시설물을 차례로 고발했다. 이로써 건설업계 전체의 위기로 확대되어 갔다.

사고 발생 직후 관계 전문가들은 성수대교를 보수해 사용할 수 있다는 의견을 냈다. 그러나 시민들의 충격과 불안감 해소를 위해 정부는 기존 성수대교를 철거하고 새로운 다리를 건설키로 했다. 이 결정에 따라 현대건설이 시공사로 참여한 재건 공사는 1995년 4월 26일 착공해 1997년 7월 3일 완공됐다. 다리를 다시 짓는 데 들어간 공사비는 780억 원으로, 처음 건설했을 때의 공사비(116억 원)보다 약 6.7배 많은 비용이 들어간 것이다.

❖ 동아건설 파산, 기업 위기관리 시스템 구축의 필요성

1998년 초 결국 최 회장은 부실 경영의 책임을 지고 경영권과 700억 원대의 재산을 내놓고 경영에서 물러났고, 그해 8월 동아그룹은 국내 최초로 기업개선작업(워크아웃) 대상기업으로 최종 확정됐다. 이때 조건은 동아건설을 제외한 모든 계열사를 매각해 경영을 정상화하라는 것이었다. 하지만 동아그룹은 2000년 11월 법정관리 대상기업으로 결정돼 퇴출됐다가 2001년 5월 파산선고를 받으면서 55년 역사의 건설사는 결국 역사 속으로 사라졌다.

이 사례의 아쉬운 점은 초기 위기관리 커뮤니케이션의 실패로 여론의 집중포화를 받아 재기가 불가할 정도로 치명타를 입은 것이다. 좀 더 세련된 커뮤니케이션으로 여론을 달래고 우호적 여론을 만들어갔다면 그룹이 해체될 상황까지는 가지 않았을 것이라는 점이다.

실제로 지난 1994년 성수대교가 무너졌을 때 시공사인 동아건설은 사건 발생 4시간이 지나도록 어떠한 회사의 공식적 입장도 내놓지 못했다. 잘못을 인정하지 않아서가 아니었다. 우리 회사가 만든 다리가 서울 시내 한복판에서 무너졌다고 가정해 보라. 과연 어떤 회사가 허둥대지 않겠는가? 그동안 시간은 흘러가고 나쁜 여론은 무서운 속도로 확대 재생산된다.

침묵하는 또 다른 이유는 소위 '신중론' 때문이다. '여론을 좀 더 지켜본 후 대응하지. 확실한 우리 잘못도 아닌데 괜히 나섰다가 완전히 죄인으로 낙인찍히는 것 아니야?' 이런 신중론은 '정보의 공백'을 낳는다. 여론은 위기를 맞은 회사에 관심이 많은데 정작 당사자는 아무런 말도 하지 않는다. 그렇다면 그 관심, 즉 정보의 공백은 누가 매울 것인가? 결국 '카더라 통신' 또는 '경쟁회사의 소식통'이 메우게 될 가능성이 높다. 남에 의해서 채워진 정보는 우리 회사에 불리한 내용일 수밖에 없다. 이처럼 기업들의 위기관리 시스템의 미비는 많은 대형 사고에서도 여실히 드러나고 있다.

신화커뮤니케이션이 1994년도에 수행한 일선기자 70여 명을 대상으로 한 조사에 따르면[1] 당시 국내 대기업들조차 위기관리 매뉴얼을 거의 갖고 있지 않았고 위기 시 사건의 은폐나 축소, 대응능력 부족, 사전 예측 실패 등으로 자주 위기관리에서 실패하는 것으로 나타났다. 하지만 대형 사고가 빈번해지면서 전사적인 위기관리 시스템의 구축을 시작하는 회사가 늘었다고 기술하고 있다.

---

[1] 조재형, 『위기는 없다』(서울: 신화커뮤니케이션, 1995), 49쪽.

✤ 평소 위기관리 이력, 평판이 사후 여론에 큰 영향 끼쳐

이 사례는 평소에 국민들이 갖는 평판이나 과거 위기관리 사례를 통해 형성된 태도가 각 위기사례마다 긍정적으로든 부정적으로든 큰 영향을 끼친다는 점을 여실히 보여줬다.

특히 쿰스W. T. Coombs는 상황적 위기 커뮤니케이션 이론SCCT을 통하여 공중은 일반적으로 위기상황 유형 또는 궁중의 위기 유형 인식에 따라 해당 조직에 위기 책임성을 전가 또는 귀인attribution하려는 습성이 있다고 하였다.[2] 이에, 조직의 위기 책임성 정도에 따라 사용해야 하는 위기 대응 커뮤니케이션도 달라져야 한다고 제안하였다. 쿰스는 SCCT에서 위기 수습도 중요하지만 평소의 평판이나 과거의 위기수습 이력이 위기 후 평판에 큰 영향을 끼친다고 보았다. 또한 많은 선행연구들은 단순한 위기 전략적 실행에 선행해야 하는 것은 어떠한 전략을 사용하더라도 공중이 그 전략을 얼마나 진정성 있게 수용하였나에 따라 그 효과는 상승 또는 반감될 수 있다고 했다. 결국 일회성의 사태수습을 위한 어떠한 제안보다는 평소부터 꾸준하게 잘 해외 진정성 있는 기업으로 보이는 것이 중요하다는 점이다. 하지만 동아건설은 평소 공중과의 호의적인 소통보다는 최고경영인의 일회성 임기응변에 의존하다 보니 국민에게 진정성 있는 신뢰를 주지 못해 여론이 급격히 나빠진 사례이다.

✤ 재벌기업의 오너리스크로 인한 여론악화에 유의해야

이 사건에서 동아건설의 경우 국내재벌의 많은 2세들 중 가장 먼저 가업을 물려받아 회장이 된 최원석 회장의 오너리스크가 결국 문제가 되었다. 위기관

2　W. T. Coombs, "Situational Crisis Communication Theory," *Corporate Reputation Review*, 10(3)(2007), 163~176.

리에서 많은 사례가 반복해 시사하는 점이면서도 아직도 크게 나아진 게 없는 것이 오너리스크 문제이다. 오너리스크는 소유와 경영이 기업 오너에게 집중된 한국적 상황에서 더 많이 쓰일 수밖에 없는 용어다. 오너는 인사와 사업전략에서부터 조직문화에 이르기까지 모든 권력을 틀어쥐고 있다. 그 이유로 오너리스크는 오너의 독단적 의사결정이나 파행이 기업에 직접적 피해를 입힐 가능성을 칭하는 용어가 됐다.

사고가 난 지 5일 만에 사고원인에 대한 조사가 부실시공 쪽으로 기울자 최 회장은 긴급히 1500억 원을 들여 다리를 재시공해서 국가에 헌납하고 교량안전관리 기금 100억 원을 출연하겠다고 발표했다. 하지만 시공회사로서 도의적 책임에 따른 명예회복 차원임을 강조함으로써 결국 부실시공에 대한 법적·사회적 책임을 돈으로 막아보려 한다는 비판론이 제기되어 이 획기적인 제안은 큰 효과를 거두지 못했다.

최원석 회장은 1977년부터 동아그룹을 이끈 수장으로 건설계에서는 유명한 인물이다. 그의 별명은 불도저이다. 불도저처럼 저돌적인 면모를 보여주었기 때문인데 그 시절 최 회장은 호탕한 성격, 큰 키로 마치 삼국지의 장비를 떠올리게 했다고 한다. 최 회장의 끝없는 열정은 도저히 될 수 없는 일들을 성공시키기도 했다. 그것은 바로 세계 8대 불가사의로 꼽히는 리비아 대수로 공사이다. 리비아 대수로 공사는 최 회장을 한 순간에 건설계의 신화로 만들었다. 또한 우리나라 원효대교 역시 최원석 회장 손에서 이루어낸 결과물이다. 게다가 원효대교를 아무런 대가 없이 무상으로 기부해 화제가 된 바 있다.

하지만 저돌적인 독단과 의사결정은 회사를 위험하게 만들기 십상이다. 그의 사생활 또한 부정적 여론에 한몫을 했다. 당대 최고 인기의 유명 배우와의 첫 결혼과 유명 가수와의 재혼, 그리고 27살이나 어린 TV 9시뉴스 앵커 출신 아나운서와의 결혼으로 계속해서 사생활이 화제가 되었다. 문란해 보이는 사생활이 재벌 2세에 대한 부정적인 여론을 키운 셈이다.

이 사례를 통해 얻는 교훈의 하나는, 국민들은 사고를 유발한 기업이 얼마나 책임이 있는가를 알려는 게 아니라 책임지려는 자세를 보이는가에 따라 태도가 달라지기 때문에 기업의 대처 정도에 따라 상황이 호전될 수도 있다는 점이다. 여론은 합리적인 판단에 따르기보다 상황의 국민적 정서에 더 크게 좌지우지하기 때문이다.

➡ 참고자료

김현정·조재형. 2016. 「기업 가치 PR 활동의 PR 역사성이 브랜드 태도와 브랜드 충성도에 미치는 영향에 대한 연구」, 《홍보학연구》, vol. 20. 한국PR학회.

조재형. 1995. 『위기는 없다』. 서울: 신화커뮤니케이션. 49쪽.

_____. 2017. 『위험사회』. 서울: 에이지21. 82쪽.

Coombs, W. T. 2007. "Situational Crisis Communication Theory." *Corporate Reputation Review*, 10(3), 163~176.

삼풍 사고가 보여준 사회 전반의 문제

1995년 ● 삼풍백화점 붕괴

최창섭

서강대학교 명예교수

❖ 언론기사 헤드라인으로 보는 삼풍백화점 붕괴 사고

사고 당일 1995년 6월 29일부터 10일간의 《연합뉴스》 기사제목은 다음과 같았다. [1]

- "아비규환의 삼풍三豊백화점 붕괴사고 현장"
- "검경 합동수사본부, 붕괴사고 원인 수사"
- "삼풍 李 회장 전직 구청장 상대 뇌물제공 확인"
- "〈초점焦點〉 본격화된 삼풍/고위공무원 유착비리 수사"
- "〈특집〉 삼풍참사 현장 검증"
- "관·민 부패 고리 삼풍 李회장 비자금 22억 조성, 정기 뇌물"
- "삼풍 李 회장 등 3명 자택 압수 수색키로"
- "오후 10시 현재 사망자 199명"

---

1 《연합뉴스》(1995.6.29~1995.7.8).

- "일주일째 구조작업, 실종자 대부분 사망 우려"
- "생존자 못 찾아 일주일째 철야 구조작업"
- "삼풍 생존자 구출 범정부 차원서 총력"
- "삼풍 실종자 가족들, 연좌농성"
- "삼풍 사고 한국 건설업계 병폐 반"
- "삼풍백화점, 감리 없이 공사, 감리보고서 허위작성"
- "삼풍백화점 붕괴사고 최고시청률 70% 상회"
- "시민들, 구조상황 TV중계 뜬눈으로 밤새워"

이와 같이 삼풍백화점 붕괴는 한국전쟁 이후 최대의 인재재해로 부실설계, 부실공사, 유지관리 부실 등의 원인으로 발생한 사고이며, 사망 502명, 실종 6명, 부상 937명이라는 엄청난 인명피해를 낳았다. 재산피해도 약 2700억 원으로 추정되었다.

이는 1994년 발생한 성수대교 붕괴사건과 함께 누적되어 온 한국사회 특유의 사회적 병리현상이 가져온 대참사로 1980년대와 1990년대 초 압축 성장의 그림자가 초래한 결과물로 평가되기도 한다.

건설현장에서 우리 사회 특유의 사회적 병리현상이라 함은 안전 불감증, 공무원과 기업 간의 부조리한 불법 유착, 뇌물, 무리한 공기단축, 탐욕적인 사익추구, 불법 용도변경, 불법 무단증축, 법규의 임의 변경과 적용, 현장조치 미흡 등이 있으나, 실은 사회 전반의 문제와도 연동되어 있다고 보아야 할 것이다.

❖ 사고 원인을 바라보는 시선과 책임

이 같은 끔찍한 사건 개요를 살펴본 대로의 잇따른 대형 참사를 바라보는 당시 일반 국민의 시선은 한마디로 곱지 않았다. 왜 하루가 멀다 하고 이런 끔찍

삼풍백화점 붕괴 사고 개요

사건 발생: 1995년 6월 29일 오후 6시경

- 1989년 삼풍아파트 완공 후 삼풍 측은 현장의 남은 부지에 상가를 포함한 다양한 상업 시설을 지으려 시도하나 무허가 공사라 제재 중단(현장은 원래 주거용 부지).
- 이에 삼풍 측은 서초구청 공무원들에게 뇌물 공여로 불법적으로 용도 변경.
- 원래 삼풍은 이 일대를 '삼풍랜드'라는 복합 종합상가로 설계(1987). 삼풍 회장 '이준'은 시공사 '우성건설'에 백화점으로의 변경 요청.
- 건물 붕괴를 우려한 우성의 거부로 계약 파기하고, 이준은 '삼풍건설'에 변경 지시하는 과정에서 법적으로 구조 전문가의 검토를 받아야 함에도 삼풍은 이를 무시, 공사 감행.
- 준공 검사도 무시하여 1년 후에 뇌물을 통해 준공 승인, 1994년 위법건축물 판정.
- 붕괴와 관련한 직접적 원인은 매장공간을 확장하기 위해 자행한 탐욕적인 구조 변경에 있음.
- 건물 안전을 도외시한 채 삼풍 측은 불법적인 구조변경과 확장. 건물의 구조를 무시한 다양한 시설물을 지속적으로 설치해 감.
- 이 과정에서 공무원에게 다양한 경로로 뇌물이 공여됨.
- 1993~1994년 이미 건물은 균열의 조짐을 보이고 부분적으로 기울어지기 시작하는 등 여러 징후를 보여왔으나 삼풍 측은 무시하거나 지엽적 대처로 일관하며 사태를 방치.
- 사고 당일 삼풍 회장 이준의 아들인 '이한상' 삼풍백화점 대표는 건물 5층에서 천장이 내려앉고 누수가 발생하고 건물 전체가 진동하는 등 건물 붕괴의 급박한 징후를 포착, 대책회의 소집하는 상황에서도 대피조치를 취하지 않고 보수공사와 영업 병행을 강행.
- 붕괴 20분 전, 건물 붕괴와 관련한 보고를 받고 경영진은 건물 밖으로 대피.
- 건물 내에 있던 고객들에게 일부 대피를 권고하나 90% 이상의 고객들은 전혀 상황을 모른 채 쇼핑 및 시설을 이용하는 어처구니없는 상황.
- 건물은 5층부터 붕괴를 시작했고 약 20초 만에 지하 4층 까지 완전히 매몰되는 초유의 사태 발생.
- 당시 건물 내에 있던 1500여 명이 건물 잔해 안에 갇히게 됨.
- 사고 직후 전 국가적인 관심 속에 119 구조대, 경찰, 군 병력의 투입은 물론 서울특별시, 국회, 정부까지 나서서 대대적인 구조 활동을 벌였으며 방송미디어도 정규 방송까지 중단하면서 본 사건 현장 소식을 전달했음. 당시 개국한 YTN이 다양한 속보와 특보를 내놓아 관심을 끌기도 했음.
- 미국 CNN을 포함한 다양한 외신도 특보로 상황을 전하며 국제적 이슈로 부각.

- 붕괴 사고 이후 1980년대부터 1990년대 초 지어진 건물에 대한 공포와 회의적 시각 확산.
- 정부는 사고 이후 전국 일정 규모 이상의 건물에 대한 전수 안전평가 실시: 전체 고층건물 중 2%만 안전, 80%는 전면적 보수 필요, 14%는 개축 필요라는 결론.
- 피해자 일부는 11~17일간 매몰된 건물 안에서 생활하여 큰 관심을 받음.
- 삼풍 회장 이준은 업무상 과실치사상 죄 적용 징역 7년 6개월, 이준 아들 이한상 삼풍백화점 대표는 징역 7년, 삼풍 측에서 뇌물을 받은 전 서초구청장 이충우, 황철민 등은 뇌물수수죄로 각각 징역 10개월에 추징금 300만 원과 200만 원, 서울시 공무원 등 뇌물 공여 공무원 10여 명은 징역 2년에 집행유예 3년 확정.
- 이준, 이한상을 비롯한 핵심 장본인들에 대한 가벼운 양형이 국민의 분노를 삼.
- 이 사고와 관련하여 기소된 삼풍 측 인사와 공무원 수는 총 25명.

한 사건 사고가 꼬리를 물다시피 일어난 것일까?

물론 첫 번째 화살은 당시 언론보도 상황에서 살펴봤듯 당연히 백화점 소유주에서부터 경영/운영 책임자를 비롯한 일일 현장 당사자에 던져지게 마련이다. 어떻게 주변 관리를 소홀히 해왔기에 이런 엄청난 인명피해가 생길 정도로 방치해 왔느냐는 질문이다. 이 역시 천편일률적인 레코드판 돌리기 식이라 해도 과언이 아닐 것이다. 한결같이 눈앞에 보이는 돈벌이에 눈이 어두워 변명에만 급급한 경영진의 답변 역시 국민들의 원성 어림에 미칠 리가 없다. 현장 책임자 물갈이로 그칠 일이 아니라 이윤추구에 앞선 근본적인 대책과 그에 합당한 후속조처가 동반하는 중장기 대책과 단기적인 실질적 행보가 함께 이뤄지는 실용적인 움직임으로 국민들 눈높이에 응답했어야 한다.

다음으로는 당연히 건축설계에서부터 건축담당, 현장감독, 건축완공 허가 담당에 이르는 광범위한 부실과 감리 감독 작업은 물론이려니와 근본적인 원인 제공이 어디인지 분명하게 규명되기를 요청하는 소리가 높았던 것이다.

그리고 감독기관을 포함한 궁극적인 비판의 화살은 당연히 정부로 가기 마런이었다. 그동안 각급 대형 사건·사고가 연이어 발생하다 보니 자연 국가경영 차원에서 그 소홀함 내지 재난 관리능력 부재를 질타하게 마련이다. 그때마다 '정부는 최선을 다하겠습니다. 앞으로는 재발하지 않도록 안전에 만전을 기하도록 하겠습니다'라는 천편일률적인 얘기를 귀 아프도록 들어온 국민의 입장에서는 그들의 앵무새 같은 반복성 해명이 제대로 들릴 리 없다. 그리고 들리는 후속조처의 천편일률적인 해답은 '현장책임 추궁'이란다. 원인규명과 합당한 대처방안 모색보다는 변명과 현장을 모면하려는 임기응변식 땜빵 메꾸기뿐이다. 적절한 후속조처나 장기적인 차원에서 대비해 나가는 합리적이고 국민이 납득할 만한 방안 제시가 미흡했다는 질책을 해소하지 못했다는 것이다.

이런 일련의 책임추궁 뒤에 가려진 현실의 핵은 바로 피해 당사자들인 것이다. 물론 죽은 자는 말이 없으되, 적어도 다행히 목숨은 건졌으나 경상에서부터 중상 내지 평생 불구의 처지로 지내야 할 그 사람들에 대한 책임은 누가 어떻게 질 수 있단 말인가. 금전적 내지 정신적인 피해보상에 해당 가족들이 겪어내야 할 직간접적인 보상대책 마련은 어떻게 이뤄졌는지?

다음은 범사회적인 인식의 문제를 짚어야 할 것이다. 사회 전제적인 '조급성'과 '빨리빨리' 문화에서부터 그때만 떠들썩하다 조금 지나면 언제 그랬느냐는 식으로 곧 또 식어버리고 제자리로 돌아가는 '냄비근성'에다 땜빵 메꾸듯 겉치레에 속빈 강정 식으로 일관하는 '대충주의'를 지적하지 않을 수 없다고 본다.

물론 이런 바람직하지 못한 정신문화는 하루 이틀에 형성된 단기성의 것이 아닌 오랜 세월과 역사 속에 누적되어 온 생활문화의 후유증이라 보며, 이는 동시에 가정문화와 학교교육의 비정상성에서 그 원인을 찾을 수 있겠다. 아득하게 멀어져 가는 인성교육의 결핍에서부터 서로 돕고 살아온 전통적인 상부상조 정신의 소멸 등으로 인한 메말라 가는 사회풍조에서도 뿌리를 찾을 수 있을 것이다.

✤ 언론 그리고 PR의 역할

설상가상 격으로 사회풍조의 큰 틀을 유지하고 확산시키는 가장 큰 역할을 해 가는 언론의 역할 또한 비판의 화살을 피해 갈 수 없을 것이다. 흔히 얘기하는 언론의 의제설정기능agenda-setting function에 바탕을 둔 생각+말+행위의 무엇what과 어떻게how를 아우르는 일반 대중이 '무엇을 어떻게' 생각하고 말하고 행동에 옮길 것인가를 결정하는 데 중요한 역할을 하는 언론의 기능은 중차대함을 넘어서는 막강한 영향력을 행사하고 있는 것이다. 이들이 갖고 있는 철학과 이념이 무엇이냐에 따라 일반대중에 미치는 영향이 너무나도 크고 막강하기에 더더욱 언론의 중차대성을 재삼 강조하기에 이른다.

따라서 지속적으로 반복되는 각급 대소형 사건/사고 현장보도로 그치는 일회성 보도가 아닌 단기, 중장기성 심층 탐사보도야말로 사회변혁을 이끄는 중요한 견인차 역할로, 발생한 과거형 뉴스로 그침이 아닌 지속적인 미래형 심층보도로 연속되는 사회변혁의 견인차 역할을 기대하고 싶은 것이다.

비근한 예로 미국의 《타임TIME》 2019년 8월 5일 자 표지에 "우상을 살리다 Saving an Icon"[2]라는 화두를 던지고 있다. 본문 기사[3] 9페이지에 걸쳐 노트르담 화재를 심층취재하면서 2019년 4월 15일 화재로 불탄 세계적인 문화유산 복구를 위한 노력의 일환으로 3-D 스캔scan부터 시작하는 체계적인 분석 기사를 4개월이 지난 이 시점에서도 전문적인 시각에서 깊이 있게 다루고 있다는 점이다.

PRPublic Relations이라는 차원에서 본다면, 이런 일련의 사건·사고 시리즈에 접하는 일반 국민의 입장에서 사고 보도 시발점에서부터 다양한 직·간접

---

2 "Saving an Icon: An Exclusive Look inside the Destruction and Future of Notre Dame", *TIME*, vol. 194 , no. 5(August 5, 2019).

3 "Vivienne Walt/Paris, "Rising from the Ashes Inside the Fight over Rebuilding Notre Dame," ibid. , pp. 30~38.

적인 보상체계에 이르기까지 바람직하고 올바른 관계설정의 틀이 마련되어야 할 것이다. 명확한 PR 틀에서 원천적인 문제 해결을 향한 정부관계자를 위시한 각급 차원에서 마련되어 가는 중·장·단기적인 조처의 향방을 정확히 파악할 수 있도록 범국민적인 이해를 향한 장기적인 관계relations 확립을 수립하기 위한 지속적인 공동이해의 장이 제대로 형성되도록 미디어가 앞장서야 하리라 본다. 비근한 예로 세월호 사건 당시 미국의 연방재난관리청 FEMA[4]를 본떠 2017년 급조되다시피 한 「재난 및 안전관리기본법」[5]에 의거하여 행정안전부 장관이 총괄하는 재난 및 안전관리 업무가 그 이후 제대로 작동하고 있는지 항시 재점검해 보려는 새로운 주의환기 시스템 구축도 필요할 듯싶다.

필자가 2007년 정년을 맞이하며 남긴 고질적이다시피 한 우리 세태 이야기를 『어처구니가 없네』[6]라는 저서에 남긴 바 있어 차제에 되새김질하고 싶다. 그 책에서 '꼴불견들의 행진' 제하 「네 탓의 자화상」 글에서 남긴 오늘 주제와 연결된 내용의 일부를 소개해 본다.

제대로 된 감리제 하나 없이 끊임없이 반복되는 부실공사, 사건·사고가 날 때마다 만전을 기하겠다고 떠들어대는 관련 장관의 잠꼬대, 동서 해안에서 번갈아 발견되는 간첩행위가 반복될 때마다 철통같은 반공태세만을 부르짖어 대는 경찰과 국방책임자의 무능함, 여름만 되면 연례행사처럼 예외 없이 반복되는 수해 사고, 시화호를 위시해서 남발되는 골프장과 관련된 제반 환경파괴의 현장, … 사건 터지고 한 3개월 정도면 언제 있었냐는 듯이 쉽게 잊어버리는 우리 국민들의 망각증세 등등 끝없이 나열할 수 있는 실망스런 우리의 자화상에 누가 눈살 찌푸리지 않을 수 있겠는가.

4　FEMAFederal Emergency Management Agency: 미국연방재난관리청.

5　「재난 및 안전관리기본법」. https://terms.naver.com(검색일 2019.8.19).

6　최창섭, 『어처구니가 없네』(서울: 진한도서, 2007), 50~55쪽.

같은 맥락에서 2007년도 정해년丁亥年 《교수신문》[7]에 반영된 교수들이 뽑은 사자성어도 생각난다. **반구저기反求諸己**였다. 이 표현은 『맹자』「공손추公孫丑」편에 나오는 '발이부중發而不中 불원승기자不怨勝己者 반구저기이이反求諸己而已'라는 구절에서 유래했다. 이는 '활을 쏘아서 적중하지 않더라도 나를 이긴 자를 원망하지 않고, 돌이켜서 자기에게서 그 원인을 찾을 따름이다'라는 뜻이다. 한마디로 '반구저기'는 일이 잘못됐을 때 남을 탓하기보다는 각기 자신에게서 그 원인을 찾아 고쳐가야 한다는 의미이다. 장기적이고 범사회적인 PR 차원에서 우리 모두가 거듭 되새겨야 할 구절일 듯도 싶다.

➡ 참고자료

이민선. 2006.12.26. "反求諸己하는 마음으로 새해를 열리라." 《교수신문》. http://www.kyosu.net/news/articlePrint.html?idxno=12379(검색일 2019.8.26).

최창섭. 2007. 『어처구니가 없네』. 서울: 진한도서, 50~55쪽.

《연합뉴스》 1995.6.29 - 1995.7.8.

「재난 및 안전관리기본법」. https://terms.naver.com(검색일 2019.8.19).

TIME, vol.194, no.5(August 5, 2019). "Saving an Icon: An Exclusive Look inside the Destruction and Future of Notre Dame."

TIME, vol.194, no.5(August 5, 2019). "Vivienne Walt/Paris, "Rising from the Ashes Inside the Fight over Rebuilding Notre Dame.""

---

7 이민선, "反求諸己하는 마음으로 새해를 열리라", 《교수신문》(2006.12.26). http://www.kyosu.net/news/articlePrint.html?idxno=12379(검색일 2019.8.26).

OECD 가입과 커뮤니케이션 전략

1996년 ● OECD 가입

권오용

한국가이드스타 상임이사, 전 SK 사장

❖ 일본의 사례에서 배우다

1995년 여름, 일본 도쿄에 있는 게이단렌(경단련経団連)에 파견되어 있던 필자에게 서울에서 연락이 왔다. OECD 가입을 추진하는 과정에서 몇 가지 핵심적인 규제가 논의가 되지 않으니 일본의 사례를 조사해 보내라는 것이었다.

당시 일본은 1964년에 OECD에 가입해서 상당부분 규제가 완화된 것처럼 비춰지고 있었으나 기업들은 정부의 보이지 않는 규제로 거의 질식 상태에 이르렀다고 호소할 때였다. 아마 서울의 지시는 재계에 필요한 지원은 일본도 그대로 두고 있으니 존치시키고 기업의 활동에 방해가 되는 규제는 OECD 가입을 계기로 철폐하겠다는 것이니 그런 사례를 보내라는 취지로 이해했다.

게이단렌 국제부의 OECD 담당자를 만나 취지를 얘기했더니 금세 이해를 했다. 기실 OECD 가입은 국가 대 국가의 관계로 이해가 되지만 사실은 국내 문제가 더 많다고 했다. 국내에서 의견 통일이 참으로 어려우니 국가의 통일된 의견을 국제기구에 제시하기가 참 어렵다고 했다. 그러면서 토론의 장으로 언론매체를 적극 활용해 보라고 권유를 했다.

마침 월간 《게이단렌KEIDANREN》에서 다자협상 특집을 준비하고 있으니 거기에 한국의 OECD 가입에 대해 특별 기고를 하라고 했다. 일본 정·재계의 수뇌부가 정독하는 매체이니 한국의 생각을 일본에 전달하고 이를 통해 OECD에 한국의 입장이 전달되는 효과를 기대할 수 있다고 설명했다. 계급이 차장이라 잡지에 기고하기에는 너무 낮지 않으냐고 했더니 상관없다고 했다. 이렇게 해서 월간 《게이단렌》 1995년 9월호에 필자의 기고문이 실리게 됐다.

실제 이 기고문이 얼마나 활용됐는지는 알 수가 없었다. 그러나 글이 실리고 나서 게이단렌 내부에서 많은 이가 잘 봤다는 반응이 있었고, 특히 미요시三好 사무총장까지 의미가 있는 글이었다고 언급했던 걸로 봐서 게이단렌 수뇌부가 한국의 OECD 가입의 의미를 다시 인식하는 계기가 됐던 것은 확실해 보였다.

❖ 전경련의 BIAC 가입, OECD 가입에 유리한 환경 조성

일본에서 귀국해 전경련에 복귀했더니 새로 신설된 국제경제실의 실장으로 보임을 받았다. 당시 전경련 직제상 실장은 이사급이 맡고 있었는데 차장이었던 필자가 실장 보임을 받았으니 상당한 파격이었다. 국제경제실은 기존의 전경련 국제협력실이 양자 간의 관계를 다루는 것과 달리 심화하는 지역주의와 세계화Globalization에 대응하는 것을 주 업무로 했다. 세계무역기구WTO, 아시아 유럽회의ASEM, 태평양경제협의회PBEC, 아태협력회의APEC 등 당시의 떠오르는 테마를 주 업무로 했는데, 가장 시급하고도 뜨거웠던 과제는 한국의 OECD 가입이었다. 일본에 있을 때 충고받았던 대로, 가입 조건에 대한 국제기구와의 협상과는 별개로 주요 이슈에 대한 국내 이해관계자들 간의 의견 조정이 무엇보다 어려운 과제였다.

그런데 당시 전경련은 OECD 가입과 관련해 매우 유용한 채널을 확보하고 있었다. OECD의 주요 정책은 OECD 산하 민간자문기구인 BIAC(경제산업자문위원회)과의 사전협의 과정을 거치고 있었다. BIAC은 1962년 OECD 산하의 독립적인 자문기구 성격으로 설립된 이후 독일 BDI(독일경제인연합회), 영국 CBI(영국산업연맹), 일본 게이단렌 등 OECD 정회원국들의 37개 민간경제단체들로 구성돼 있었다(1995년 현재). BIAC은 또 OECD의 각종 경제정책 수립과정에 각국 민간경제계의 의견을 반영하고 세계 각국 정부의 산업, 경제 분야별 자문활동을 하고 있었다.

OECD 가입의 유리한 환경을 조성하기 위해 전경련은 1994년 3월 파리에서 열린 BIAC 정기총회에 참석했고 옵서버 자격으로 가입이 승인되었다. 당시 BIAC은 1994년 4월부터 OECD에 정식 회원으로 가입하는 멕시코를 정회원으로, 그리고 OECD 가입을 추진하고 있는 한국의 전경련을 한국의 OECD 가입 이후 정회원 자격을 부여하는 조건으로 옵서버 자격을 승인하였다. BIAC이 옵서버 자격을 인정한 것은 설립 이후 전경련이 처음이었다.

전경련의 BIAC 가입은 한국의 OECD 가입 성사에 결정적 역할을 하였다. 앞서 얘기했듯이 OECD는 주요 정책 결정에 앞서 BIAC과 사전 협의 과정을 거치는데 BIAC 산하의 14개 전문위원회가 그 역할을 했다. 전경련은 전문위원회 활동에 참여해 한국 경제계의 의사를 전달하거나 반영시키고 이것이 BIAC의 이름으로 OECD에 건의됨으로써 정책으로 채택되는 효과를 거두었다.

한국은 특히 선진국들의 모임인 OECD에서 개발도상국의 입장까지 대변해 세계경제의 조화로운 발전을 위한 선진국과 개발도상국 간의 가교 역할을 했다. 환경, 노동, 금융, 자본 이동 등에서 한국의 입장과 배치되는 의제를 사전에 파악하여 이를 조정함은 물론 현실을 반영한 정책이 OECD 내에서 채택되게 하는 데도 큰 역할을 했다.

BIAC 한국위원회는 OECD 가입에 따른 경제·사회적 효과를 극대화하면서 대외규범·관행의 선진화, 국제화를 위해 정부와 긴밀한 협조 체제를 구축했다. 또한 국제 협력의 촉진을 통해 국가 이미지를 제고시키고 아울러 다자간 협상에서 민간 경제계의 의견이 선제적으로 발휘될 수 있게 하였다. 결과적으로 민간 경제외교의 영역이 국가 대 국가의 양자 간 협상에서 다자간 협상으로 확장되는 계기가 됐다.

전경련은 BIAC의 활동을 경험 삼아 APEC의 민간자문기구인 ABAC^APEC Business Advisory Council, ASEM의 민간자문기구인 AEBF^Asia Europe Business Forum, 아·태 지역의 순수 민간경제협의체인 PBEC^Pacific Basin Economic Council, 아세안·한국 경제협의체^ASEAN KOREA Business Council 등을 설립하거나 능동적인 참여를 통해 국익의 증대를 위한 민간경제 외교활동을 전개했으며, 나아가 한국의 이미지를 고양하고 위상을 제고하는 데에도 큰 성과를 거두었다.

❖ OECD 가입의 암초를 넘기 위한 PR

정부와 민간경제계의 일치된 노력과 대국민 홍보로 순항하는 듯하던 한국의 OECD 가입은 1996년에 접어들면서 예상치 못한 암초를 만났다. 메시코가 화근이었다. 한마디로 말하면 멕시코에 경제위기가 왔는데 급격한 무역, 자본 자유화가 초래한 위기라는 것이었다. OECD 가입을 서두르다 보니 나라가 절단이 났다는 논리였는데 당시 우리 경제의 심상치 않은 현상을 두고 이 분석은 큰 힘을 얻고 여론화됐다. 그렇지 않아도 OECD 가입을 달가워하지 않던 야당과 노동, 환경, 금융 등 시민단체, 여기에 시장 개방정책에 대해 막연한 불안감을 가지는 농민들이 가세하면서 'OECD 가입 = 선진국 진입'이라는 장밋빛 환상은 금이 가기 시작했다.

실제 1994년에 OECD에 가입한 멕시코의 경제 사정은 심각했다. 1995년의 성장률은 −7%, 물가 상승률은 52%였다. 그해 3월에서 4월 사이의 외화 보유고는 104억 달러가 줄어 160억 달러까지 내려갔다. OECD 가입에 따른 자본 자유화가 외화 유출의 간접적인 계기가 됐다고 OECD 가입 반대론자들은 입을 모았다. 거기다 1994년 북미자유무역협정NAFTA에 따라 외국산 제품이 봇물 터지듯 쏟아져 들어와 국내 시장마저 크게 잠식됐다. 이 역시 무역 자유화가 빚은 결과라며 한국도 OECD 가입을 서두르면 이 지경이 된다고 반대론자들은 강력한 저항 의지를 밝혔다.

자본자유화와 시장 개방이 경쟁을 촉진시키고 금리 인하 등을 통해 기업 활동의 여건을 개선하는 데 도움이 된다는 것은 당연한 얘기다. 그런데 멕시코의 경우 개방의 이점은 챙기지 못한 채 오히려 여건이 나빠져 버린 것, 쉽게 말해 우리도 멕시코 짝이 나지 않으려면 OECD 가입을 미뤄야 한다는 여론이 힘을 얻기 시작했다.

OECD 가입을 추진하던 필자는 아무래도 이건 아닌데 하는 생각이 들면서 한번 부딪쳐 봐야겠다는 생각이 들었다. 마침 황정현 당시 전경련 상근부회장의 재가를 얻어 한국경제연구원, 국제경제연구원의 박사급 연구위원 2명과 재정기획부 과장으로 팀을 꾸려 분석에 착수했다.

분석 결과는 한국과 멕시코가 달라도 너무 다르다는 것이었다. 우선 기업의 경쟁력의 차이였다. 한국의 경우 시장 개방이 되면 교역량 자체뿐 아니라 무역수지 흑자도 늘어날 정도로 기업의 대외 경쟁력이 강했다. 국내 산업이 붕괴된 멕시코와 달리 오히려 국내 산업이 더 큰 호기를 맞을 수 있겠다는 분석이 나왔다. 거기에 재정이 건전한 상태를 유지하고 있어서 정책조합을 다양하게 구성할 수 있다는 점도 위기관리의 강점으로 분석됐다.

다만 이러한 긍정적 효과가 있음에도 정치적 혼란이 지속된다면 이로 인한 부작용은 경제적 효과를 넘어설 수 있다는 것이 지적됐다. 한마디로 OECD 가입은 경제적으로는 좋은 효과가 있으나 정치적 불안이 지속되면 그 긍정적 효과는 오래가지는 못할 것이라는 것이 결론이었다. 정치적 리스크를 줄이려면? 그리고 정치 지도자들에게 우리나라를 잘살게 하는 정치를 하게 해달라면? 역시 여론을 동원해야겠다는 생각이 들었다.

매일경제신문사를 찾아갔다. '워싱턴에 가서 국제통화기금IMF과 세계은행

관계자를 만나 멕시코가 과연 OECD 가입으로 경제 위기가 초래되었는가에 대해 의견을 물으려 한다, 다음으로 멕시코를 방문해 정치적 부패나 혼란이 얼마나 국민의 삶을 피폐하게 하는지 살펴보자'고 했다. 그래서 긴급 취재팀이 꾸려지고 취재를 지원하기 위해 필자와 KERI, KIEP의 박사급 연구위원도 같이 워싱턴과 멕시코에 파견됐다.

《매일경제》는 취재 결과를 네 차례에 걸쳐 1면 톱으로 기사화했다. 반향이 컸다. 우선 청와대와 정부는 천군만마를 얻은 듯 기뻐했다. OECD 가입이 코너에 몰렸는데 현장을 살펴보니 오히려 정반대의 논리가 나와주니 고마울 수밖에. 정치권도 달라지기 시작했다.

OECD 가입 그 자체가 문제가 아니라 긍정적 효과를 극대화할 수 있는 관리 역량을 키우자는 쪽으로 힘이 모이기 시작했다. 직접 현장을 부딪쳐 얻은 얘기를 전하니 시민단체들의 OECD 가입 반대 주장도 동력이 현저히 떨어졌다. 마침내 1996년 10월 25일, 한국은 OECD 가입 협정문에 서명하면서 29번째 회원국이 됐다.

한국의 OECD 가입은 세계 경제·정치 질서의 재편에 대한 능동적 대응이자 최빈국에서 선진국 클럽에 가입한 최초의 사례로 많은 주목을 받았다. 특히 세계 10위권의 GDP 및 무역 규모, 경제 역량에 상응한 국제적 지위를 확보한 것은 OECD 가입의 큰 성과였다.

전경련을 중심으로 한 민간 경제계는 선제적으로 OECD 가입에 유리한 국제적 환경을 조성하고 정부와 일치된 보조를 취함으로써 가입에 따른 대내적 불확실성을 최소화시킬 수 있었다. 또 '가짜 뉴스'로 인해 비등할 수 있었던 비판적 여론을 전문가들의 분석을 활용해 잠재울 수 있었던 것은 대국민 커뮤니케이션 전략의 큰 성과로 분류된다. 아울러 누구도 시도하지 못한 현장 중심의 취재를 통해 관념상의 '이럴 것이다'라는 단순한 비판이나 우려를 극복해 나갈 수 있었던 것도 과감한 커뮤니케이션 전략의 성과라고 할 수 있다.

마지막으로 하나, OECD 가입이 성사된 후 1996년 말 정부는 OECD 가입

유공자들을 포상했다. 필자는 이를 신문을 보고 알았다. 예나 지금이나 고생은 민간이 하고 생색은 관이 내는 것이라는 것을 실감했다. 정부의 담당 과장에게 가벼운 항의를 농담 삼아 했더니 퀵으로 부총리 표창장과 부상으로 손목시계를 보내왔다.

정주영 회장의 회고록에도 비슷한 사례가 있다. 서울올림픽을 유치하고 왔더니 역시 비슷한 포상 잔치가 있었다. 그런데 포상 대상자 중에는 서울올림픽을 면전에서 안 된다며 방해하고 다녔던 이도 포함돼 있었다고 한다. 반면 고생고생 하면서 IOC위원들을 직접 일일이 만나서 설득했던 민간 경제계 인사들은 자신을 빼고는 모두 빠져 있었다고 했다. 하긴 공무원들의 눈에는 OECD 가입이나 올림픽 유치 같은 나라를 위한 일보다는 자신들의 승진에 유리한 한 점의 포상이 더 중요했을 수도 있었겠다는 생각이 들었다.

➡ 참고자료

《매일경제신문》, 1996.6.24. "개방실패 후유증 일파만파: 每經·全經聯 공동기획 OECD 멕시코의 교훈 1".
《매일경제신문》, 1996.6.25. "핫머니 안이한 대응 '禍根': 每經·全經聯 공동기획 OECD 멕시코의 교훈 2".
《매일경제신문》, 1996.6.26. "大選 때마다 춤추는 페소貨: 每經·全經聯 공동기획 OECD 멕시코의 교훈 3".
《매일경제신문》, 1996.6.27. "한국 지표론 가입여건 성숙: 每經·全經聯 공동기획 OECD 멕시코의 교훈 4".
《매일경제신문》, 1996.6.29. "개방정책 방향 잃을 땐 經濟 혼란: 每經·全經聯 공동기획 OECD 멕시코의 교훈 5".
月刊《経団連》, 1995年 9月 号.

IMF 외환관리체제에 대한 PR적 시각

1997년 ● IMF 위기

심 인

서강엔터프라이즈 대표이사

1987년 11월, 한국은 외국에 결제할 외환이 부족하여 대외 결제가 불가능하게 되었다. 외환부족 사태를 맞게 된 것이다. 은행은 지급불능 사태에 빠져 무려 연 29.5%로 이자율이 치솟고 기업도 경영이 곤경에 빠져 실업자가 급증하였다.

소위 외환 부도 사태가 발생한 것이다. 부족한 외환을 긴급히 조달하지 않으면 한국경제는 대외거래 관계가 중단될 수밖에 없는 긴박한 상황에 놓였다. 당시로서 최선의 길은 국제통화기금에 긴급 자금을 요청할 수밖에 없었다.

다급해진 정부는 IMF로부터 구제 금융 195억 달러를 조달받는 대신 IMF가 제시한 정책규제조치를 따를 수밖에 없게 되었다. 소위 IMF 외환관리체계에 들어가게 된 것이다. 경제 운용에 대한 정책 결정이 IMF와의 협의 내지는 조치에 따를 수밖에 없게 된 것이다. 소위 경제 주권을 일시적으로 잃게 되는 것이다. 그 당시 IMF가 취한 조치는 외환 정책을 비롯하여 금융, 산업정책에 이르기까지 모든 경제정책과 경제 운용 활동에 미치는 광범위한 것이었다. 특히 당시 IMF가 취한 긴축정책은 매우 가혹하여 한계기업은 물론이고 중견기업 그리고 일부 우량기업까지도 도산될 수밖에 없게 되었고, 민생경제를 포함한 우리 경제의 성장 잠재력까지 크게 위축 내지는 잠식되는 최악의 사태를 맞게 된 것이다.

경제적 파고가 워낙 크게 닥친 데다가 IMF와의 구제금융 협상도 다급한 상황에서 이루어지다 보니 불리한 조건인 줄 알면서도 IMF가 제시한 제안을 수용할 수밖에 없었기 때문에 한국경제가 한계 상황을 겪게 된 것이다. IMF와의 협상 직전까지 정책당국조차도 사태의 심각성을 깨닫지 못하고 '우리 경제의 토대fundamentals가 튼튼하다'고만 반복하고 있었으니 이를 믿고 따른 민간기업이나 일반 국민은 아무런 대비책 없이 고스란히 극심한 경제적 파고를 견뎌야만 했다. 그 고통은 짐작하고도 남음이 있었다고 하겠다.

❖ 자업자득의 한국경제, IMF 체제를 야기하다

사실 IMF 외환관리체제(1997.12.3~2001.8.23)는 한국경제로서는 자업자득인 면이 없지 않았다. 우선 기업의 과잉 중복투자가 그렇다.

1960~1970년대 고도성장을 이룬 우리 경제는 산업구조의 고도화가 긴급한 과제로 떠올랐기에 기업은 기업대로 중화학 공업에 진출할 수밖에 없었고 정책당국은 우리 경제의 한 단계 도약을 위한 중화학공업 육성에 금융 지원을 지속할 수밖에 없었다. 그러다 보니 중복 과잉 투자가 이루어졌고 그 결과 외자, 그것도 금리 수준이 높은 단기외채까지 끌어다 쓸 수밖에 없었다. 기업은 기업대로 정부의 중화학 공업 우선 육성 정책에 부응하느라 기업 내 가용자원을 중화학 분야에 우선 배정할 수밖에 없어 중복 과잉 투자가 산업의 전 부문에 확산되었다.

둘째로 기업의 차입경영과 관치 중심의 은행경영을 IMF 사태의 또 다른 원인으로 들 수 있다. 기업경영은 투입과 산출이라는 수익 비용구조에 의해 이루어져야 하는데 중화학 공업 특성상 수익 전망보다는 규모의 경제만을 추구하다 보니 과도한 설비 투자가 소요될 수밖에 없었고 그 재원은 차입금융, 그 것도 내자보다 투기성 외자에 의존하게 되었고 이것이 수익구조의 불안과 함께 기업경영에 큰 부담이 된 것이다.

기업의 차입경영은 자본 시장이 제 기능을 발휘하지 못한 금융환경에서 자연히 금융 차입으로 이어졌고, 은행은 그 창구로서의 역할에 충실하고 있었다. 게다가 당시 해외 금융의 이자가 국내 금융보다 싸지자 종금 회사들이 우후죽순처럼 생겨났는데 이들은 선진 금융 기법 개발을 통해 원활한 재원 조달을 이루어내기보다는 이자가 싼 해외 단기 금융의 조달 창구 역할로 손쉽게 수익 창출을 꾀하고 있었다.

IMF 직전 어느 경제단체가 주선한 연수가 영국 바클레이스Barclays은행에서 열렸을 때 일이다. 여기에는 주요 종금사 임원들도 참여하고 있었다. 바클레이스은행은 거래 고객 확보 차원에서 연수에 많은 노력을 기울여 최신 금융 기법을 중점 소개했으나 참가자들에게는 생소한 내용이 많았다. 그렇지만 생소하기는 종금사 임원들도 마찬가지여서 그들은 바클레이스은행이 설명하는 첨단 금융기법을 전혀 이해하지 못했고 이해하려 하지도 않았다. 당시 종합금융회사들은 해외의 싼 금리 자금을 들여와 국내 기업에 비싸게 대출하여 이윤을 창출하는 데만 큰 관심이 있었기 때문이다.

사실 그동안 우리나라 금융은 경제개발을 지원하는 기능, 즉 금융 지원을 통해 경제의 개발과 성장을 지원하는 역할이 무엇보다 중요한 것이었기에 당시 금융은 정부의 자원 배분 계획에 따라 소요금융 재원을 조달 배분하는 역할에 머물러 있었고 그것도 정부의 지시 감독하에 이루어지는 소위 관치금융 행태에 머물러 있었다.

금융 본연의 기능, 즉 경제의 안정과 발전을 위한 독자적인 자원 배분과 이를 위한 새로운 금융기법의 개발 등을 도외시해 온 것이 사실이다. 조달된 금융자원의 배분에만 집착하는 수준에 머물렀고 어떻게 필요한 내외자를 동원할 것인가, 그러기 위해서는 금융기법은 어떻게 선진화·다양화되어야 하는가에 대한 연구나 개발 노력, 또 금융권이 떠안아야 하는 위험부담은 어떻게 분산시킬 것인지에 대한 노력도 많지 않았다. 그동안 성장한 산업은 고도화되고 국제화되는데 정작 그 산업을 지원해 온 금융은 산업발전을 따라가지 못하고 있었다. 1970년대 후반을 기점으로 우리 기업의 해외 진출 등으로 금융 분야도 국제금융 등 새로운 분야를 개척하려던 시기에 외환위기를 겪게 된 것이다.

셋째로 기업지배구조 문제가 외환 부족 사태의 한 원인이었다. 당시 기업은 기업 내 감시 견제 기능을 제대로 갖춘 지배구조가 제대로 작동되지 않았다. 기업의 의사결정이 최고경영자 한 사람에 집중되어 있다 보니 기업경영이 수익 구조보다는 외형 규모 중심 구조로 고착되어 간 것도 기업 수익성의 악화를 초래한 원인이었고 이는 곧 기업 부실의 단초가 되고 말았다.

넷째로 이러한 경제 내적 요인 이외에 정책적 과오가 빚은 무리수도 외환위기의 큰 요인이 되었다.

당시 정부는 OECD 가입을 위해 많은 노력을 기울였다. 금융 자유화 조치를 시행한 것이 그것이다. OECD 가입을 위해서는 우선 금융 자유화 조치가 선행되어야 했었는데 문제는 이 경우 투기자금의 국내 유출입을 견제할 장치가 마련되었어야 했으나 그렇지를 못했던 것이 화를 자초한 결과가 되었다. 또한 1인당 국민소득 1만 달러를 달성하기 위해 무리하게 원화 가치를 고평가하여 환차익을 노린 국제 투기자금이 대거 유입되었다가 일시에 유출됨으로써 국내 금융시장이 크게 교란되었던 차에 당시 태국 바트화를 중심으로 아시아 통화가치의 폭락이 원화가치의 폭락으로 이어졌다는 점도 간과할 수 없는 IMF 사태의 촉발 요인이었다.

다섯째, 기업의 상호출자 문제도 외환위기의 한 원인으로 꼽을 수 있다. 경제개발기를 벗어난 우리 기업은 경제 규모가 확장되어 감에 따라 사업의 집중화와 다각화 경제 각 부문에서 진행되어 대기업은 거대한 상단을 이루게 되었다. 그러다 보니 그룹 내 기업끼리 상호 보증하고 연대하여 금융자원을 조달하는 상호출자 형태가 생겨났는데, 이로 인해 의당 퇴출되어야 할 부실기업이 그대로 그룹 내에 존속되면서 기업의 자유로운 퇴출을 통한 새로운 성장 기반 조성에 방해가 되고 있었다. 그러다 보니 실속 없는 성장, 수익 없는 경영행태가 발생하기에 이르렀다. 이 역시 외화내빈의 결과를 초래하여 IMF 사태의 한 원인이 되었다.

✤ PR적 관점에서 본 예측능력의 부재

우선 IMF 사태는 여러 관점에서 평가 분석해 볼 수 있으나, 특히 PR적 관점에서 볼 때 위기관리 능력의 부재를 첫째로 꼽을 수 있다. 이미 태국 등 동남아를 중심으로 환율이 급등하고 투기자본 등 핫 머니가 신흥국에서 빠져나가는데도 정책당국은 우리 경제의 토대가 건실하다는 것만을 강조하고 필요한 조치를 제때에 취하지 않았다.

외환위기가 다가오는데도 이를 감지하지 못하고 국내 부실기업에 대한 퇴출 대책을 세우지 않고 지원 대책만을 계속하고 있었다.

한마디로 위기관리의 첫 단계인 예측능력이 전혀 가동되지 않고 있었다. 또 예측이 가능했다 하더라도 대통령 선거를 눈앞에 둔 시점에서 누가 감히 외환위기가 다가오고 있다고 말할 수는 없었을 것이다. 물론 나중 일이지만 관련 정책 당국에서 금융관계법, 노동관계법을 개정하려는 등 대책을 세우려 했으나 이미 사태는 수습 차원을 넘고 있었다.

다만 IMF 사태 발생 당시에는 위기관리에 실패했었으나 IMF 수습과정에서는 금 모으기 운동 등을 통해 국민들의 자발적 참여와 노력으로 위기관리가 제대로 작동된 것은 다행이라 하겠다.

✤ IMF 체제의 시련이 남긴 것

IMF 외환관리체제는 우리 경제에 많은 시련과 과제를 안겨준 만큼이나 우리 경제에 새로운 제도와 기법의 도입을 촉진시키는 역할을 제공해 준 것도 사실이다. 우선 기업의 지배구조가 새롭게 재편되는 과정을 겪었고 기업경영 구조도 상의하달의 수직적 의사결정 과정을 탈피하여 이사회 중심의 민주화 체제로 전환되었다는 점을 들 수 있다. 따라서 1인 체제의 수직적 의사결정 구조가 수평적 체제로 전환되게 됨으로써 기업경영이 보다 안정화되어 위기 시에도 이를 극복할 태세를 갖추게 되었다고 하겠다.

또 선단식 기업구조가 개별 기업 단위로 탈바꿈하게 되고 기업 내 감시와 균형 그리고 견제가 원활히 이루어짐으로써 권한과 책임의 한계가 분명하게 되었다는 점도 들 수 있다. 사외 이사제도를 도입하여 의사결정체계가 다원화되는 한편 사내 경험이 많은 사내 이사와 전문 지식 그룹의 사외이사가 경험과 지식을 공유하게 되었던 점이 IMF 이후 달라진 제도로 평가되고 있다.

또 기업경영이 차입경영에 의한 외형 성장보다는 내실 위주의 수익 중심 경영으로 전환하게 된 것을 들 수 있다. 이에 따라 금융도 관치금융의 굴레와 오명을 벗고 독자적 수익성 분석에 따라 경영의 건실화를 도모하게 되어 개방경제 시대에 국가 경제의 한 축을 담당하는 당당한 한 산업으로 발돋움하게 된 것이다.

이처럼 IMF 외환관리체제는 제한된 개방경제체제였던 우리 경제를 글로벌 스탠다드를 통해 본격적인 개방경제체제로 탈바꿈시킨 계기라는 뼈아픈 경험을 안겨주었다.

따라서 IMF 외환관리체제는 우리 경제가 OECD에 가입하면서 치러야 했던 홍역을 미리 치르게 된 것으로 위안하지 않을 수 없다.

어쩌면 IMF 체제는 글로벌라이제이션 시대로 진입하기 위한 시련으로 받아들일 수 있을 것이나, 두 번 다시 반복되어서는 안 될 경제 주권 상실 과정이었다.

➡ 참고자료

전국경제인연합회 편. 1999.『한국경제연감』.

전국경제인연합회 편. 2011.『전경련 50년사: 寄跡의 50年을 넘어 希望 100年으로』①·②·③.

세계 언론의 주목을 받은 성공적 PR 전략

1998년 ● 정주영 회장 소떼 몰이 방북

김 광 태

온전한커뮤니케이션 회장

❖ 세계가 주목할 방북 이벤트의 탄생

1998년 우리 역사상 최초의 수평적 정권 교체가 있었다. 김대중 대통령의 국민의 정부가 출범했다. 국민의 정부는 이전 김영삼 정부의 악화된 남북 관계를 개선하고, 새롭게 남북 관계를 모색해야 하는 과제를 안고 있었다. 더욱이 김대중 대통령은 대통령이 되기 전부터 남북 관계에 대한 자신만의 구상과 비전을 갖고 있었으며, 그 결과물로서 햇볕정책을 내놓고 있었다. 그러나 틀어진 남북 관계는 생각만큼 순탄치 못했다. 남북 관계와 더불어 북미 관계 역시 1994년 제네바 협약으로 위기를 넘겼지만 속도를 내지 못하던 참이었다.

이런 상황에 소떼 몰이 방북이 성사될 수 있었던 배경에는 국민의 정부의 대북 정책이 결정적으로 자리하고 있었다. 국민의 정부는 이전 정부 시절의 남북 관계 성과와 오류를 교훈으로 삼아 대북 정책에서 정경분리를 추진했다. 정치와 경제를 분리하겠다는 것은 기업인에게 새로운 도전을 하게 만든 계기가 됐다. 특히 실향민으로서 고향인 북한에 원대한 꿈을 갖고 있는 현대

정주영 명예회장에게는 아주 반가운 소식이 아닐 수 없었다. 1992년 대통령 낙선 후 정치 꿈을 접고, 실향민으로서 남북 분단의 상황을 극복하고 남북 관계의 화해의 장을 만드는 데 일생에서 마지막 역할을 다 하겠다고 결심하고 다각도로 북한과 사업을 모색했지만, 정치적인 상황에 발이 묶여 제대로 진척을 시키지 못하고 있었다.

사실 정 회장은 북한으로부터 세 번의 초청을 받았다. 1987년, 1988년에는 당시 한국 정부로부터 신변 안전의 우려가 있다는 이유로 방북을 승인받지 못했지만 1989년 세 번째 초청에는 방북 길에 오르게 된다. 이때 북한을 방문한 정 회장은 금강산 사업 의정서를 체결하고 금강산 관광 개발 약속까지도 얻어내는 성과를 거두었지만 국내 정치적 여러 변수에 의해 진척이 되지 않았다. 그 후 8년이 지난 1997년에 북한은 정 회장을 북한으로 정식 초청을 했다. 당시 이 초청은 정 회장으로서는 절호의 기회였다. 이 절호의 기회를 놓치지 않고 반드시 대북사업을 이루어내겠다고 결심하고 전 세계가 주목할 수 있는 이벤트를 직접 고안해 낸다. 바로 그게 소떼 몰이 방북이었다.

정 회장이 소떼 몰이 방북을 기획한 것은 1992년부터였다고 한다. 그는 17세 때 북한 지역 강원도 통천군 아산리의 고향집에서 부친의 소 판 돈 70원을 몰래 들고 가출한 실향민으로 "언젠가는 한 마리 소가 1000마리 소가 돼 그 빚을 갚으러 꿈에 그리던 고향산천을 찾아갈 것"이라고 하면서, 자신의 서산 농장에 소 150마리를 사주면서 방목을 지시했다고 한다. 소떼 몰이 방북 당시 현대 서산 농장 70만 평 초원에는 소 3000마리가 방목돼 있었다.

그러나 그의 소떼 몰이 방북에는 개인적인 이유 외에 기업가로서 모험도 작용하고 있었다. 그는 북한에 투자함으로써 향후 북한의 개혁·개방의 과정에서 경제적 이익을 선점할 수 있다고 보았다. 그리고 그중 특히 금강산 개발은 금강산을 세계적인 관광지로 조성하면 엄청난 경제적 이익을 얻을 수 있다고 보았다. 이러한 이유로 인해 그는 개인적으로는 자신의 고향을, 그리고 기업가로서는 향후 다가올 경제적 이익을 위해 북한에 대한 모험적인 투자에 과감하게 뛰어들었다.

❖ 전 세계로 생중계된 '전위예술'이자 '민간 황소 외교'

"현대 정주영 명예 회장이 1998년 6월 16일 북한에 제공할 소 1차분 500마리를 트럭에 싣고 판문점을 통해 방북했다."

적십자사 마크를 단 흰색 트럭 수십 대에 실린 소들이 오전 9시 22분 판문점 북측 지역을 먼저 넘었고, 정주영 회장은 판문점 중립국 감독위원회 회의실을 지나 도보로 군사 분계선을 넘었다. 이 장면은 국내 TV 4사는 물론 미국의 뉴스 전문 채널인 CNN을 통해 전 세계로 생중계되었다. 모든 국내 언론의 1면 톱은 이 기사로 장식됐고 전 세계 AP, NYP, WSJ 등 외신들도 분단국가인 남북한의 휴전선이 개방됐다고 일제히 보도했다. 정 회장의 말 한마디 한마디는 뉴스의 제목이었고 대한민국 역사상 최고의 카피였다. 소떼 몰이는 건국 이래 최대의 비정치적인 민간 이벤트였다. 세계적인 미래학자이자 문명비평가인 프랑스 파리대학교 기 소르망Guy Sorman 교수는 "20세기의 마지막 전위예술"이라 이름했고 영국의 《가디언》지는 과거 미국과 중국을 이어주었던 '핑퐁 외교'에 빗대어 세계최초의 민간 '황소 외교'라 이름했다.

4개월 후 2차로 501마리의 소떼를 몰고 2차 방북이 이루어졌고 현대는 소떼 방북을 위해 트럭과 사료를 포함 41억 7700만 원의 비용 부담을 했다.

❖ 소떼 몰이 방북의 7박 8일

소떼 몰이 방북은 7박 8일 일정으로 진행됐다. 뉴스의 첫 출발은 서산농장에서 소를 싣고 15일 밤 11시에 서산농장을 출발하면서부터 시작된다. 소들은 전주 현대자동차 공장에서 개조된 트럭 50여 대에 나눠 실려 임진각에 16일 새벽 6시에 도착한다. 정주영 명예회장은 청운동 집을 출발해 임진각에 도착,

출발 성명 발표를 하고 임진각에서 새로 개통된 통일대교를 건너 판문점을 통해 오전 8시경 군사분계선을 넘어 북한에 들어간다. 정 회장이 탑승한 검은색 다이너스티 승용차를 선두로 통일 소 500마리를 실은 트럭의 행렬은 북으로 가는 1km에 장관을 이룬다. 이 모든 일련의 과정은 생방송으로 중계된다.

개성을 거쳐 평양에 도착한 정주영 회장 일행은 평양 시내 한복판에 자리한 만수대 의사당에서 김용순 아태평화위원회 위원장을 만나 공식 방북 일정을 시작하고, 정 회장은 일상적인 담화와 함께 금강산 개발 관광 문제를 협의한다. 방북 이튿날 17일 정 회장 일행은 김용순 위원장 등 아태평화위원회와 경제협력에 대한 전체 회의를 갖는다. 19일 정 회장 일행은 고향집이 있는 통천으로 이동, 고향의 혈육과 감격의 재회를 한다. 20일에는 금강산 일대와 온정리를 방문하고 21일에는 원산에 도착, 현대정공이 화차 임가공 사업을 하고 있는 차량종합기업소와 원산 조선소를 둘러본다. 체류 마지막 날인 22일 정 회장은 마침내 금강산 개발 프로젝트 등 주요 사업에 대해 북한 측과 의정서를 교환하고 금강산 관광 및 개발에 대한 의정서를 체결한다.

7박 8일간의 방북 일정을 모두 마친 정 회장 일행은 23일 오전, 남북 관계 개선과 통일 초석을 깔아놓고 금강산 관광 합의 등 선물을 듬뿍 안고 판문점을 통해 귀환한다.

누구도 생각지 못했던 소떼 몰이 방북에서 큰 성과를 거두고 돌아온 정 회장은 판문점에서 인터뷰를 통해 "이번 방북과 금강산 관광을 계기로 남북 간의 교류협력, 화해 분위기가 조성되어 민족의 염원인 통일을 앞당기고, 더불어 잘살 수 있는 부강한 국가를 건설할 수 있게 되기를 바란다"고 밝힌다.

세기적인 빅 이벤트 소떼 몰이 방북으로 북한과의 경제 협력과 금강산 관광을 이끌어낸 정 회장의 꿈이 실현되는 가시적인 결과가 나타나는 순간이었다.

❖ 국내외 언론의 대대적 보도 양상

언론의 관심은 국내외로 폭발적이었다. 먼저 국내 언론들은 국내 방송 4사 KBS, MBC, SBS, YTN이 현장 생방송으로 소떼 방북 현장을 중계했고, 신문들도 정 회장의 방북 사실을 1면 톱 스트레이트, 사설, 칼럼, 등을 통해 대대적으로 보도했다. 대표적인 기사들을 보면 "소떼 방북 스케치/지휘본부용 2대 등 차량만 56대"(《국민일보》 1998.6.15), "소 모는 할아버지"(《조선일보》 1998. 6.15 이규태 코너), "통일대교 오늘 개통"(《경향신문》 1998.6.15), "정주영 씨 경제얘기만 하고 올까/방북 중 활동 관심"(《세계일보》 1998.6.15), "남북 관계 개선 기대된다"(《서울신문》 1998.6.15 사설), "소떼가 연 판문점 길"(《동아일보》 1998.6.17 사설), "정 회장 방북과 햇볕론/한완상 방송대 총장"(《한겨레》 1998. 6.17 특별기고) 등이다 . 특히 언론들은 내부 필진 편집 데스크, 논설위원은 물론 외부 필진인 김동길, 이규태, 한완상, 이호철, 윤진섭 등에게 소떼 몰이 광경을 칼럼이나 수기 형식으로 기고토록 했다. 국내 언론들의 대체적인 기사 방향과 공통적인 특색은 정 회장의 소떼 몰이 방북이 남북 화해의 물꼬를 트는 계기가 되길 기대하며 정 회장의 결단력과 지도력을 높이 평가했다.

외신들도 소떼 방북을 대대적으로 보도했다. 우선 뉴스보도 전문 채널인 CNN이 정주영 회장이 소떼를 몰고 방북하는 장면을 생방송으로 중계했다는 점이 눈길을 끌었다. 6월 16일 자 《문화일보》가 외신 반응을 분석한 보도에 따르면 CNN을 비롯한 미국 방송들은 "정주영 회장의 방북은 김대중 대통령의 햇볕정책에서 비롯된 것으로 새 정부 출범 이후 남북한 화해 조짐을 반영하는 것"이라고 보도했고, 《워싱턴 포스트》도 정 회장의 방북 기사를 크게 취급하면서 "19세에 고향을 떠나 사업가로 성공한 정씨의 소떼 몰이 방북은 지난 수십 년 동안 전쟁과 총격전 도끼 만행 등으로 얼룩진 비무장지대의 긴장을 완화하는 상징이 될 것"이라고 보도했다. AP 통신은 "정주영 회장의 대북 소 지원은 북한의 만성적인 경제난 해소에는 역부족이지만 판문점을 통한 이번일은 폐쇄적인 북한을 개방된 국제 사회로 유도하기 위한 상징적인 노력의 일환"이라고 논평했다.

소떼 방북은 현대 그룹 입장에서 수많은 기사를 창출하는 효과를 가져왔다. 당시 한국언론재단의 기사 검색 사이트 'KINDS'를 통해 1998년 6월 한 달간 10대 종합 일간지에 보도된 기사 검색 건수를 보면 현대 100건, 정주영, 674건, 소떼 275건 등으로 나타냈는데, 소떼 몰이 방북이 언론의 폭발적인 관심을 받았음을 입증해 주었다.

이러한 대형 이벤트를 통해 나타난 홍보 효과 가치는 얼마나 될까? 현대 방북 이벤트는 정주영 명예회장, 현대그룹 로고, 다이너스티 승용차, 소형 트럭, 현대건설, 오일뱅크, 서산농장 등 현대 관련 이미지들이 매스컴에 자연스럽게 홍보됐는데 광고로 환산하면 대략 6조 원에 이를 것으로 추산됐다. 그러나 현대는 금강산 개발을 기업 마케팅 효과로 환산하는 데 거부감을 나타냈다. 현대 관계자는 "금강산 개발 등 방북성과는 단순히 돈으로 환산할 수 없다"며 "이 사업으로 돈을 못 벌더라도 이번 사업 자체는 의미 있는 일"이라고 말했다. 또 금강산 유람선 개발사업 등 방북 성과를 이용해 기업이미지 광고도 하지 않는 등 으레 할 만한 홍보도 하지 않았다며 홍보 목적이 주가 아님을 분명히 했다(《세계일보》 1998.7.9).

❖ 대한민국 PR 역사에 길이 남을 민간 교류의 족적

정주영 회장의 소떼 몰이 방북은 한국 PR 역사에 이벤트 PR 분야의 최고의 작품이라 할 수 있다. PR의 모든 요소를 종합적으로 유기적으로 연결시켜 PR의 효과를 극대화시켰기 때문이다. 더군다나 세계 기업사에 유례없는 기업 총수가 직접 기획하고 연출하고 출연까지 해서 이 이벤트 PR은 전 세계가 주목을 했다. 그 효과는 금액으로 따질 수 없을 만큼 값졌다. 정주영 명예회장은 대한민국 PR 역사에 길이 남을 족적을 남겼다.

소떼 몰이 방북 PR 이벤트가 대성공을 이루게 된 요인을 분석해 보면 첫째, 주인공이 대한민국의 내로라하는 재벌가의 총수라는 점이다. 평범한 일상에서도 그의 말 한마디가 뉴스가 되는 세상인데 뉴스의 주인공이 되고 행사에 출연까지 했다는 점이 뉴스 가치를 대폭 끌어올렸다.

둘째, 사람의 뿌리 깊은 정서를 자극했다. 소몰이와 목가적 동경, 떠나온 고향산천과 망향, 잃어버린 부모 형제와 혈육의 정, 어려운 이웃과 동포애 등으로 인간의 회기 본능을 흔들어댔다.

셋째, 장소가 판문점이라는 점을 들 수 있다. 판문점은 1953년 7월 27일 휴전협정이 발효되면서 생겨났다. 판문점은 남북 분단의 상징이 되어왔다. 이곳은 외국인에게는 단지 관광지일 뿐이나 아직도 정치·군사 회담이 열리는 장소로 민간인에게는 접근하기 어려운 곳이다. 그런 곳을 기업인이 접근을 시도한다는 자체가 새로운 사고의 시작으로 세계의 모든 언론의 이목을 집중시킬 수 있는 창의적인 착안이었다. 그것도 중국 북경을 통한 항공편도 아니고 뱃길도 아닌 바로 분단의 상징인 판문점을 통해 북한을 간다는 것은 불가능한 것을 가능하게 하는 예측 불가성과 의외성에 PR 효과가 내재돼 있었다.

마지막으로 넷째는 퍼포먼스다. 소를 보내는 것이 아니라 소를 몰고 가는 것을 연출했다는 점이다. 우리 전통적인 문화에 고향을 찾아갈 때는 으레 마음의 정성이 듬뿍 담긴 선물을 직접 싸가지고 간다. 정 회장도 몇십 년 만에 찾아가는 고향에 직접 선물을 들고 가야겠다는 차원에서 소떼를 몰고 가는 형식을 취했는데, 이 아이디어가 화제성을 불러 모아 홍보 효과를 극대화시켰다. 동영상을 다루는 방송 매체까지 고려한 PR 전략의 진수를 보여준 것이라 할 수 있겠다.

미술평론가 윤진섭은 정주영 회장이 기획한 소떼 몰이 PR 이벤트를 다음과 같이 평했다. "정주영 회장의 소몰이 방북은 본인이 직접 기획·연출하고 출연까지 한 하나의 감동적인 행위예술이었다. 정 회장은 남북한의 닫힌 마음을 열기 위해 한우 500마리를 트럭에 나눠 싣고 북으로 갔고 행렬을 진두지휘하는 그 모습은 7000만 겨레의 뇌리에 깊이 새겨졌다. 정 회장이 펼친 행위예술의 하이라이트는 500마리 소를 싣고 서산농장을 출발한 50대의 트럭이 판문점을 거쳐 북한으로 들어가는 장면이었다. 세기의 '목동'이 벌이는 기막힌 '퍼포먼스'는 굳게 닫혔던 남북의 빗장을 열고 나아가 이산가족의 애 끊는 한을 푸는 한판 축제였다."[1]

이 PR 이벤트로 현대그룹은 국내 방송 4사, CNN 생중계는 물론 국내 신문 1면 톱 사설 칼럼 해외 WSJ. NYT, WP, AP 등에 대서특필되면서 정 회장을 비롯한 현대 제품의 브랜드 홍보 효과가 금액으로 6조 원이라는 평가를 받았다. 그러나 그 후 남북 관계가 단절이 되면서 금강산 관광 중단, 개성공단 폐쇄 등으로 인해 현대그룹은 경영위기를 맞았다. 이벤트 PR로 대대적인 홍보 효과를 보았지만 그 반대로 정치적인 변수로 인해 기업 위기를 맞은 것이다. 한국 기업에서 '오너 리스크Owner Risk'는 최고경영자 1인의 개인적인 판단이나 행동이 기업 전체를 위기로 몰아넣는 경우를 일컫는 경영학 용어이지만 홍보맨들에게는 최악의 홍보 위기 용어이기도 하다 . '아산'이라는 자신의 호마저 고향마을(강원 통천군 아산리)의 이름을 따서 지었을 만큼 실향민이라는 자각이 강했던 정주영 명예회장. 개인의 정체성이 현대그룹 대북사업의 출발점임을 부인하는 이는 없다. 여기에 오너 한 사람의 결정이 다른 기업에 비해서도 절대적 수준으로 작용하던 현대그룹 특유의 문화가 결합되면서 리스크 관리가 제대로 이뤄지지 않았다. 기업이 정치와 연관되는 사안에 대해서는 정권에 따라 흔들릴 수밖에 없고 그로 인해 기업경영은 생과 사를 오간다. 호사다마好事多魔라 했다. 좋은 일일수록 큰 위기가 다가오기 마련이다. 사전에 맥을 짚어가는 PR의 위기관리의 중요성을 새삼 깨닫게 했다.

정주영 명예회장은 2001년 86세의 나이로 영욕의 세월을 마감했다. 정 회장 타계 후 대북 송금 수사, 정몽헌 회장 자살, 현대그룹 유동성 위기, 남북 관

---

1 윤진섭. "미술 평론가가 본 소떼몰이", 《경향신문》(1998.6.17).

계 단절 등으로 정 회장의 대북 사업이 중단돼 정 회장의 업적이 퇴색한 측면은 있지만 소떼 몰이 방북이라는 기념비적 PR 이벤트로 분단 이후 최초로 민간 교류의 물꼬를 텄고 그 물꼬는 2018년 판문점에서의 남북정상회담, 싱가포르에서 북미정상회담으로 또 한 번의 빛을 발했다. PR의 힘을 여지없이 보여준 사례이다. 이는 홍보맨이면 누구나 한 번쯤 가슴에 담고 떠올리는 영구불멸의 PR 성공 사례로 자리를 잡았다.

➡ **참고자료**

김주호. 2019. 『PR의 힘』. 서울: 커뮤니케이션북스.
윤진섭. 1998.6.17. "미술 평론가가 본 소떼몰이". 《경향신문》.
정주영. 1998. 『이 땅에 태어나서』. 서울: 솔.
하임숙 기자. 1998.7.9. "금강산 개발". 《세계일보》.
정주영 명예회장 사이버 박물관(www.assanmuseum.com).
현대아산 홈페이지(www.hyunday-assan.com).

LPGA 코리언 돌풍과 세리 키즈의 서막을 열다

1998년 ● 박세리 LPGA 맥도날드 챔피언십, US오픈 우승

장 혜 연

케첨 코리아Ketchum Korea 상무

✤ 박세리와 LPGA 강국 이미지

2019년 6월 한국을 찾은 미국 도널드 트럼프 대통령은 청와대 공식 환영 만찬에서 특별히 올림픽 여자골프 대표팀 박세리 감독과 긴 시간 대화를 나눈 것으로 전해졌다. 자타공인 '골프광'인 트럼프 대통령은 1998년 당시 TV로 박세리 선수가 US여자오픈에서 우승한 경기를 시청했다고 알려졌으며 이번 만찬장에서도 박 감독과의 만남을 특별히 반가워했다고 한다.

　20여 년의 긴 시간 동안 미국 대통령에게까지 깊은 인상을 남겼던 박세리 선수의 US여자오픈 제패는 당시 국제통화기금International Monetary Fund: IMF 외환위기에 지쳐 있던 대한민국 국민들의 마음을 달랜 것은 물론 '세리 키즈'라는 신조어를 만들어냈다. 대한민국 골프계와 LPGALadies Professional Golf Association 경기 중에서도 명장면으로 자주 손꼽히며 스포츠 마케팅과 선수후원 활용 PR에 대한 새로운 인식과 변화를 이끌어내기도 했다.

❖ 1998년, 국민의 정부 출범과 IMF 외환위기 극복

대한민국 현대사에서 1998년은 특별한 의미를 가졌다. 헌정사상 최초로 여당과 야당의 정권교체가 이루어지며 '국민의 정부'가 출범했지만, 대선 직전인 1997년 12월 국제통화기금IMF에 긴급구제 금융을 신청하는 등 경제상황은 큰 위기에 놓여 있었다. 많은 기업에서 부도와 경영위기가 나타나며 경기악화와 실업률 증가 등 사회 전반적으로 분위기가 침체되어 있던 것이 사실이었다.

하지만 외환위기라는 국가적 난제 속에서도 당시 많은 국민의 마음을 위로해 주고 희망을 주었던 스포츠 스타가 바로 코리안특급 박찬호와 골프여왕 박세리였다. 전 세계 야구인들에게 꿈의 무대로 불리는 미국 메이저리그에서 존재감을 나타내던 박찬호 선수에 이어 프로골퍼로 전향한 신인 첫해에 LPGA 주요 대회인 맥도날드 LPGA 챔피언십과 US여자오픈 최연소 우승을 달성한 박세리 선수를 통해 '다시 할 수 있는 한국인'이라는 자신감의 공감대가 형성되었던 것이다. 특히 대회를 생중계한 《ESPN》을 비롯해 《CNN》, 《뉴욕 타임스》 등 유수의 해외 매체들을 통해 보도되는 박세리 선수의 인터뷰는 국민적 자긍심까지 높이는 심리적 효과를 제공했다. 대한민국의 자랑스러운 딸이라 불리며 국민적 관심과 응원을 받은 박세리 선수의 US여자오픈 우승 경기영상은 정부수립 50주년 기념 공익광고에 활용되며 대중에게 그 잔상을 더 오래 남기기도 했다.

❖ 슈퍼신인 박세리, 대한민국 스포츠 마케팅의 문을 열다

2018년 12월, 《동아일보》가 딜로이트 컨설팅과 실시한 한국인의 주관적 행복도(동아행복지수) 조사 결과 '한 해 동안 나를 가장 행복하게 해준 인물'로 손흥민 선수(영국 프리미어리그 토트넘)와 박항서 베트남 축구대표팀 감독이 나란히 1·2위를 차지했다고 한다. 기사에서는 2018년도 조사결과를 공개하였지만 외환위기 때에서는 박찬호 선수와 박세리 선수가 손꼽혔다고 언급했다.[1]

운동선수들이 언론의 주목을 받고 뉴스의 주인공이 되는 일은 그동안 많았다. "엄마 나 챔피언 먹었어"라는 유명한 소감으로 인용되는 권투선수 홍수환, '차붐'이라는 별명으로 아직까지 대한민국 축구의 전설로 통하는 차범근 전 국가대표팀 감독을 비롯해 올림픽 메달리스트들도 언론보도의 주인공이 되어 감동적이고 인상 깊은 도전과 승리의 이야기들을 전달한 사례는 종종 있어왔다.

하지만 글로벌 스포츠 스타라는 설명을 붙이는 경우에는 이야기가 좀 달라진다. 대한민국의 이름을 세계 유수의 언론과 스포츠 산업에서 주목받는 계기를 만든 것은 1990년대 후반부터라고 말할 수 있다. 그중 박세리 선수가 프로 전향 첫해에 미 LPGA 투어 메이저 대회에서 2연승과 최연소 우승을 거둔 1998년은 가장 중요한 변곡점이 되었다. 대회 우승 후 인터뷰는 물론이고 같은 해 8월 《타임TIME》은 아시아판 표지에 박세리 선수를 등장시켰다. 이전까지 시사전문지인 《타임》 표지에 등장한 한국인은 모두 정치인이었다는 사실을 보면 한국을 바라보는 글로벌 매체의 시각에도 변화가 있었던 것은 분명하였다 할 수 있다.

그리고 당시까지 일반적이던 대회 후원이 아닌 선수 후원에 대한 새로운 인식과 함께 대한민국 스포츠 마케팅에 대한 연구와 다양한 투자가 본격적으로 시작된 것도 이때부터라고 말할 수 있다. 박세리 선수는 1995년 삼성물산의 후원을 통해 체계적 훈련과 기량 향상의 기회를 가질 수 있었고, 이후 우리나라는 2002 한일월드컵, 2014 인천아시아경기대회, 2018 평창동계올림픽까지 글로벌 스포츠 이벤트를 성공적으로 이어갔다.

덧붙여 박세리 선수의 포기하지 않는 열정과 투혼에 영감을 받은 많은 유

---

1 《동아일보》(2019.6.29).

소년들이 골프에 대한 관심을 가지게 되어 우리나라 여성 골프선수 저변이 넓어지며 '세리 키즈'라는 골프 유망주들이 속속 등장했다. 이후 'ㅇㅇ 키즈'라는 말은 다양한 종목의 유망주를 일컫는 단어로 폭넓게 사용되고 있다.

❖ 한국과 미국 여자골프 역사에 놀라운 기록을 남기다

전 세계의 내로라하는 여자 골프선수들이 경쟁하는 미 LPGA 투어. 1998년 꿈의 무대에 첫 발을 내딛은 신인 박세리 선수는 한국뿐만 아니라 미국 여자 골프 역사에도 흥미진진한 뉴스를 연이어 만들어냈다. 특히 매체에서 가장 매력적인 소재로 꼽는 새로운 기록과 박진감 넘치는 승부가 결합되어 많은 언론의 높은 관심과 보도가 이어졌다.

먼저 LPGA 투어 참여 4개월 만에 4대 메이저 대회 중 첫 번째로 치러진 맥도날드 LPGA 챔피언십에서 우승하며 언론의 관심을 모았다. 특히, 1라운드에서 4라운드까지 선두를 유지하며 승리하는 와이어 - 투 - 와이어Wire-to-wire를 기록했다.

두 번째, US여자오픈에서 박세리 선수는 서든데스Sudden Death 방식으로 우승을 거두었는데 이는 1946년 창설 이래 대회 53년 만에 최초였다. 프로골프 경기는 18홀로 이루어진 코스를 돌며 4일 동안 총 72홀의 타수를 계산하며 진행된다. 참가선수들이 4일차 경기를 마치고 동일한 타수로 코스를 마친 경우에는 동점자들끼리 5일째 18홀의 연장전(플레이오프)을 통해 우승자를 선정하게 된다. 그런데 박세리 선수가 참가한 1998년 US여자오픈은 연장전까지 포함해 총 90홀의 경기를 마치고도 동일한 점수가 기록되어 먼저 득점하는 즉시 승리자가 확정되는 서든데스 방식을 적용하게 된 것이다. 총 92홀 만에 박세리 선수의 우승으로 승부가 가려진 이 경기는 미국 LPGA 투어 역사상 가장 긴 승부로 기록되어 있다.

세 번째, 박세리 선수는 1998년 프로골퍼로 전향한 신인선수이자 최연소로

4대 메이저 대회인 US여자오픈에서 우승했다. US여자오픈은 1946년 창설돼 미국 LPGA 투어에서 가장 오랜 역사를 지녔고 LPGA 챔피언십, 브리티시 여자오픈, 나비스코 챔피언십과 함께 커리어 그랜드 슬램을 구성하는 메이저 대회이다. 박세리 선수는 US여자오픈 우승 당시 21세(20세 9개월)로 최연소 기록을 달성했으며 2개월 전 치러진 맥도널드 LPGA 챔피언십 우승을 먼저 차지함으로써 프로 전향 첫해에 두 개의 메이저 타이틀을 거머쥐었다. 당시의 이 기록은 1984년 줄리 잉스터(미국) 이후 14년 만에 달성된 기록이었다.

❖ 국가적 위기 속 대한민국에 희망의 메시지를 전하다

박세리 선수의 US여자오픈 경기에서 우승에 환호하는 장면과 함께 많은 사람들이 기억하는 장면은 바로 '양말을 벗고 물속으로 들어가는 장면'일 것이다. 연장 마지막 18번 홀 티샷이 공교롭게도 연못 해저드 풀숲 턱에 걸려버려 승리와 패배 사이 가장 결정적인 갈림길을 마주하게 되었다. 골프공을 안전한 구역으로 빼내기 위해 연못 안에서 다시 샷을 시도해야 하는 상황에서 박세리 선수는 과감하게 신발과 양말을 벗고 물속으로 걸어 들어가 집중력을 발휘해 위기를 넘기고 승부를 다시 원점으로 되돌렸다. 훈련으로 시커멓게 탄 종아리와는 달리 하얀 발 부분이 글로벌 스포츠 미디어 《ESPN》을 통해 전 세계로 TV중계되며 선수들의 열정과 노력을 보여주는 동시에 대한민국 국민에게도 깊은 감동과 여운을 주었다.

세계적 시사주간지인 《타임》도 박세리 선수의 등장과 성취에 관심을 가졌다. 1998년 8월 17일 자 《타임》 아시아판 표지인물로 박세리 선수를 선택하고 이렇게 썼다. "골프선수 박세리는 위기에 처한 국가의 자부심과 희망의 상징이 되었다Golfer Park Se-Ri has become a symbol of pride and hope for a nation in crisis." 박세리 선수가 많은 역경과 고비를 넘기면서도 결국 US여자오픈 우승을 이루어낸 것을 통해 한국인들이 IMF 외환위기와 침체된 분위기를 극복하는 희망의 메시지와 다시 할 수 있다는 자신감을 되찾고 있다는 주제를 다룬 커버스토리였다. 또한 흥미로운 것은 《타임》에서 그 이전까지 표지인물로 다룬 한국인은 이승만, 전두환, 김영삼 대통령을 비롯해 북한의 김정일 국방위원장까지 모두 정치인이었다는 것이다. 2000년대에 들어 축구선수 안정환과 박지성, 장동건이 등장하였고 최근에는 손흥민과 방탄소년단도 커버스토리와 표지인물로 선정되었다.

'대한민국의 딸', '광복 이후 대한민국 최고의 수출품'이라는 표현에서 알 수 있듯 박세리 선수의 LPGA 투어 우승 뉴스는 선수 개인의 성취가 아니라 대한민국의 국가적 자긍심과 연결되며 사회적으로 많은 영향을 주며 공적 기여를 했다는 점에서도 특별한 의미를 가졌다.

❖ 삼성 브랜드와 상호 윈윈win-win, 세리 키즈와 만나다

"올림픽에서 가장 필요한 것은 대규모 경기장이 아니다. TV 카메라를 들여놓을 수 있는 공간이다"(위버로스, LA올림픽조직위원장).[2]

박세리 선수의 LPGA 대회 우승 뉴스에서 언론이 주목했던 또 하나는 박 선수의 모자에 선명하게 새겨져 있던 삼성SAMSUNG 로고였다. 후원사 삼성물산은 박세리 선수의 LPGA 챔피언십과 US여자오픈 우승을 통해 각각 1억 5000만 달러(약 1950억 원)와 최대 5억 4000만 달러(약 7020억 원)의 광고효과를 거둔 것으로 평가되었다.[3] 전 세계 TV로 생중계된 경기 화면, 우승컵을 받는 공식 사진, 선수 인터뷰에 이르기까지 박세리 선수가 대회를 통해 등장한 모든 장면을 통해 삼성 브랜드를 알리는 계기를 확보했기 때문이었다. 또한 후원 배경과 내용에 대한 국내 언론보도도 이어졌다. 덧붙여 박세리 선수가 양말

---

2 "박세리 우승과 스포츠마케팅", 《삼성경제연구소 CEO Information》 149호.
3 같은 글.

을 벗고 연못으로 들어가는 US여자오픈 연장전 18홀 경기 장면은 정부수립 50주년 기념 공익광고에 활용되며 삼성 브랜드에 대한 부가적인 홍보효과를 거두기도 했다.

삼성물산은 당시 고등학생이던 박세리 선수와 1995년 10년 장기 후원계약을 체결했다. 계약금은 연봉 1억 원 수준으로 10년간 8억 원이었다. 미국 진출 시에는 체재비와 훈련비, 강습비는 별도 지급한다는 조건으로 약 30억 원 규모의 후원이었다.[4] 당시만 해도 우리나라에서는 개별 스포츠 대회를 주관하는 타이틀 스폰서 후원은 있었지만 선수를 후원하는 사례는 많지 않았다. 하지만 프로 스포츠 산업이 일찍부터 성장했던 미국의 경우는 선수 매니지먼트, 매체 중계권 사업, 기업 스폰서십 등 스포츠 마케팅 산업도 함께 발전해 왔다. 따라서 스포츠 선수를 활용하는 경우가 빈번했고 대표적인 예로 NBANational Basketball Association(미국농구협회)와 스포츠용품 기업인 나이키가 마이클 조던을 통해 미국프로농구의 매력과 브랜드 홍보를 성공적으로 수행한 것을 들 수 있다. 박세리 선수의 선전을 통해 유망주에 대한 앞선 스포츠 마케팅 투자의 성과가 입증되었고, 이후 박 선수와 동갑내기였던 김미현 선수를 비롯해 국내 여자 골프선수들에 대한 후원계약이 증가하기도 했다.

또 다른 측면에서는 1998년 당시 만 10세가 된 1988년생 올림픽둥이들을 중심으로 골프라는 종목에 대한 높은 관심을 바탕으로 '세리 키즈'라는 이름의 많은 유망주를 배출해 냈고 1세대였던 리우올림픽 금메달리스트인 박인비 선수를 거쳐 유소연, 박성현, 고진영 선수 등으로 세대를 이어가고 있다. 이후 골프뿐 아니라 '연아 키즈', '정현 키즈' 등 스포츠 유망주를 일컫는 대명사로 'ㅇㅇ 키즈'라는 말이 현재까지도 널리 사용되고 있다.

---

4 《중앙일보》(1995.10.17).

♣ 스포츠 스토리텔링과 PR 확장성

박세리 선수의 LPGA 챔피언십과 US여자오픈 우승은 스포츠 선수를 통한 스토리텔링과 PR의 이상적인 조합을 보여주었던 사례로 볼 수 있다.

박세리 선수의 우승 뉴스는 언론보도에서 선호하는 다양한 요소인 '최연소', '아시아 선수 최초', '최장 승부' 등을 다수 충족하고 있었다. 덧붙여 당시 사회경제적으로 침체되었던 분위기를 반전시키는 공적 역할과 기여를 하며 언론의 관심은 더욱 다양하게 확장되었다. 그렇기 때문에 대회 승리라는 사실 보도 외에 선수와 관련된 더 풍부한 이야기와 그 성공요인에서 개인적 배경뿐 아니라 후원사인 삼성물산의 역할도 자연스럽게 부각되었다. 또한 스포츠 마케팅의 효과가 공론화되며 업계의 대내·외적 변화를 이끈 것에서도 의미가 크다고 말할 수 있다.

➡ 참고자료

김정남 외. 2017. 『1990년대 문화키워드 20』. 서울: 문화다북스.
김주호. 2015. 『세계 10대 메가 스포츠이벤트와 스폰서십』. 서울: 커뮤니케이션북스.
박찬혁. 2006. 『스포츠마케팅의 세계』. 서울: 살림.
서정득. 1999. 『신문으로 공부하는 박세리 성공학』. 서울: 민미디어.
《TIME》, 아시아판. 1998.8.17.

한국 최초의 노벨상 수상자 배출

2000년 ● 김대중 대통령 노벨평화상 수상

김흥기

한국사보협회 회장

❖ MPR 전략으로 노벨상 수상을 바라보다

'대중에게 특정 주체를 알리기 위하여 하는 행동'으로 요약할 수 있는 PR은, 이 분야의 선구자 중 한 명인 에드워드 L. 버네이스가 '승인에 이르도록 하는 기술'이라고 정의한 바 있다. 마케팅 PR의 가장 첫 번째 전략인 수상Awards은 유명인을 상징적 인물로 선정하고, 수상을 통해 서비스나 제품 혹은 개인이나 단체를 효율적으로 마케팅하는 방법을 말한다.

수상 MPR 전략은 심사위원 선발과 심사 과정의 공정성만 확보되면 상당히 대중적이고 효과적인 방법론 중의 하나이다. 마케팅PR은 최종 구매자인 '소비자'의 마음속에 조직의 포지션을 점하는 과정을 커뮤니케이션을 통해 풀어 가는 과정이다.

신호창 교수는 저서 『마케팅 PR 전략과 사례』 서문에서 "지금은 전쟁도 PR로 하고, 정치도 PR로 하며, 마케팅도 PR로 하는 시대다"라고 이미 MPR 시대의 도래를 언급했다. 이 책에서 저자는 10가지의 마케팅 PR 전략을 제시하는 데, 그 첫 번째가 대변인 MPR이다. 대변인 MPR은 실존인물 혹은 가상인물을 내세워 브랜드의 가치를 높이는 전략이다. 한국야쿠르트가 노벨상을 수상한 마셜 박사를 모델로 활용한 것이 좋은 사례이다.

김대중 대통령의 주요 업적으로는 ① 지역감정 극복 노력, ② 최초의 남북 정상회담 시도, ③ 정적과 과거사에 대한 화해와 용서, ④ 외환위기 극복, ⑤ 노벨평화상 수상 등을 꼽을 수 있다.

❖ 최초의 한국인 노벨상 수상자, 노벨평화상 김대중 대통령

노르웨이 노벨위원회는 한국과 동아시아에서 민주주의와 인권을 위해, 그리고 북한과의 평화와 화해를 위해 노력한 업적을 기려 2000년 노벨평화상을 대한민국의 김대중 대통령에게 수여하기로 결정했다.

한국이 수십 년간 권위주의의 통치하에 있을 때, 여러 차례의 생명에 대한 위협과 장기간의 망명생활이 있었음에도 김대중 대통령은 점진적으로 한국 민주주의를 대표하는 인물로 부상했다.

1997년 그가 대통령에 당선됨으로써 한국은 세계 민주주의 국가 대열에 확고히 자리 잡았다. 대통령으로서 김대중 씨는 확고한 민주정부의 수립과 한국에서의 내부적 화합 증진을 위해 헌신적으로 노력해 왔다.

강력한 도덕적 힘을 바탕으로 김 대통령은 인권을 제한하려는 시도들에 맞서 동아시아 인권수호자의 역할을 수행해 왔다. 미얀마의 민주주의를 지지하고 동티모르의 인권 탄압에 반대하는 그의 헌신적 노력 역시 괄목할 만한 것이었다.

'햇볕정책'을 통해 김 대통령은 50년 이상 지속된 남북한 간의 적대관계의 해소에도 노력해 왔다. 그의 북한 방문은 남북한 간의 긴장을 완화하는 과정에 큰 동력이 되었다. 이제 한반도에 냉전이 종식되리라는 희망을 가질 수 있을 것이다. 또한 김 대통령은 인근 국가들, 특히 일본과의 화해를 위해 상당한 노력을 해왔다.

김대중 대통령은 2000년 12월 10일 노르웨이 오슬로 시청에서 열린 2000년 노벨평화상 시상식에 참석하여 노벨평화상 수상증서 및 금메달을 받고 수상 연설을 했다. 이 자리에는 하랄 5세 노르웨이 국왕, 군나르 베르게 노벨위원회 위원장을 비롯한 1300여 명의 내외 귀빈이 참석하여 김대중 대통령의 노벨평화상 수상을 축하하였다. 특히 우리나라가 낳은 세계적 성악가인 조수미 씨의 축하 공연도 함께 진행되었다.

군나르 베르게 위원장은 경과보고를 통해 김대중 대통령이 평생 동안 일관되게 민주주의와 인권, 남북한 간의 화해와 협력을 위해 헌신해 온 과정을 설명하고, 김대중 대통령의 업적이 세계적 인권·평화 운동가인 마하트마 간디, 사하로프, 넬슨 만델라, 빌리 브란트 등과 견주어 손색이 없음을 강조하였다.

김대중 대통령은 수상 연설을 통해 남북정상회담 과정을 자세히 소개하고 인권은 동서양을 불문하고 보호받고 존중되어야 할 보편타당한 가치이며, 우리나라와 세계의 인권·평화, 한민족의 화해와 협력을 위해 앞으로 더욱 노력할 것을 다짐하였다.

김대중 대통령의 당선은 건국 50년 만의 첫 여야 정권교체라는 역사적 의미를 갖고 있다. 1998년 2월 25일 제15대 대통령으로 취임해 자유민주연합과 공동정부를 구성한 그는 '국민의 정부'를 표방하고 '민주주의와 시장경제의 병행발전'을 국정지표로 삼았다. 그는 대통령 선거운동과정에서 공언한 '준비된 대통령'답게 과감한 경제개혁에 착수해 지난 정권으로부터 물려받은 외환위기를 조기에 극복하는 한편, 기존의 완강한 대북 흡수통일론을 배격하고 이른바 '햇볕정책'으로 불리는 대북 포용정책을 꾸준히 견지함으로써 얼어붙은 남북 관계의 돌파구를 마련했다. 그는 2000년 3월 독일의 베를린 자유대학교에서 행한 연설에서 한반도 냉전구조 해체와 항구적 평화, 남북 간 화해와 협력에 관한 '베를린 선언'을 발표한 데 이어, 2000년 6월 13~15일 김정일 국방위원장의 초청으로 평양을 방문해 분단 사상 55년 만에 첫 남북정상회담을 갖고 역사적인 6·15 남북공동성명을 이끌어냈다. 그는 또한 한국 최초의 노벨평화상 수상자로서 국가 이미지를 선양했다.

✤ 민주투쟁의 역사에서 한반도와 세계의 평화 역사로

2000년 10월 13일은 우리 민족에게 기쁜 날이었다. 노벨평화상위원회가 우리나라 김대중 대통령을 2000년도 노벨평화상 수상자로 발표한 것이다. 우리나라가 28번째의 노벨상 수상자 배출국이 된 것이다. 청와대 대변인을 통한 김대중 대통령의 수상소감 역시 우리 마음을 따뜻하게 했다.

 "오늘의 영광은 나 자신만의 영광이 아니라 모든 국민이 함께 받는 영광입니다."

 민주주의와 인권을 향한 40여 년에 걸친 긴 투쟁 역정과 6·15 남북공동선언을 이끌어내어 한반도 긴장완화에 기여한 공로를 국제사회에서 인정받아, 노벨평화상을 세계 81번째로 수상했다. 김대중 대통령은 노벨상 시상식 연설 등을 통해 국제사회가 북한의 개혁·개방에 좀 더 많은 지원을 해줄 것을 당부했다. 당시 김대중 대통령의 노벨상 수상은 한반도 문제에 대한 국제사회의 관심을 더욱 높여 한반도 평화와 통일을 앞당기는 데 도움을 줄 것으로 평가되었다.

 당시 현직 대통령으로서, 특히 가장 예민하고 갈등이 심했던 분단국가의 수장으로 어려운 난관을 헤치면서 평화와 화합을 추진하여 노벨평화상을 수상한 김대중 대통령의 경우는 과거 어느 수상자보다 월등한 업적을 이룬 경우이다. 50년 만의 남북정상회담을 성취시키고 남북 화해를 위해 전념하고 있는 김 대통령은 한반도의 평화뿐만 아니라 동북아의 평화와 세계 평화를 위한 주요 지도자 중의 한 분이 되었다. 물론 개인과 국가의 영광스러운 상이지만 한편으론 무거운 책임과 의무가 함께하는 수상이라 하겠다. 김대중 대통령은 그의 정치역정에서 인권과 민주주의를 위하여 몇 번이고 죽음의 사선을 넘나들었다. 오늘날 한국이 정치적 민주주의와 사회적 인권을 보장받을 수 있는 것은 민주와 인권을 위하여 목숨까지 바친 소명 있는 운동가와 지도자들이 있기 때문이다. 그 지도자 중 한 분이 김대중 대통령이다.

✤ 김대중 대통령 노벨평화상 로비설의 실체

노벨재단은 "노벨상위원회가 어떻게 활동하는지 알고 있는 사람들은 누구나 상당한 로비가 있더라도 아무런 영향을 미치지 못할 것이라는 사실을 알고 있다"고 말했다. 노벨재단은 또한 노벨상 로비설에 대해서 다음과 같은 답변을 했다. "그렇다. 한국으로부터 로비가 있었다. 그런데 기이하게도 김대중 정부로부터의 로비가 아니었다. 정치적 반대자 등으로부터 상을 주면 안 된다는 로비가 있었다. 그럼에도 우리는 노벨상을 수여하기로 결정했다."

노벨위원회의 군나르 베르게 위원장은 노벨상 로비설에 대해 "매우 무례하며, 위원회의 심사절차 등에 대해 아무것도 모르고 있음을 드러내는 것이다. 김대중 측이 아닌 오히려 김대중의 정치적 반대자 등으로부터 상을 주면 안 된다는 로비가 있었으며, 반대자들의 편지가 왔다"라고 말했다.

일각에서는 노벨상 로비설에 대해서 "국가적으로 환영하고 축하해야 할 일을 노벨상 반납까지 운운하며 로비설을 흘리는 것은 상식에 맞지 않는다"라는 지적도 있었다. 즉, 노벨평화상을 주지 말라는 로비는 세계적인 '대한민국 국가 망신 사건'인 것이다.

1990년부터 노벨위원회 사무국장을 맡아온 룬데슈타트는 "누군가 뇌물로 매수하려는 인상을 줬다면 위원회는 오히려 반감을 가질 것이고, 노벨상 선정과정에 외부 로비가 있을 경우 해당자를 제외시키고 선정작업을 더욱 까다롭게 진행한다"고 말했다. 이어 룬데슈타트는 특히 김대중 대통령이 남북정상회담을 성사시켜 노벨상을 받아냈다는 일부 주장은 편견이며, 김대중의 민주주의와 인권을 위한 노력을 주목했다고 밝혔다.

노벨재단에서 50년간 일해온 유일한 동양인 한영우 노벨재단 특임고문은

"노르웨이 정계에서는 김 전 대통령이 민주화운동 초기 때부터 관심이 있었지요. 옥중에 있을 때는 노르웨이 정부가 한국 군사정부에 석방을 탄원하기도 했어요"라고 말했고, 박경서 전 인권대사는 "노벨상은 로비를 할수록 수상이 멀어지며 금전의 개입은 어불성설이다. 김대중 전 대통령은 이미 1987년에 강력한 노벨평화상 후보였다"고 말했다.

✣ 6·15 선언 끌어낸 김대중 대통령

2000년은 노벨평화상을 제정한 지 100주년이 되는 해라 그 어느 때보다 수상 경합이 치열했다. 추천된 단체와 개인은 각각 35개 기관 단체와 개인 115명이었다. 당시 중동평화협상에 주력한 빌 클린턴도 강력한 후보였지만, 노벨평화상은 남북정상회담을 이끌어낸 김대중에게 돌아갔다. 노르웨이 언론은 "과거에는 이런저런 자격시비가 있었지만 김대중 대통령은 단 한 건의 반대 의견도 없었다"고 보도했다.

하지만 당시 국내 사정은 녹록하지 않았다. 여당과 보수언론은 마지못해 수상을 축하하는 정도였고, 영남을 비롯한 정치적 반대자의 반응은 냉랭했다. 반反호남·반김대중 정서에 매몰된 반대자들은 김대중 대통령의 노벨평화상 수상에 음해하는 것을 주저하지 않았다. 특히 대다수 영남지역의 유권자들은 그의 수상이 북한에 퍼주기를 한 공로라든가, 심지어 노벨상위원회에 뇌물을 쓴 결과라고까지 격하시켰다.

"세계 뉴스는 음울한 소식으로 가득하다. 중동은 전쟁의 위협 아래 놓여 있고, 영국 남부지방은 홍수가 발생했다. 그러나 이데올로기로 분단된 한반도의 화해를 추진하기 위한 끈기 있는 노력으로 한국의 김대중 대통령에게 돌아간 노벨평화상은 암흑 속의 한 줄기 소망의 빛이다"(《더 타임스》 2000.10.14 사설 발췌).

현재까지도 조롱하고 헐뜯는 세력이 적지 않지만, 2000년 6월 15일에 이루어진 남북 정상의 공동선언은 냉전 반세기를 끊고 새로운 민족 화해의 길에 대한 남북의 의지를 확인할 수 있었다. 남북 평화를 위한 그의 노력과 결단이 민족 사상 최초의 노벨상으로 이어진 것이다. 마침내 2000년 12월 10일 김대중 대통령이 노르웨이 오슬로 시청 메인 홀에서 노벨평화상을 수상했다. 시상식장은 그가 추진해 온 남북 화해를 위한 햇볕 정책을 상징하는 노란 꽃으로 장식돼 있었다.

　시상식에서 노벨위원회 군나르 베르게 위원장은 노르웨이 작가 군나르 롤드크밤이 쓴 시 「마지막 한 방울」을 인용하며, 수상자 선정 이유를 밝히고 김대중 수상자를 다음과 같이 소개했다.

> 옛날 옛적에
> 물 두 방울이 있었다네
> 하나는 첫 방울이고
> 다른 것은 마지막 방울
> 첫 방울은 가장 용감했네
> 나는 마지막 방울이 되도록 꿈꿀 수 있었네
> 만사를 뛰어넘어서 우리가 우리의
> 자유를 되찾는 그 방울이라네
> 그렇다면
> 누가
> 첫 방울이기를 바라겠는가?
>
> ― 군나르 롤드크밤, 「마지막 한 방울」

　세계 대부분의 지역에서 냉전의 빙하 시대는 끝났습니다. 세계는 햇볕정책이 한반도의 마지막 냉전 잔재를 녹이는 것을 보게 될 것입니다. 시간이 걸릴 것입니다. 그러나 그 과정은 시작되었으며, 오늘 상을 받는 김대중 씨보다 더 많은 기여를 한 사람은 없습니다.

시인의 말처럼 '첫 번째 떨어지는 물방울이 가장 용감하였노라'.

— 김택근의 『김대중 평전』을 참고로 다시 작성

❖ 노벨평화상 수상 홍보의 경제적 효과

2002년 한국일보(8월 30일, 39면)에 박희정 기자의 「DJ 노벨평화상 홍보효과 19억 달러(2조 2800여억 원) — 메타컴, 미국과 언론보도 등 공동조사」 제하의 기사가 실렸다.

PR 전문회사인 메타커뮤니케이션즈는 미국의 마케팅 및 커뮤니케이션 컨설팅 회사인 프란시피아 그룹과 공동 조사한 결과, 김 대통령의 노벨평화상 수상과 관련한 미디어 홍보 효과가 전 세계적으로 19억 달러로 추산된다고 29일 밝혔다.

이는 2000년 10월 1일 노벨평화상 수상 발표부터 12월 31일까지 '김대중' 및 '노벨평화상'을 포함한 기사를 분석한 결과이다. 대상 매체는 ABC, CBS, CNN 등 미국의 주요 방송과 《뉴스위크》, 《월스트리트저널》, 《LA타임스》 등 15만 부 이상의 발행부수를 가진 미국의 인쇄매체, 《이코노미스트》, 《파이낸셜타임스》, 《인터내셔널헤럴드트리뷴》 등 유럽의 주요 매체, 로이터, AP 등 5개 통신사 등이다.

조사 결과 김 대통령의 노벨평화상 수상으로 얻어진 실제 광고효과는 미국 (231만 달러), 영국(4만 5000달러), 독일(42만 달러) 등 6개국에서 316만 달러로 집계됐으며, 여기에 각 나라의 인구밀도, 미디어 산업의 크기 등을 고려하면 모두 520만 달러의 가치를 낳은 것으로 분석됐다. 이를 바탕으로 추산한 전 세계적인 광고가치 총액은 5500만 달러.

또 실제 광고 효과에 미디어의 명성, 발행부수, 기사의 각도 및 어조 등 기사가 지닌 신뢰도를 평가한 결과, 홍보 가치는 미국(8800만 달러), 영국(1600만

달러), 독일(2200만 달러), 프랑스(1800만 달러) 등 6개국에서 1억 5000만 달러,
세계적으로는 19억 달러의 가치가 있는 것으로 분석했다.

특히 이 보고서는 노벨평화상 수상 이후 긴 대통령에 대한 미국 미디어의
보도 태도를 분석한 결과, 김 대통령과 관련된 기사에는 항상 '노벨평화상 수
상자'라는 언급이 따라다니며, 부시 대통령 취임 후 정상회담 기사에서도 김
대통령을 노벨평화상 수상자로 언급하고 있다고 밝혔다.

당시에는 잘 알려지지 않은 사실이지만, 김대중 대통령 재임 시 뉴DJ플랜을
가동하면서 이미 금강기획과 제일기획에서는 대통령 이미지president identity
관리 프로젝트팀이 각각 만들어져 활동하고 있었다. 노벨평화상 수상 전후
시기는 물론 재임기간 동안 운영된 프로젝트팀은 회사별로 약 3~5명 정도의
인원이 참여했으며, 금강기획의 경우 월 약 1000만 원 정도의 PR 컨설팅 비용
을 받았다고 한다.

➡ 참고자료

김홍기. 2004. 『PR실무론』. 서울: 도서출판 카리스마.
신인섭·이명천·김찬석. 2010. 『한국PR의 역사, 1392~2010』. 서울: 커뮤니케이션북스.
박기순 외. 2004. 『PR캠페인』, 서울: 도서출판 한울.
조계현. 2005. 『PR실전론』. 서울: 커뮤니케이션북스.

뉴 밀레니엄, 새천년의 시작을 알리다

2000년 ● 밀레니엄 시대 도래

이 준 경

리앤컴 대표

❖ 문명사적 대전환점, 뉴 밀레니엄

새로운 천 년이 시작된 2000년에 태어난 밀레니엄 베이비들이 올해로 20세 성인이 됐다. 2000년 당시 태어난 아기들은 순수한 우리말로 '즈믄둥이'라고 불린다. 1000년을 뜻하는 '즈믄 해'와 아기를 뜻하는 '둥이'가 합쳐진 '천년둥이'를 의미한다. 즈믄둥이들이 요즘 소비와 트렌드 생성에 중요한 역할을 하는 밀레니얼 세대Millenials로 부각되면서 주목받고 있다. 디지털 마인드로 무장하고 '나'를 중시하며 환경과 사회 이슈에 민감한 현실적이며 삶의 질을 중시하는 세대로 일컬어지고 있다. 이러한 특징은 지식정보화 시대의 도래라는 문명사적 대전환점인 뉴 밀레니엄, 즉 새로운 천 년이 시작된 2000년을 맞이했던 모습과 현상에서도 찾아볼 수 있다.

밀레니엄millennium은 1000년 단위로 연도를 끊은 것을 말한다. 첫 번째 밀레니엄은 1년부터 1000년까지를, 두 번째 밀레니엄은 1001년부터 2000년까지를 뜻한다. 이러한 사전적 개념뿐만 아니라 영국 그리니치 천문대는 새로운 밀레니엄은 2000년이 아니라 2001년 1월 1일이라는 유권해석을 내린 바 있다. 하지만 전 세계가 '2000'이라는 새로운 숫자의 매력에 열광하면서 실질적인 뉴 밀레니엄은 2000년을 맞이하면서 시작되있다.

지구촌의 뉴 밀레니엄 기념행사는 영국 런던 동부 그리니치 본초자오선 위에 세워진 밀레니엄 원자시계가 1997년 4월 4일 자정, D-1000일 카운트다운에 들어가면서 시작됐다. 1999년 초부터 지구촌은 지난 1000년을 역사에 묻고 새천년을 기약하기 위한 뉴 밀레니엄 행사 열기로 가득했다. 1000년에 한 번 돌아오는 벅찬 밀레니엄 감동을 맞이하기 위해 세계 각국은 다양한 행사를 개최하고 기업들도 밀레니엄 특수를 기대하며 거대한 지구촌 축제의 장을 펼쳤다. 대한무역진흥공사KOTRA는 1998년 5월에 세계 15개국이 본격적인 밀레니엄 행사를 준비하고 있으며 각종 행사와 사업 규모가 향후 2년간 1670억 달러(약 187조 8000억 원)라는 거대한 시장을 형성할 것이라고 전망하기도 했다.

특히 6·25 전쟁 이후 최대의 국난이라는 IMF 위기를 성공적으로 극복하고 맞이하는 우리나라의 새천년은 새로운 도약에 대한 기대와 출발을 다짐하는 특별한 의미가 있었다. 김대중 정부는 1999년 4월, 대통령자문기구로 '새천년준비위원회'를 한시 기구로 설치하고 대규모 이벤트인 '새천년 맞이 국민대축제' 등 다양한 기념사업을 추진했다.

❖ 뉴 밀레니엄에 드리운 어두운 그림자, '밀레니엄 버그Y2K'

뉴 밀레니엄은 새천년에 대한 지구촌의 축제 열기를 시샘하듯 '밀레니엄 버그Millennium Bug'라는 어두운 그림자로 먼저 찾아왔다. 사실 지구촌의 뉴 밀레니엄 맞이는 전 세계를 컴퓨터 대란 공포로 몰아넣었던 '밀레니엄 버그'와의 전쟁으로 시작되었다고 해도 과언이 아니다. 밀레니엄 버그는 당시 컴퓨터 프로그램들이 연도의 끝부분 두 자리 수만을 표기하고 있어 2000년에 이르면 컴퓨터가 1900년대와 구분하지 못하면서 오작동을 일으켜 전 세계에 대혼란이 일어날 수 있다는 문제를 말하는 것으로, Year와 Kilo의 첫 자를 따 'Y2K' 문제라고도 했다. 1996년 7월에 미국에서 본격적으로 제기된 밀레니엄 버그는 2000년이 다가오면서 지구촌의 밀레니엄 축제 열기를 잠재우는 재앙의 상징으로 다가왔다. 이는 1900년대 중반 컴퓨터가 처음 등장할 당시 컴퓨터 프로그래머들이 하드웨어 용량을 줄이기 위해 4자리 수인 연도를 뒷부분의 2자리 수만을 표기키로 한 착오에서 비롯되었다.

밀레니엄 버그는 1998년 5월 15일, 영국 버밍엄에서 개최된 G-8 정상회담의 최우선 공식의제로 채택될 만큼 전 세계적으로 매우 심각한 이슈였다. 특히 1999년에 들어서면서 'Y2K' 문제로 항공기 추락, 금융시장 대재앙 등 대형 사고 가능성에 대한 가상 시나리오들이 쏟아졌다. 전 세계가 Y2K 비상상황에 돌입했으며 밀레니엄의 축제 분위기를 뒤덮을 만큼 국내외 언론보도도 이어졌다. 실제로 스위스에서는 1893년에 태어나 105세인 한 노인이 5살 어린이로 취급돼 취학통지서를 받는 해프닝이 벌어지기도 했다. 당시 Y2K 전문 컨설팅업체인 미국의 가트너 그룹은 Y2K 해결에 전 세계적으로 1조 6350억 달러라는 엄청난 예산이 소요될 것으로 추산하기도 했다.

이러한 Y2K 문제 예방을 위해 세계 주요 국가들은 많은 예산과 자원을 집중 투입했으며, 그 결과 새천년의 시작과 함께 찾아온 Y2K 공포는 다행스럽게 기우에 그치게 되었다. 우리나라는 1998년 10월에 개최된 '2000년 문제 런던 세계정상회의'에서 Y2K 대응이 가장 더딘 국가 중 하나로 분류되었지만, 범정부 차원에서 '컴퓨터 2000년 문제 종합대책'을 수립하고 대응 노력을 집중해 Y2K 문제를 성공적으로 해결했다. 하지만 Y2K 문제는 지구촌 밀레니엄 축제 열기와 기업들의 밀레니엄 특수 기대를 저하시키는 주요 요인으로 작용했다.

❖ 세계 주요 국가의 밀레니엄 행사

세계 주요 선진국들은 수년 전부터 밀레니엄 조직위원회 등을 설치하고 다양한 기념사업을 준비해 왔다. 영국은 어느 나라보다 밀레니엄 기념사업에 공을 들인 국가라 할 수 있다. 1994년에 이미 '밀레니엄위원회'를 출범시키고 모든 기념사업은 '영국인이 성취했던 영광과 앞으로의 염원을 담은 기념비적인 것이 되어야 한다'는 확고한 원칙을 천명했다. 대표적인 기념사업은 영국이 세계의 중심지라는 상징성을 과시하기 위해 본초자오선이 지나는 그리니치에 7억 6000만 파운드(약 1조 5000억 원)를 투입해 건설한 '밀레니엄 돔'이다. '밀레니엄 돔'은 지름 320m, 둘레 1km, 높이 50m에 이르는 초대형 돔으로 1999년 12월 31일 성대하게 개관했다. 하지만 관람객 유치와 운영에 실패하면서 재정난 속에 개관 1년 만에 문을 닫고 2001년 말에 매각되는 운명을 맞았다.

미국의 경우 상징물보다는 다채로운 밀레니엄 행사들을 개최했다. 백악관에서는 1999년 12월 31일부터 3일간 '아메리카 밀레니엄 갈라'를 개최했다. 10만여 명이 모인 이 행사에서 영화감독인 스티븐 스필버그는 '미드나이트 모멘텀'이라는 영상 쇼를 연출하여 화제를 모으기도 했다. 연방정부 차원에서는 100년 후 공개 예정으로 후세에 남기는 육성 메시지 녹음과 각종 물품들을 전국에서 수집해 2000년 7월 4일 독립기념일에 맞추어 아칸소주 산속에 매립하는 기념사업을 진행했다.

독일은 연방정부 차원에서 밀레니엄 행사를 준비하지 않았으나 주 정부들이 자체적으로 다양한 행사를 개최했다. 동독 지역 바이마르주의 문화축제, 프랑크푸르트의 밀레니엄 파티, 세계에서 가장 긴 전야제로 알려진 뒤셀도르프 박람회 행사 등이 대표적이다. 일본은 행사보다 첨단산업 분야 집중 육성을 위해 총리실 산하에 '21세기 구상위원회'를 설치하고 '밀레니엄 프로젝트'를 추진한 것이 특징적이었다. 프랑스는 1999년 11월 말에 파리를 통과하는 자오선 연장선에 수천 그루의 나무를 심는 '녹색 자오선' 행사와 주요 지역에

21세기를 상징하는 '2000년의 문'을 세워 밀레니엄 맞이 축제를 개최하였다.

❖ 뒤늦게 시작된 우리나라의 밀레니엄 기념사업

우리 정부의 밀레니엄 기념사업은 문화, 경제·과학, 정부행사 등 3개 분야에 걸쳐 1997년부터 해당 부처 중심으로 추진되어 왔었다. 하지만 종합적인 새천년 사업계획 수립과 통합 조정 필요성에 따라 범정부 차원의 새천년준비위원회가 2000년을 8개월여 남긴 1999년 4월 12일 대통령자문기구로 뒤늦게 출범하면서 본격화되었다. 2001년 1월 말까지 한시기구로 설치된 위원회는 이어령 전 문화부 장관을 위원장으로 새천년 맞이 사업추진의 기본 이념과 추진계획 수립, 새천년 국가 비전 설정, 사업 심의·조정의 역할을 수행하면서 정부의 새천년 기념사업 전반을 이끌었다.

1997년 IMF 외환위기 여파가 채 가시지 않은 경제상황에서 우리나라가 범정부 차원의 대대적인 새천년 기념사업을 준비한 것은 특별한 의미가 있었다. 이는 1999년 9월 23일, D-100일에 발표된 김대중 대통령의 대국민 메시지에서도 찾아볼 수 있다. "새로운 세기, 새로운 천 년은 인류 역사상 최대 혁명이라 할 수 있는 지식혁명시대가 될 것입니다.(중략) 그것이 우리 민족에게는 다시없는 기회입니다. 세계의 주역이 될 수 있는 절호의 기회가 온 것입니다. (중략)"

위원회는 새천년이 지향해야 할 기본이념으로 '두 손 원리Two Hand Policy'를 제시하고 1999년 5월 중순, '새천년의 꿈, 두 손으로 잡으면 현실이 됩니다'라는 캐치프레이즈와 정책 심벌로서 '새천년을 쥐는 한국인의 손' 엠블럼을 공식 발표했다. 새천년준비위원회가 발행한 『새천년준비백서』에 의하면 새천년 사업 수행은 지속형, 참여형, 복합형이라는 세 가지 방침 아래 평화·환경·새 인간·지식창조·역사(기록과 보존)라는 '5대 천년화 사업'으로 추진했다고 밝히고 있다. D-200일인 1999년 6월 15일에 대국민설명회를 개최해 새천년

사업 기본계획을 확정하고 60여 개의 기념사업 등을 발표했다. D-100일을 맞아 '한민족 희망과 평화 나누기'를 비롯하여, 처음으로 경복궁 근정전에서 열린 '한가위 국민음악회', '고향 가는 길, 천년의 허수아비전' 등 기념행사를 개최했다. D-30일에는 '한국의 역사인물 100인 발표' 등 7개 사업을 진행하고, 10·11월에는 '천년의 퀴즈' 행사와 한글의 세계화를 위한 다큐멘터리를 제작 방영했으며, 밀레니엄 특별 우표 시리즈 1집을 발행했다. 또한 한국은행에서 2000년을 상징하는 우리나라 최초의 이색 주화인 2000원짜리 '새천년 기념주화'를 발행하는 등 짧은 기간이었지만 다양한 기념사업과 행사들을 진행했다. 이와 함께 '평화 천년화'의 상징 사업으로 서울 상암동 난지도 일대를 밀레니엄타운으로 명칭하고 평화공원을 건설하며 이 안에 국가 상징 조형물인 '평화의 열두 대문'(밀레니엄 게이트)을 세우는 '평화공원과 평화의 문' 건립 등 5대 천년화 사업별 기념사업 구상도 발표했다. 특히 2100년까지 100년 동안 10년 단위로 1개씩의 대문大門을 세우며 첫째 문인 '천년의 문'은 월드컵축구대회 개최 직전인 2002년 6월 준공을 목표로 세웠던 '평화의 열두 대문' 건립계획은 새천년 국가 상징 조형물로 화제를 모았지만 많은 논란 속에 추진되지 못했다. 그러나 무엇보다도 '새천년 기념사업'의 하이라이트는 12월 31일 밤부터 광화문을 중심으로 전국적으로 펼쳐진 '새천년 맞이 국민대축제'라 할 수 있다.

❖ 50만 명이 함께한 광화문 '새천년 맞이 국민대축제'

서울 광화문 일대에서 1999년 12월 31일 자정부터 새해 벽두까지 개최된 '새천년 맞이 국민대축제'는 기념행사의 하이라이트이자 첨단 기술과 전통을 연계한 퍼포먼스와 아이디어가 총동원된 초대형 거리축제이자 이벤트였다. 더욱이 광화문 행사는 참가 예상 인원인 12만 명의 네 배가 넘는 50만 명이 운집해 당시 단일행사 최대 인파라는 기록도 세웠다. 새천년 맞이 국민대축제는 12월 31일 오후 서해안 변산반도 채석강에서 1000년의 마지막 해넘이 행사와 햇빛 채화로 시작됐다. 새천년이 시작되는 자정행사는 서울 광화문 일대를 비롯해 삼성동 아셈타워, 인천국제공항, 제주 성산일출봉 등지에서 동시다발로 펼쳐졌다.

광화문 새천년 맞이 국민대축제 행사 프로그램의 백미는 당시 인터넷망 구축과 디지털 기술의 개가로 꼽힌 '즈믄둥이 탄생 장면' 생중계였다. 우렁찬 울음소리와 함께 태어난 새천년 첫 아기들의 모습이 전국 40여 개 병원과 인터넷으로 연결되어 도심 전광판과 TV에 생중계되면서 새천년 시작의 감동을 전 국민이 함께했다. 또한 '자정의 태양'으로 명명된 지름 3m 크기의 인공태양 등장과 특전사 요원 500명이 15인치 초박막액정TFT-LCD을 통해 세계 최초로 선보인 디지털TV 카드섹션, 2000명의 시루떡 생일잔치, 세계 188개국의 평화 고풀이 등이 차례로 선을 보였다. 특히 광화문 자정 행사는 CNN 등을 통해 전 세계 밀레니엄 행사 중 유일하게 생중계되기도 했다.

위원회 추산 50만 명이 모인 대형 행사임에도 무사고 행사로 진행되었고 TV생중계 시청률이 49.5%로 4700만 국민의 염원을 기원하는 대표적인 '새천년 행사'로 기록되었다. 1999년 12월 31일 자 《연합뉴스》는 새천년 국민대축제를 "갖가지 기발한 아이디어가 총동원된 초대형 이벤트이면서 각종 첨단 과학기술을 집약해 놓은 박람회이기도 했다"고 보도했으며, 언론 기고를 통해 문정희 시인은 "세종로는 세계의 중심이었다"고, 박범신 작가는 "나는 그 자정에서 우리의 '결핍'과 '꿈'을 보았다"고 했다.

❖ 대국민 PR 프로젝트, 새천년 기념사업

새천년준비위원회는 2000년 12월 31일 백서 발행을 끝으로 1년 9개월의 활동을 마쳤다. 이로써 우리나라의 새천년 맞이 밀레니엄 기념사업도 함께 종료되었다. 『새천년준비백서』에서는 위원회의 성과로 새천년의 지향 기본 이념과 방향 제시, 새천년 맞이 분위기 조성, 새천년 사업의 통합 조정 등 여덟 가지를 언급했다. 홍보 측면에서는 3개의 홍보사업과 2회의 여론수렴, 9회의 기자회견, 66회의 보도자료 배포를 통해 총 500여 회의 영상매체 보도와 1350회의 인쇄매체 보도가 이루어졌다고 밝히고 비판성 기사와 칼럼은 10여 회로 위원회의 대 언론홍보는 성공적이었다고 자평하고 있다.

또한 제언을 통해 주요 국가에 비해 새천년준비위원회의 뒤늦은 출범으로 인한 절대적 시간 부족이 가장 큰 어려움이었다고 밝혔다. 이 외에 위원회가 집행기구가 아니라 자문기구라는 한계점과 기념행사를 위해 만들어진 한시기구라는 점에서 '평화의 열두 대문'과 같은 중장기 핵심 기념사업 추진을 지속하지 못한 아쉬움이 크다고 밝혔다. 이러한 이유로 기념사업 준비 및 추진 과정에서 국회 국정감사와 일부 언론보도에서 많은 비판과 질타도 이어졌다. 기념사업이 추상적이며 전시성 행사 위주로 소프트웨어는 갖추지 못하고 화려하게 외양에만 치중한 일회성 행사 중심이라는 것과 '평화의 열두 대문' 등 일부 기념사업에 대해서는 실현 가능성과 예산 문제가 지적되기도 했다.

김대중 정부가 어려운 경제상황에도 새천년 기념사업을 대대적으로 추진한 목적은 IMF 경제위기를 극복한 국민들의 자긍심을 높이고 국민화합과 새로운 도전 의지에 대한 국민 공감을 확산하기 위한 것이었다. 공감과 참여를 통한 국민화합과 열망의 확산이란 대국민 PR전략 측면에서 살펴보면 첫째, 위원회가 백서에서 밝혔듯이 새천년 기념사업 추진의 가장 큰 어려움은 뒤늦은 출범에 따른 시간적 부족과 대통령 자문기구이자 한시기구라는 제약점이었다. IMF 외환위기 여파가 상존했던 경제상황도 주요 환경적 제약 요인이었다. 이러한 여건을 고려할 때 위원회의 미션과 국가 기념사업이 지나치게 방대했고 관념적인 행사가 많았다는 점에서 전략적인 선택과 집중이 필요했다는 지적이 설득력을 갖는다. 둘째는 여러 제약 속에서도 기념사업의 하이라이트인 '새천년 맞이 국민대축제'의 성공적 개최는 큰 의미가 있다고 평가된다. 새천년의 의미를 최첨단 하이테크 퍼포먼스와 전통을 접목해 50만 국민이 함께한 매머드 거리축제는 국가 행사의 새로운 패러다임을 보여준 것으로 주목됐다.

셋째는 당시 경제상황을 고려한 메시지와 기념사업에 대한 아쉬움과 위원회 종료와 함께 지속형 사업들이 대부분 진행되지 못한 점이다. IMF를 딛고 일어선 국민들에게 희망과 기대와 함께 응원과 격려를 줄 수 있는 메시지와 기념사업이 좀 더 준비되었다면 추상적이고 관념적 행사라는 비판은 크지 않았을 것이다. 더욱이 2000년은 분단 이후 최초의 남북정상회담 개최와 김대중 대통령의 노벨평화상 수상이라는 초대형 이슈들이 있었지만 침체된 경제상황 등의 영향 때문에 새천년 시작의 축제와 국민 공감과 화합 분위기를 이어가지 못했다. 현실적인 국민경제의 어려움은 국민 공감은 물론 관심까지 덮어버리는 검은 우산이기 때문이다. 이와 함께 새천년 맞이가 기념사업보다는 Y2K로 더 크게 기억되는 현실을 생각하면 건립이 취소된 '천년의 문'이 아니더라도 새천년의 시작을 후손들이 기억할 만한 상징물을 남겨놓지 못한 것은 아쉬움으로 남는다.

➡ 참고자료

국무조정실. 1999.2. 「컴퓨터 2000년 문제 종합대책」.

새천년준비위원회. 2000.12.31. 『새천년준비백서』.

《국민일보》. 2000.12.31. "맥빠진 밀레니엄 차분한 지구촌".

《매일경제》. 1999.1.4. "천년에 한번, 밀레니엄특수를 잡아라".

《문화일보》. 1999.6.19. "李御寧 새천년준비위원장".

《연합뉴스》. 1998.3.26. "〈특집〉 2000년 컴퓨터대란 '밀레니엄 버그' ①(개념)".

《연합뉴스》. 1998.3.26. "〈특집〉 2000년 컴퓨터대란 '밀레니엄 버그' ④(외국사례)".

《연합뉴스》. 1999.12.31. "'평화시대 개막' 선언한 새천년 맞이".

《연합뉴스》. 1999.6.18. "'기발하나 기막힌 새천년 맞이' 비판 쏟아져".

《연합뉴스》. 1999.9.29. "국감서 새천년사업 비판".

《중앙일보》. 1997.4.6. "2000년 앞으로 1,000일 − 영국, 어제 밀레니엄시계 카운트다운".

인천공항 개항, 쟁점 및 리스크 관리와 기회창출 MPR
2001년 ● 인천국제공항 개항

신 호 창
서강대학교 커뮤니케이션학부 교수

세계 경쟁에 뛰어든 기업들이 위태롭다. 초글로벌Hyper-Globalization, 초연결 Hyper-Connection, 초경쟁Hyper-Competition 시대 상황에서 이들 기업 중에 이제 상위권만 성장하게 되었다. 이런 가운데, 세계저 명품이나 서비스를 생산하고 한국의 대외 명성과 신인도를 제고하는 데 기여하고 앞으로 계속 살아남을 수 있는 한국 조직은 어디일까? 전 세계 경쟁에서 우리나라가 최고 수준으로 내세울 수 있는 명품이나 서비스를 생산하는 조직을 꼽는다면 어디일까? 한국인이라면 삼성전자, BTS 등을 먼저 말하겠지만, 그 이전에 인천국제공항이 있었고, 지금도 있다.

인천국제공항은 대한민국 국가이미지를 선진국 수준으로 만드는 단초를 제공했다. 올해 개항 18년째가 되는 짧은 역사를 지녔지만, 공항 인프라와 운영 노하우가 세계 최고 수준이다. 다른 국제공항에 운영 노하우를 전수할 정도로 인정받고 있다. 한국 기업사에서 이렇게 급도약을 한 사례는 없을 정도로 개항 초기부터 인정받으며 눈부시게 성장하였다.

그런데 이러한 성과가 자칫 드러나지 않고 가라앉을 수도 있었다는 사실을 기억하는 사람들은 정부 담당자, 신공항공사 사람들, PR인 등 일부에 지나지 않을 것 같다. 필자는 공항 개항 2~3년 전부터 정확한 명칭은 기억나지 않지만 당시 신공항공사 운영위원회에 마케팅 및 홍보 분야에서는 유일하게 참여하여, 개항 PR에 직·간접 경험을 한 바 있다.[1]

❖ 타워 무너진다! 개항 불가능하다!

- 검증 안 된 공법 빨리빨리 공사, 추가 사고 우려, 애물단지 되나
- 안전 불감 심각, 송파구민 두렵다, 제2·제3의 삼풍백화점
- 잇따른 지반 침하, 석천호수 싱크홀 공포 확산
- 무너지면 환경적 재해, 위험한 상황, 내일이 두렵다, 발밑이 두렵다
- 러버덕은 환경재해 감추려는 의도
- 식당가 바닥 균열, 아쿠아리움 균열 누수, 대재앙 우려
- 부실공사, 영화관 진동, 영혼 없는 해명[2]

롯데월드타워 완공 2년여 전부터 나온 보도이다. 2013년 2월, 롯데월드타워 메가기둥 균열 논란을 시작으로 2014년에는 '싱크홀로 롯데월드타워가 폭삭 주저앉아 내부 지진으로 발전하여 환경적 재앙이 될 수 있다'는 불안을 조장하는 보도가 나오기까지 하였다.

---

1 당시에는 공항고속도로가 건설 중이라 인천 월미도에서 영종도 선착장까지 배를 타고 건너갔다. 직접 회의도 참석하였고, 고위 임원도 만나 자문하였으며, 개항 PR대행사 선정 심사위원으로 참여하였다. 기록을 보니 문서 자문도 상당히 있었다.
2 롯데월드타워 관련 다음과 네이버 기사가 2014년 10월에 2640, 3100건, 11월에 2420, 2410건, 12월에 3440, 3720건이었으며, 그 이후 1000여 건 내외로 줄어들었다. 이 중에는 개장과 관련 다양한 소식이 더 많았지만, 롯데월드타워 부실공사와 위험성을 지적하는 뉴스도 적지 않았다. 롯데월드타워가 부실공사로 무너질 것이라고 믿어야 할 정도로 미확인 남용 보도가 무차별적으로 나왔다.

한때 세계에서 제일 높았던 102층 엠파이어스테이트 빌딩은 80년 전에 약 1년 동안 초고속으로 건설되었다. 타워 전망대는 관광객이 몰려 지금도 성황리에 운영되고 있다. 2015년 3월 24일 100층 돌파하는 날 이런 황당한 뉴스가 도대체 왜 나오는지 확인 차 학생들과 공식 방문하여 1시간 이상 브리핑을 받았었다. 당시 롯데 담당자들은 지쳐 있었고, '세계 수준의 공법으로 건설하기 때문에 안전에는 0.000000⋯1%도 문제가 없다'고 단호하게 얘기했다. 완공 이후 롯데월드타워가 위험하다는 보도는 순식간에 사라졌다. 그리고 현재 서울 랜드마크 빌딩으로 자랑스럽게 잠실 그 자리에 서 있다.

그런데 기시감(데자뷰) 현상으로 다가오는 게 있다. 2001년 인천국제공항 개항 15일 전부터 언론은 인천공항에 대한 다음과 같은 미확인 보도를 롯데월드타워 못지않게 무차별적으로 하였다.

- 공항은 고립지대, 겨울철 결빙되거나 교통사고 나면 비행기를 놓칠 수밖에 (개항 15일 전 보도)
- 영종대교는 바람이 초속 25m(태풍급) 이상이면 차량통행 금지
- 철도 연결되지 않아 죽은 공항
- 안개에 무방비, 안개 등 자연재해로 하루 종일 마비될 수 있다
- 인천공항 수하물 지체로 출발 지연될 수도
- 검색 장비, 총기나 흉기 제대로 식별 못해
- 쓰레기 매립장 등 인접, 악취 공항 오명 우려
- 지방에서 해외로 가는 길은 고생길, 시간이나 경비 면에서 일본 공항 거친 해외여행이 유리
- 운영차질로 우왕좌왕, 신공항사업의 무계획성 마지막까지 드러나
- 운영시스템 여전히 불안, 대책 없는 대책회의,
- 무리한 개항 나라체면 깎일라, 야당 의원 '29일 개항은 불가능하다'
- 인천공항 개항 미뤄야, 인천공항 개항해도 괜찮나
- 신공항 기피, 일본 경우 해외여행 풍조(개항 이틀 전)

- 신공항 보안망 부실 은폐 의혹(개항 이틀 전)
- 동북아 허브 비상 이상무, "갯벌에 이런 공항이"(29일, 개항일)
- 이틀째 순항, 주말이 고비[3]

❖ 성공적인 쟁점 및 리스크 관리

일반 국민들은 위 보도들을 통해 신공항 건설은 비정상적으로 진행되고 있고 예정대로 개항하면 안 되는 것으로 받아들였을 것이다. 그러나 공사는 성공적인 개항에 대한 자신감을 갖고 제기된 쟁점에 대해 자세히 적극적으로 대응하였고 주저 없이 개항을 진행했다. 당시 강동석 사장은 직접 나서서 보안, 수하물처리 등에 대해 근거를 바탕으로 명확히 밝혔다. 공사는 언론에 의해 제기된 미확인 쟁점들까지도 피하지 않고 적극적으로 대응하는 성공적인 리스크 관리Issue & Risk Management를 한 것이다.[4] 그렇다. 인천국제공항 개항 PR의 첫 번째 의의는 효과적인 쟁점 및 위험 관리 커뮤니케이션으로 언론에 의해 제기된 커다란 장벽을 이겨냈다는 점이다.

롯데월드타워 완공 때와 같이, 언론이 그렇게 우려했던 일은 전혀 나타나지 않았다. 그날 《매일경제》는 사설에서 '개항이 국민적 축제가 되지 못한 것은 매우 안타까운 일'이라고, 《동아일보》는 이용객의 언어로 '인천공항 말썽이 깜짝 쇼를 위한 액땜'이라고 보도했다.[5]

---

3 개항 전 15일간 네이버에 게재된 보도 리스트를 모두 확인하고 일부 제목이나 주장을 나열하였다.

4 위험관리 차원에서 인천국제공항공사는 개항 초기 빚어질 수 있는 운영상의 혼란을 최소화하기 위해 2000년 10월부터 종합시운전을 실제와 유사한 상황을 부여한 150여 가지의 시나리오에 따라 체계적으로 진행했다.

5 《동아일보》와 《매일경제》 보도를 단순 비교하면 상당히 흥미롭다. 《동아일보》는 신공항 개항에 따른 쟁점을 끈질기게 보도하였다. 《매일경제》는 다른 매체들과 다르게 사장 인터뷰, 동북아 '교류 중심축' 등 신공항 입장을 담은 긍정적 기사를 상대적으로

❖ 기회창출 마케팅PR

청주신공항 개항의 전철을 밟지 않았다는 점도 인천공항 개항의 의의로 들 수 있다. 모든 상품이나 서비스의 성패는 출시 초기에 판가름 난다. 청주국제공항은 인천국제공항보다 4년 전인 1997년에 개항하였지만 이용객이 적어 오랫동안 국제선은 폐지하고 제주행 비행편만 띄우기도 했다. 본격적으로 중국 관광객이 들어온 지 꽤 지난 지금까지도 국제공항의 역할을 충분히 하지는 못하고 있다.

청주국제공항은 한국의 백제문화권에 위치하며, 세계문화유산 직지, 독립운동, 속리산 국립공원, 문경새재, 수안보 등 한국에서 가장 풍부한 문화유산과 자연 유산이 결합된 관광지를 연결하고 있다. 개항 전에 이를 띄우는 작업을 먼저 했어야 했지만, 아쉽게도 당시에는 정책담당자들이 이런 PR적 사고를 하지 못했다. 당시에 공사 건설비가 2000억이었다고 어렴풋이 기억하는데, 만약 2%인 40억을 해외 관광 홍보에 사용했더라면 지금과 위상이 달라졌을 것이다. 개항 1~2년 전부터 청주국제공항이 갖는 의미를 중국 및 일본 관광객을 대상으로 사전에 충분히 홍보했어야 했다. 청주국제공항의 실패는 인천신공항 개항에 타산지석으로 작용했다.

개항 시작 전부터 얼마나 국제공항으로서 인지도와 호기심을 높여 놓느냐가 성패 관건임을 인지한 인천신공항공사는 청주국제공항과 같은 실패를 반복하지 않기 위해 처음부터 개항 마케팅PR 예산을 충분히 책정했다. 공사는 1년 전부터 세계적 PR 회사를 대상으로 개항행사 용역 입찰제안 요청을 했고, 한국 회사와 연결된 세계적 PR 회사들의 본사 고위 임원들이 직접 내한하여 프리젠테이션을 했다.[6] 이후 공사는 선정된 PR 회사와 함께 이 예산을 개항

많이 실었다. 그런데 부정적 보도를 쏟아내다시피 했던 《동아일보》는 개항 당일 '인천국제공항 소개 및 이용 사이트'를 오픈했다.

전에 집중 집행하여 사전 쟁점 관리도 하고 동시에 국제적으로 한반도 신공항에 대한 호기심도 최대한 올려놓는 개항 PR을 계획하고 진행했다.[7]

세계 일류 국가로 도약하기 위해 실행한 단군 이래 가장 큰 사업인 인천국제공항, 이를 띄우는 개항 마케팅PR 작업은 충실한 건설만큼 핵심 정책 과제였다. 계획대로 실행하고 성공을 할 수 있었던 노하우가 지금 인천국제공항을 월드 클래스 공항으로 유지시키는 노하우들 중 하나로 내재되어 있는 것이다.

✤ 주체적 확증편향 자세와 PR의 역할

120여 년 전, 미국의 상업주의 언론들이 경쟁적으로 사실을 왜곡하여 독자들을 흥분시키는 기사들을 내보냄으로써, 미 - 스페인 전쟁을 도발했다.[8] 이를 황색저널리즘Yellow Journalism이라 칭한다. 35년 전 미국 대학에서 저널리즘을 공부할 때 핫한 과목명이 'Precision Journalism(과학적 보도)'이었는데, 지금은 'Verification Journalism(사실과 진실을 확인한 보도)'으로 바뀌었다. 사실과 진실이 저널리즘의 생명임에도, 얼마나 이것이 부족했으면 저널리즘 교육에서 사실과 진실 확인을 강조할 정도가 되었는가.

언론의 신뢰가 땅에 떨어졌다. 언론 보도를 그대로 믿지 못하는 개인들은 자신들이 믿는 정보만 선택해서 본다. 이를 확증편향이라고 비판을 하지만, 역설적으로 '주체적 확증편향'[9]이 개인의 존엄성을 지켜주는 시대가 되었다.

6　당시 개항 관련 예산이 70억 원 전후로 기억하는데, 이는 한국PR업계에서 단독으로 참여하여 수주할 수 있는 역사상 가장 최대 금액의 용역 사업이었을 것으로 생각된다.

7　개항 전후 외국 언론인들의 방한과 이들의 보도기사 등이 상당수 있었던 것으로 기억하는데, 구체적인 세부 자료는 찾지 못했다.

8　도발 여부에 대한 견해는 다르지만, 이 언론 보도들이 전쟁의 발발과 확전에 영향을 미친 것은 맞다.

9　여기에서 '주체적 확증편향'이란 단어를 사용한 것은 확증편향이 좋은 점도 있음을 언급하기 위한 것이 아니다. 확증편향이 보편화된 정보 습득 과정이 되게 만든 '미확인

공중관계Public Relations도 마찬가지이다. 주체적 확증편향 자세를 견지하면서 공중관계의 핵심인 '쟁점(문제＋영향)을 해결하고 기회를 최대한 활용'해야 한다. 언론보도에 휘둘리게 되면 아무것도 이룰 수 없고, 이를 보여주는 증거 사례는 넘친다. 인천국제공항 개항은 그중 하나에 지나지 않는다.

언론과 언론인에 대한 불신이 일정 수준을 넘어섰다.[10] 속보는 '빠르게 베낀', 단독은 '혼자 베낀' 보도라고 말하고, 언론인을 '기레기'로 부른 지 꽤 되었다. 언론의 게이트키핑Gatekeeping 기능은 무너지고 영향력은 '대중 매체'에서 사이버 언론 행위에 참여하는 '사회 구성원'으로 신뢰이동Trust Shift했다.[11] 언론의 신뢰가 무너지면서, 공중관계Public Relations 신뢰도 크게 영향을 받고 공중관계 실무의 유용성도 도전을 받고 있다. 공중관계 전문가가, 인천국제공항 사례에서처럼 전략적 사고, 분별력, 인내심, 과학적 분석, 상황분석 등을 무기로 이 도전을 극복하게 되면, 공중관계는 조직 내에서 다른 영역보다 더 중요한 역할을 하는 부서로 부각될 것이다.[12]

인천신공항 개항은 공중관계가 인천국제공항을 우수한 월드클래스 기업으

뉴스 범람 저널리즘 현상'을 냉소적으로 표현하기 위해 사용했다. 적절한 단어 선택은 아니지만 지금같이 '폭탄 돌리기' 사회 상황 속에서 합리와 조화를 추구하는 공중관계 Public Relations인에게 대처하는 방식을 에둘러 얘기하고자 사용했다. 미확인 뉴스가 만들어낸 여론Public Opinion도 우리가 고민해야 하는 여론인가? 미확인 뉴스를 무기로 삼는 공중Public도 안고 가야 하는가? '그렇다'가 꼭 정답은 아닌 것 같다.

10 이번 원고는 언론인을 비난하려고 작성한 것이 아니다. 우리나라 언론관계, 이론과 현실에 너무 큰 괴리가 있다. 합리적인 '공중관계인과 언론인 간의 관계' 형성이 이뤄지지 않는다면 한국의 공중관계 발전은 더디게 된다.

11 레이첼 보츠먼Rachel Botsman은 새로운 기술로 신뢰와 영향력은 특정인에서 일반인 모두에게 분산되었기에, 신뢰를 쌓거나 복구하는 과정을 이해하지 못하면 살아남지도 않고 번창하지도 못한다고 주장한다(Botsman, 2017).

12 한국PR학회 용어위원회는 쟁점Issue, 옹호Advocacy, 전략Strategy을 공중관계 토대 개념으로 선정하였으며, 위원회의 최종 보고서인『공중관계 핸드북: Public Relations 바로보기』(신호창 외, 2017)에서는 쟁점과 기회Opportunity를 중심으로 언론 관계, 쟁점 관리, 위기관리, 마케팅 PR, 명성 관리 등 주요 공중관계 활동분야를 논하였다.

로 만드는 데 어떠한 역할을 해야 하는지 생생하게 보여준다. 만약 인천신공항 경영진이 주체적 확증편향 자세를 취하지 않았다면, 신공항 개항 날짜는 우리가 알고 있었던 그날이 아니라 다른 날이었을 것이거나 그저 평범한 국제공항이 될 수도 있었다. 확신을 가지고 쟁점 및 리스크 관리를 하면서 예정대로 개항을 함으로써 롯데월드타워몰과 같이 개장 후 약 5개월간 영업을 중지하는 일이 발생하지 않았다. 개항이라는 단 한 번 있는 기회를 놓치지 않는 적극적인 MPR을 추진함으로써 청주국제공항과 같이 평범한 개항은 하지 않았다.

❖ 소프트 시스템의 의미, 창업 정신

이번에 자료를 찾으면서 아쉬웠던 점은 인천국제공항에서 이런 자랑스러운 노하우를 기록하고 공항 창업 정신으로 이어가고 있지 않다는 점이다. 어떠한 조직이든 하드 시스템만으로 도약할 수 없다. 소프트 시스템을 갖췄을 때에 비로소 바람직한 하드 시스템을 만들 수 있다. 삼성전자는 반도체와 스마트 폰으로 세계 일류가 되기 20여 년 전인 1990년대 초반부터 '마누라를 제외하고 모두 바꾸자'는 신경영 시스템을 도입했다. 그 신경영의 방향을 담은 책 (비매품)을 보면 처음부터 끝까지 '커뮤니케이션'을 강조하고 있다. 커뮤니케이션이 곧 조직 성패를 좌우하는 소프트 시스템이다.

➡ 참고자료

신호창·문빛·조삼섭·이유나·김영욱·차희원. 2017. 『공중관계 핸드북: Public Relations 바로 보기』. 서울: 커뮤니케이션북스.
Botsman, Rachel. 2017. *Who Can You Trust?*[문희경 옮김. 2019. 『신뢰 이동』. 흐름출판].

글로벌 스포츠 이벤트를 통한 국제PR

2002년 ● 한일월드컵 개최

박 찬 혁

한화생명 상무

❖ 언론의 흐름으로 살펴본 8년의 준비

2002년 6월 25일 서울월드컵경기장에 6만 5256명이 운집했다. 거리응원엔 경찰 추산 전국 700만 명이 쏟아져 나왔다. 1954년 첫 월드컵 출전 이래 48년 만의 첫 승을 거두고 4강까지 진출한 '2002년 한일월드컵' 독일과의 준결승전의 모습이다. 72년 월드컵 역사 중 최대 이변으로 기록된다.

4강전이 열린 이 서울월드컵경기장은 과거 난지도 쓰레기 매립지였다. 이는 1960~1980년대 경제개발기에 국민들의 애환이 함께 묻혀 있는 곳으로, 1990년대 초까지도 언론에 비친 모습은 악취와 오염으로 범벅된 곳이었다.

당시 국내는 1997년 말에 불어닥친 'IMF 외환위기'를 겪으면서 경제성장을 일궈낸 과거의 자신감을 되찾고 사회적 통합과 새로운 국가상으로 세계 속에 거듭날 수 있는 계기가 필요했다. 바로 2002년 한일월드컵이 30년간의 주요 사건으로 꼽히는 이유이다.

왜 월드컵 축구인가?

축구는 1863년 영국 남부 사립학교의 클럽들이 모여 FA^{Football Association}를 결성하면서, 엘리트들의 여가 활동으로 성행되었다. 이 시기 노동자들은 대량 생산 방식의 공장에서 피로, 스트레스, 인간 소외를 경험하면서 휴일 축구 경기를 일상의 즐거움이자 희망으로 여기게 되었다. 점차 인기가 높아지자 공장주들은 좋은 시설을 갖추고 관중에겐 돈을 받고 선수들에게도 좀 더 높은 임금을 지급하며 축구 훈련에 집중하도록 하였다.

1904년에는 7개국 주도로 국제축구연맹^{FIFA}을 창설하였고, 1928년 암스테르담 올림픽에의 참가를 거부하고 대신 '축구만의 대회'를 새로이 창설하여, 1930년 우루과이에서 첫 번째 대회가 개최되니, 그것이 월드컵이다. 1954년 스위스대회에서 첫 중계방송이 시작된 후, 1970년 멕시코대회는 인공위성을 통해 전 세계로 중계되었다. 미디어의 발전과 펠레 같은 스타의 등장은 월드컵을 세계적인 스포츠로 자리 잡게 하였다.

2002년 월드컵 개최 당시 FIFA는 이미 유엔 회원국보다 많은 204개 회원국을 보유하고, 세계 인구의 6배가 넘는 연인원 400억 인구가 시청하는 세계적인 스포츠 이벤트로 성장했다. 국경, 언어나 문화적 장벽 없이 공감대를 형성하며 자발적 팬덤을 통해 대중 매체에 의한 퍼블리시티 효과가 높다. 현장은 물론 중계방송을 통해, 국가대항 경기, 기업 광고 및 문화 예술 이벤트를 복합적으로 생산하며 전하는 거대한 커뮤니케이션 플랫폼인 것이다.

국제PR적 관점에서 우리만의 국가상이 미흡하고, 부정·부패 및 경제적 위기라는 부정적 인식에서 벗어나 우리 민족의 우수성과 변모 중인 사회·경제·문화의 모습을 새로운 국가상으로 담아 전 세계에 소구시키기에 이보다 더 좋은 기회는 없었고, 대회 이후 약 10년 이상 효과가 지속된다는 특수를 기대하며 성공적인 대회 유치를 위한 모든 노력을 쏟게 되었다.

월드컵 4강 진출로 대한민국 역사에 커다란 이정표로 남기까지, 8년의 시간을 거슬러 올라간다. 이를 주요 사건별로 언론의 흐름에 따라 살펴보고자 한다.

월드컵 대회의 유치 경쟁

우리나라는 일본보다 4년 이상 늦은 1993년 말 유치 경쟁에 뛰어들었고, 당시 FIFA는 본선진출국을 32개국으로 늘리는 방안을 검토 중이었다. 이는 16개국씩 예선리그를 치를 수 있음을 의미하는 것이었고, 당초 아시아 몫으로 굳혀지는 분위기에서 한일 공동 개최의 가능성이 높아져 갔다. 이후 언론은 앞다투어 일본과의 유치 경쟁 프레임으로 준비과정 하나하나를 보도해가며 국민적 관심을 이끌었다.

일찌감치 유치를 신청한 일본은 J리그의 흥행을 비롯하여 첨단 경기장 인프라 측면에서 유리한 입장이었다. 반면 우리나라는 5연속 본선 진출이라는 위상과 유일한 분단국가에서의 개최라는 명분론을 지니고 있었다.

다방면의 유치 노력에 더해 FIFA 내 후임 회장경쟁 구도가 우리에게 유리하게 작용했다. 차기 회장 선거를 앞둔 레나르트 요한슨 UEFA 회장 겸 국제축구연맹FIFA 부회장은 한일 공동개최를 촉구하고 나선 것인데, 당시 언론에서는 1974년 이후 FIFA의 권력을 독점해 온 아벨란제 체제에 대한 도전의 성격으로 해석하며, 아시아와 아프리카가 연대하는 양상으로 전해졌다.[1]

결국 1996년 5월 31일 FIFA 집행위원회는 만장일치로 공동 개최를 확정했다. 한국은 공식 명칭으로 앞에 표기하는 명분을, 일본은 결승전은 개최하는 실리를 얻는 것으로 결론짓게 되었다.

월드컵을 통한 문화 예술 경쟁

월드컵 공동 개최가 선언된 이후 가장 먼저 언론에 조명된 분야는 문화예술로, 개최국의 문화·민족적 역량을 세계에 알릴 수 있는 기회였기 때문이다. 일종의 '스포츠, 문화 퍼포먼스 경연장'이 된 것이다. 조직위 측은 공식행사에선 한국의 문화적 독창성을 세계에 부각시킬 뿐 아니라, 이를 첨단 IT기술과

---

1 《연합뉴스》(1996.6.3).

접목하여 지식정보화시대를 선도하는 한국의 이미지를 과시하는 데 초점을 맞추었다.

이 밖에도 월드컵 성공기원을 위한 사전 붐업 행사 및 대회 기간 한국의 전통을 알리는 다양한 행사가 준비되었으며, 이 가운데 가장 큰 반전을 일으킨 것은 월드컵 프라자였다. 월드컵 프라자는 당초 경기장에 갈 수 없는 소외계층을 위해, 개최도시별로 주요 지역에 대형스크린을 설치하여 모든 경기를 생중계하며 현장감 있게 시청하고 응원할 수 있도록 마련한 것이다.

월드컵을 통한 마케팅 경쟁

FIFA의 스폰서십은 크게 세 가지 유형, 최상위 등급인 'FIFA 공식파트너'와 'FIFA 월드컵스폰서', '내셔널서포터스'로 나눠진다. FIFA 공식파트너는 6개 글로벌 기업에 지나지 않으며 국내에서는 현대자동차가 유일하다. 이들은 분야별 독점적 마케팅 권리를 누리게 된다.

현대차는 1970년대 유럽 축구 영웅이었던 요한 크루이프를 홍보대사로 글로벌 광고를 기획하고, '현대자동차 세계 축구 선수권대회'와 '굿윌볼 월드컵 로드쇼'의 대표 캠페인을 통해, 본선 진출 32개국에서 자국 팀의 승리를 기원하는 메시지를 담는 대형 축구공의 순회 전시 이벤트를 준비했다. 현대차는 이를 통해 1조 원 이상의 효과를 기대했다.

또한 비스폰서들의 앰부시 마케팅Ambush Marketing 또한 많은 화제를 불러일으켰는데, 이에 대한 금지 규정에 대한 이해가 낮은 시점이었다.

나이키는 본선에 진출한 각국 대표팀을 후원했는데 한국 대표팀도 나이키 유니폼을 입고 뛰면서 대회 초반부터 15만 장 이상이 팔리는 흥행을 거뒀다. 공식 후원사인 KT와 통신사 라이벌인 SK텔레콤은 공식 응원단인 붉은 악마와 후원계약을 체결하고 대한민국 응원 박수를 소재로 한 광고가 화제가 되었다. 삼성카드는 히딩크 감독을 최고 대우로 광고 모델 계약을 체결했다.

월드컵 대회의 운영 준비 경쟁

한국과 일본의 대회 운영 준비상황도 전 세계인의 관심거리였다. 사회간접시설이 잘 돼 있고 질서와 예절, 서비스 정신이 충만한 일본과 비교하여 축구에 대한 열정이 절정에 달한 한국은 정부 주도 아래 완벽한 준비를 갖추기 위해 경쟁했고, 이에 대한 보도가 이어졌다. 반면 경기장, 교통, 숙박 인프라 등에서는 일본 대비 많은 우려를 낳기도 했다. 특히, 대회 전 현지 적응 연습을 위한 훈련캠프 인프라가 미비하여 대응책 마련에 분주했다.

이 밖에도, 언론사들을 중심으로 시민의 의식 개혁을 위해 공공장소에서의 한 줄 서기 운동이나, 경기장 내 금연 정책, 친절 및 청결의식, 안전운전, 정직한 가격 판매 등의 문화시민 의식에 대한 조사와 캠페인들이 펼쳐졌다.[2]

대회 4개월가량을 앞두고는 국가대표팀의 불안 요소가 연일 보도되었다. 골 결정력 부족, 수비 조직력 불안, 보직에 대한 실험을 계속해 나간 히딩크 감독의 대표팀 운영방식을 문제 삼으며, 16강에 회의적인 반응이 일었다.[3]

❖ 새천년, 새 만남, 새 출발, 그리ㄱ 10년의 유산

새천년의 시작

2002년 5월 31일 오후 7시 30분, 21세기 첫 대회, 아시아 첫 대회, 첫 공동개최의 의미를 지닌 2002년 한일월드컵 대회가 개막했다. 주관 방송사인 HBS는 중계 제작을 위해 2800명을 투입했다.

개막행사는 각 언론에 '최첨단 정보기술의 총화가 빚어낸 조화와 상생의 멀티미디어 퍼포먼스'로 소개되며, 월드컵의 첫 화두는 IT월드컵, IT KOREA가 되었다. 인류 소통의 비전을 첨단 기술을 통해 전달함으로써 IT 한국의 진면

---

2 《매일경제》(2002.1.2).

3 《국민일보》(2002.2.4).

목을 세계에 널리 알린 것이다.

새로운 멀티미디어로 떠오른 'IMT-2000'을 활용한 이벤트 연출이나, 예술과 첨단기술의 조화로, 세계 최고의 기술력을 인정받고 있는 PDP와 트랜지스터 액정표시장치TFT LCD로 만든 디지털 조형물이 사물놀이패와 함께 등장해 큰 호응을 얻었다. 경기장 네 곳에 설치된 대형 TFT 액정화면은 쉴 새 없는 영상 쇼를 분출했고, 전통의 에밀레종과 그 속에서 나타난 세계적 비디오아티스트 백남준의 디지털 아트로 분위기는 절정에 달했다.

세계 각국으로 월드컵 소식을 전할 국제미디어센터IMC와 서울월드컵경기장 내에 마련한 스타디움미디어센터SMC는 IT인프라의 결정체로 내외신 기자단은 최첨단 환경 속에 IT월드컵 성공개최 사실을 전 세계에 실시간으로 타전하였다.[4]

새 만남의 축제

31일 동안, 64경기를 치르면서 20개 경기장에서 총 218만 7518명의 관중(평균 3만 4000명)이 들어섰고, 400억 명의 연 시청인원과 결승전 15억 명의 시청을 기록했다.

국내에선 방송 시청률이 60%를 넘었고, 공식 응원단인 '붉은 악마'가 주축이 되어 거리응원이 펼쳐졌다. 초반 50만 명의 거리응원에서 시작하여, 16강 이탈리아전 420만 명, 8강 스페인전 500만 명, 4강 독일전 700만 등 대회 전 기간 2000만 명이 거리로 나왔다.

새로운 스포츠 축제 문화의 아이콘이 된 '길거리 응원'의 열정적이면서도 질서정연함에 모든 외국 언론들도 감탄했고, 주최국으로서 한국의 시민의식과 성숙한 응원문화, 친절한 주인의식 등이 소개되었다. "거리의 폭발할 듯한 응원 열기 속에서도 한국인들은 결코 흐트러짐이 없었다." 2002 한일월드컵

---

4 《매경이코노미》(2002.6.14).

경기를 통해 독특한 범국민적 축제 문화로 자리 잡은 '길거리 응원'에 대한 외국인들의 평가였다.

붉은 티셔츠는 대회 보름 만에 700만 장이 팔리면서 단일 패션 아이템으로 사상 최대 히트상품으로 떠올랐다. 붉은색 유행이 전국을 휩쓸자 붉은색 계열 원단 품귀현상이 벌어졌을 정도였다.[5]

동아일보와 일본 아사히신문의 공동여론조사에 따르면 한국인 응답자의 99%, 일본인 응답자의 87%가 한일월드컵이 '성공적으로 치러졌다'고 평가했고, 특히 한국에서는 가장 좋았던 점으로 '국민의 높은 참여와 관심'(59%)을 꼽았고, 이러한 경험이 앞으로 우리 사회의 갈등을 해소하고 국민통합을 이루는 데 '도움이 될 것'(93%)으로 기대하고 있었다.[6]

새 출발과 10년의 유산

월드컵 창시자 줄리메는 "축구야말로 계급이나 인종의 구분 없이 모두를 하나로 만들어 세계를 행복한 한 가족처럼 단합시켜 줄 것"이라고 한 바 있다. "축구를 전 세계에 팔겠다"던 아벨란제 전 회장의 취임 일성은, 이제 월드컵이 단순한 스포츠 이벤트가 아닌 세계적인 문화 상품으로서 국가별 홍보의 장이라는 것을 일깨우게 되었다.[7]

월드컵 개최를 통한 효과는 크게 네 가지로 볼 수 있다.

첫째, 국가 이미지 제고 효과로 우리나라는 기다림에 익숙하고 수동적인 '동방의 해 뜨는 고요한 나라'라는 이미지에서 벗어날 수 있었다. 기존 외국 기업들에게 국가의 이미지 자체가 형성되어 있지 않거나(40.7%), 부정적인 이미지(31.0%)가 더욱 강했으며, 한국의 국가 이미지는 외국에 제품을 판매하는

---

5 《한국경제》(2002.6.15).

6 《동아일보》(2002.7.5).

7 《프레시안》(2002.6.18).

데 도움이 되지 못하고 있다고 평가되었다.[8] 그러나 월드컵 이후 열정과 투혼의 이미지 그리고 IT 강국 이미지로 '다이나믹 코리아 구축'이라는 브랜드 이미지가 형성되었다.

둘째, 경제적 효과이다. 기획재정부가 발간한 '2002년 경제백서'에 따르면, 2002 한일월드컵에서 한국은 26조 4600억 원의 경제적 효과를 거둔 것으로 보고된다. 기업 이미지 제고 효과가 14조 7600억 원으로 가장 컸고, 국가브랜드 홍보효과(7조 7000억 원)와 투자 및 소비지출 증가로 인한 부가가치 유발(4조 원)이 뒤를 이었다.[9]

셋째, 국민 정서적 부가가치 측면으로, 서구 사회에 대한 열등감, 주눅 그리고 국수주의적인 형태의 애국주의에서 자신감을 회복하고 개방적이고 유연한 세계시민주의적 성향을 보이게 되었다. 개인의 개성을 중심으로 자발적 유대감을 보이며 수평적 사회구조로 변화할 가능성을 보여주었고, 감정에 솔직하고 즐거움을 향유할 줄 아는 여유로운 생활방식 또한 반영되었다.

넷째, 스포츠 산업적 측면에서, 우선 축구 기량과 인프라가 국제적 경쟁력을 갖추게 되었다. 스타 선수들이 발굴되어 해외 무대 진출의 기회가 확대되었고, 기존 강팀에게 느끼던 열등감을 버리고 자신감을 갖게 되었다. 2000억 원의 건설비용을 들여 건설한 경기장과 함께 스포츠 마케팅의 발전방향 또한 모색하게 되었다.

2002년 한일월드컵으로 인해, FIFA는 새로운 비즈니스 모델을 염두하고 공공장소에서 두 명 이상이 월드컵 경기를 볼 때는 FIFA의 허락을 얻어야 하고, 스폰서 기업만이 주관할 수 있다는 '공공장소 전시권Public Viewing Event'이라는 새로운 규정까지 제정하였다.

---

8 현대경제연구소, 『월드컵의 경제적 효과 전망 조사』(2002).

9 《신동아》(2010.7.23).

✤ 2002 한일월드컵의 국제PR 성과

국제PR이란 '기업, 단체 또는 정부가 다른 나라에 있는 공중과 서로 유익한 관계를 맺기 위해 계획적이고 조직적으로 노력하는 것'으로 정의할 수 있다.[10]

국제PR의 핵심인 국가브랜드는 한 국가에 대해 갖고 있는 정서를 포함하는 총체적 인식으로, 국가 금융의 안정성, 글로벌 시장에서의 신용, 투자자들의 신뢰성, 국가경쟁력 순위, 국제정치무대에서의 영향력, 국제협력체계의 구축, 국가정체성 확립 등에 보증브랜드로서 영향을 미치게 된다. 이를 위해 문화체육관광부에서도 주요 전략 목표의 하나로, 스포츠를 통한 위상 강화를 꾀하고 있다.[11]

이러한 측면에서 국가홍보처는 우리나라의 대외적 국가 이미지에 대한 개선과 지속적 체계적인 관리 및 발전 등에 관심을 갖게 한 주요 사건으로 '2002 한일월드컵'을 꼽는다.

스토리텔링 차원에서 2002년 한일월드컵은 개최를 위한 일련의 과정과 경기, 미디어, 스폰서 및 이벤트들과의 입체적 구조 속에 특정 맥락context이 형성되면서, 사람들의 공감, 동참 및 행동을 일으켰다. IMF 외환위기 속에서 월드컵 본선에서 단 1승도 거두지 못했던 나라가 뒤늦게 유치경쟁에 뛰어들어 공동 개최를 성사시키고, 나아가 4강이라는 업적과 폭발적인 거리 응원 문화 그리고 IT 기술력들이 실체적 국가 브랜드 메시지를 형성하고 일시에 전 세계에 전달되면서, 새로운 국가상을 제고시키는 데 크게 이바지한 것으로 볼 수 있다.

---

10 D. Wilcox and G. Cameron, *Public Relations' Strategies & Tactics*(9th ed.) (Boston, MA: Allyn and Bacon, 2008).

11 원제무, 『국가 도시 브랜드 마케팅』(피엔씨미디어, 2016).

➡ 참고자료

원제무. 2016. 『국가 도시 브랜드 마케팅』. 피엔씨미디어.

현대경제연구소. 2002. 『월드컵의 경제적 효과 전망 조사』.

《국민일보》. 2002.2.4. "골드컵 통해 본 히딩크호 문제점, 실험은 그만… 포지션 빨리 정하라".

《동아일보》. 2002.7.5. "월드컵 개최 성공적 한국 99% - 일본 87%".

《매경이코노미》. 2002.6.14. "초점, 월드컵과 IT코리아".

《매일경제》. 2002.1.2. "월드컵 열릴 10도시 의식조사 공공질서 아직 낙제점."

《신동아》. 2010.7.23. "월드컵 비즈니스 인사이드 (1): 쩐의 전쟁 월드컵 마케팅 지구촌 축제 삼킬라".

《연합뉴스》. 1996.6.3. "월드컵 공동개최 2002년만 한시적 적용".

《프레시안》. 2002.6.18. "더 이상 축구 강대국은 없다: 2002 한일월드컵이 이룬 축구 세계화".

《한국경제》. 2002.6.15. "붉은 셔츠 7백만장 팔렸다. 한국 16강 효과, 월드컵 상품 대박".

Wilcox, D. and G. Cameron. 2008. *Public Relations' Strategies & Tactics*(9th ed.). Boston, MA: Allyn and Bacon.

14

부안 방폐장 사태에서 드러난 정책PR의 실패

2003년 ● 위도 핵폐기장 건설 백지화

신 성 인

KPR 부회장

❖ 방폐장 부지 선정을 둘러싼 18년간의 사회 갈등

핵 폐기물처리장(방폐장) 유치사업은 지난 1986년부터 정부의 최장기 미해결 과제로 남아 있던 대표적인 사회갈등 현안이었다. 1978년 고리 원자력발전소가 상업운전을 시작한 이래 방사성폐기물은 원전 부지 내에 임시 보관돼 왔으나 2008년이면 포화상태에 도달할 것이라는 전망이 나오면서 방폐장 부지확보 문제가 현안으로 떠올랐다.

정부는 「원자력법」을 개정하고 1986년부터 방폐장 부지 선정 작업에 착수했으나, 경북 영덕(1989년)과 충남 안면도(1990년), 강원 고성·양양과 전남 장흥(1994년), 경기 굴업도(1995년)까지 방폐장 유치지역 후보로 거론되는 지역마다 어김없이 주민 및 환경단체들과 극심한 마찰을 빚었고, 부지 선정은 무위로 돌아갔다. 안면도와 굴업도에서는 유혈사태가 벌어지기도 했다. 2000년에는 전남 영광 등 다섯 개 지역에서 주민의 유치 청원이 있었으나 찬반 주민 간의 대립으로 정치적 부담 등을 우려한 자치단체장들이 유치신청을 하지 않아 무산됐다.

　전북 부안군 위도의 방폐장 사태는 지역 주민에 대한 의견 수렴 없이 군수의 독단적인 유치 신청이 주민들과 환경단체들의 거센 반발을 불러온 것이라고 정리할 수 있다. 방폐장 유치를 반대하는 주민들은 자녀들의 등교거부와 촛불집회, 고속도로 점거, 해상시위 등으로 맞섰다. 40여 명이 구속되고 500여 명이 부상당하는 등 극심한 마찰을 겪고 나서야 2002년 2월 합법성 논란 속에 찬반을 묻는 주민투표가 실시되었고, 주민 90% 이상의 반대로 방폐장 건립은 다시 무산됐다.

　지난 1986년부터 2004년까지 18년 동안 방폐장 부지선정을 위해 정부는 총 3485억 원을 쏟아부었으나 실패만 거듭하다가 부안 사태 이후에야 후보지 선정에 주민투표방식 도입, 방폐장에 중저준위 폐기물만 보관하는 것으로 부지선정 기준을 변경하는 등 새로운 방식을 채택하였고, 2005년 경주시가 최종 후보지로 선정된 바 있다.

❖ 부안군 위도 방폐장 건립 계획이 백지화되기까지

2003년 7월 11일 김종규 부안 군수는 기자회견을 열어 방폐장의 부안군 위도 유치를 전격적으로 선언했다. 위도 주민들의 방폐장 유치 청원에 대해 부안군 의회가 반대 결의를 했음에도 정부가 부안 군수의 유치 신청을 받아들여 위도를 후보지로 낙점하면서 위도와 부안에서는 첨예한 주민갈등과 반대 시위가 시작되었다. 주민들은 다양한 조직이 참여한 '핵 폐기장 백지화 범부안 군민 대책위원회'를 구성하고, 자녀들의 등교거부와 촛불시위, 고속도로 점거, 해상시위 등 다양한 방법으로 핵 폐기장 유치철회를 촉구했다. 매일 수천 명이 참여한 시위가 수개월 동안 지속되고, 격렬한 시위 과정에서 다수의 부상자와 구속자가 발생한 가운데, 군수가 격분한 주민들에게 집단폭행을 당하기도 했다. 주민들의 강한 반발에 정부가 강경대응으로 맞서면서 인구 7만 명의 부안에 1만 명이 넘는 경찰이 상주하는 등 갈등은 걷잡을 수 없이 확대됐다. 이 과정에서 구속자 40여 명 등 160여 명이 사법 처리되고 주민과 경찰 500여 명이 다쳤다.

'계엄도시'를 방불케 했던 부안은 2003년 12월 10일 산업자원부가 방폐장 유치신청 추가접수를 결정하는 등 전면 재검토를 공식 발표하고 이듬해인 2004년 2월 합법성 논란 속에 실시된 주민투표에서 91.8%가 반대해 사실상 막을 내리게 된다. 부안 사태 이후 정부는 후보지 선정에 주민투표 방식을 도입하고 방폐장에 중저준위 폐기물만 보관하는 것으로 부지선정 기준을 변경하여, 새로운 방식에 따라 2005년 경주·포항·영덕·군산이 유치에 나선 가운데 경주시가 최종 후보지로 선정됐다. 정부가 방폐장 부지 물색에 나선 지 19년 만이었다.

❖ 군수의 독단적 유치 선언, 첫 단추부터 잘못 끼워졌다

부안 사태의 원인은 전체 주민들의 의견 수렴과정을 제대로 거치지 않고 자치단체장과 정부가 성급하게 사업을 추진한 데 있다. 방폐장 유치에 따른 지역주민의 혜택 및 안전성에 대한 홍보와 주민과의 의사소통을 적절하게 수행하지 못했다는 점에서 정부의 조급증과 군수의 독단적 유치 추진이 빚어낸 정책PR의 실패라고 볼 수 있다.

2003년 7월 11일 당시 김종규 부안 군수는 '지역 발전을 위해서'라며 기자회견을 통해 위도에 방폐장 유치를 전격 선언했다. 전날까지 유치 반대 입장을 내세우던 군수는 군의회가 유치 반대 결정을 했음에도 14일 산업자원부에 신청서를 접수, 부안 주민들로부터 거센 반발을 불러왔다.

대표적인 기피시설인 방폐장을 유치하는 정책을 추진하면서 정부는 지역주민의 반발을 최소화하고 효과적인 정책집행을 위해 쌍방향 커뮤니케이션을 지향해야 한다. 주민들과의 의사소통 채널을 확보하여 주민들의 의견을 수렴하고, 주민들과 원활하게 소통함으로써 정부와 정책에 대한 신뢰를 확보하도록 노력해야 한다.[1] 일반 국민 대상으로 홍보할 때는 국민의 편익을 강조하는 전략을 취하지만, 갈등 지역주민에게는 안전성 중심의 메시지를 통해 원전에 대한 위험인식을 줄여주는 것이 매우 중요하다.[2]

정부는 부안 군수의 일방적인 신청 과정에서부터 잠재위기 상황을 예측하고 보다 적절하게 대응했어야 했다. 부안주민들을 대상으로 설명회를 열고 의견을 수렴하는 과정을 추진했어야 했다. 이는 방폐장에 대한 올바른 정보를 제공하고, 자칫 유언비어 등 왜곡된 정보가 확산되는 것을 조기에 차단할 수 있기 때문이다. 비록 반대세력의 실력행사 때문이라고는 하지만, 산업자원부는 부안지역에서 단 한 차례의 설명회도 열지 못했다. 초기 대응의 실패로 부안 지역에는 반핵단체 중심으로 '핵은 죽음'이라는 등의 슬로건이 내걸리면서 갈등의 골은 깊어져만 갔다.

당시 산업자원부는 부안 군수의 유치신청 바로 다음 날 환경단체나 지역주민을 배제한 채 부지선정위원회를 구성하고 한 차례의 현장답사 후 주민과 협의도 없이 위도를 최종 부지로 확정해 발표했다. 부지선정위원회의 구성과 부실한 운영도 지역 주민들과 환경단체들이 정부에 대해 불신을 키우는 단초를 제공하였다.

감사원의 방폐장 건설 추진실태 보고서 중 전문가 252명, 군산 등 7개 후보 지역 주민 2450명을 대상으로 한 설문조사를 보면, 방폐장 부지 선정의 가장 큰 실패요인으로 전체 응답자의 38.5%가 '추진과정의 신뢰성'을 꼽았다. 또 응답자의 27%는 '의견 수렴 절차와 과정'을 문제점으로 지적했다(그래프 참조).[3]

---

1 오현주, 「기피사업에 대한 정부 정책PR 유형변화 분석」, 이화여자대학교 석사학위 논문(2007).

2 김대중·정봉훈·장정헌, 「원자력 발전의 개인적 사회적 수용성에 미치는 영향력 차이에 관한 비교연구」, 《한국언론학회》, 57권 5호(2013).

3 감사원, 「방사성폐기물처분장 건설추진실태 감사결과 보고서」(2006.4).

방폐장 부지 선정 실패 책임 소재에 대한 설문조사 결과

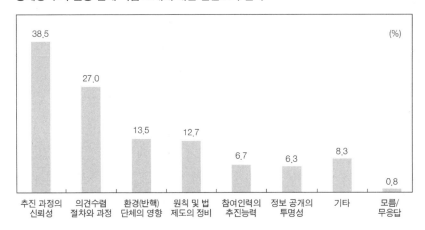

이 같은 결과는 정부에 대한 불신이 정부와 주민 간의 극심한 갈등을 유발해 방폐장 부지 선정을 장기 표류하게 만든 주요인으로 작용했다는 사실을 말해 준다.

❖ 일관성 없는 메시지와 거짓 약속으로 사태 악화시켜

정부 정책은 일관성을 유지해야 한다. 앞뒤가 다를 경우 정책의 신뢰성은 크게 손상된다. 확정되지 않은 사안을 공개하거나 발표하는 것은 불필요한 논란을 야기하게 된다. 다른 부처와 관련되는 경우 반드시 사전 협의를 통해 서로 간에 다른 목소리가 나오지 않도록 해야 한다.[4]

정부나 기업을 막론하고 대외적으로 커뮤니케이션을 하는 데에서 '동일한 목소리One Voice' 원칙을 지키는 것이 무엇보다 중요하다. 위기상황에서는 두말할 나위가 없다.

정부는 2003년 7월 14일 부안군이 방폐장 유치 신청을 하자마자 보도자료

---

4 국정홍보처, 「홍보매뉴얼」(2005), 10쪽.

를 내고 "과거 4대 정권이 17년간 해결하지 못했던 사회갈등 현안 해결 파란 불"[5]이라며 생색을 냈으나, 선정 이후 곳곳에서 이해관계자들과 커뮤니케이션을 하는 과정에서 갈팡질팡하는 모습을 보였다.

부안 군수가 위도에 방폐장 유치 신청을 낸 배경에는 지역 주민에 대한 현금보상 이외에도 정부의 지원으로 낙후된 부안 지역을 발전시킬 수 있겠다는 기대감이 크게 깔려 있던 것이 사실이다. 유치 신청 이후 주민들의 반발이 거세지자 산업자원부 장관은 부안으로 내려가 "법을 개정해서라도 현금보상이 가능하도록 하겠다"고 약속을 하면서 주민들의 기대감을 한껏 높였으나, 이틀 뒤 열린 국무회의에서는 현금보상 배제 결정이 내려졌다. 현금보상에 대한 정부의 섣부른 약속과 그 번복이 오히려 부안 사태가 걷잡을 수 없는 상황으로 치닫는 결정적 계기를 제공한 셈이다.

이후에도 방폐장 유치 여부를 주민투표를 실시해 결론 내자는 제안에 대해서 '가능하다'는 행정자치부와 '절대 불가'를 고수한 산업자원부 간에 서로 다른 입장을 드러내면서 국민에게 혼선만 불러일으켰다. 결국 위도 방폐장 건립이 '없던 일'이 되어버리면서 산업자원부 장관은 사태의 책임을 지고 물러나야 했다.

❖ 갈등에만 주목하는 언론, 끌려다니는 정부

언론은 태생적으로 갈등에 주목한다. 부안 지역의 상황이 악화일로를 지속하면서 신문과 방송에서는 방폐장 관련 기사가 단골 메뉴로 등장했다.

이번에야말로 방폐장 부지를 확보해야 한다는 정부의 조급증 때문에 섣부른 현금보상 약속, 그리고 부처 간의 엇박자 등이 야기되었고, 이는 언론보도를 통해 국민들의 불신만 가중시켰다. 국책사업을 추진하면서 언론에 선제적

---

5 산업자원부 보도자료(2003.7.14).

으로 대응해 이슈를 선점해 나가지 못하고 오히려 끌려만 다니는 빌미를 제공한 셈이었다.

부안 사태 보도에서 언론은 사태의 원인에 대한 심층적인 분석이나 평가, 대안을 제시하기보다는 방폐장 유치 찬반 대립과 정부와의 갈등을 보도하는 데 치중하였다. 2003년 7월 14일부터 2004년 9월 16일까지 KBS, MBC, SBS 등 방송사의 부안 위도 방폐장 유치 관련 뉴스보도를 분석해 본 결과 총 181건의 보도 가운데 찬반 대립 및 갈등 보도가 133건(73.5%)으로 가장 높게 나타났으며 방송사 간에 차이는 없었다.[6] 뉴스 보도에서 쟁점들이 편협하고 피상적으로 표출됨으로써 사회적 갈등과 대립을 조정하고 중재해야 하는 언론의 역할이 미흡했고, 정부와 방폐장 유치 시행주체에 대한 감시와 비판의 기능도 제대로 수행하지 못했다는 문제점이 제기됐다.

언론의 단편적이고 선정적인 보도행태에 대해서는 내부에서도 자성의 목소리가 나올 정도였다. 기자협회는 신문 방송이 '민란', '준계엄', '제2의 광주 사태', '주민 8명당 경찰 1명' 등의 자극적인 제목으로 부안 사태 보도에 초점을 맞추고, 이해당사자들의 비난을 의식한 나머지 단순한 사실 전달이나 기계적 중립으로 객관성을 포장하고 있다고 지적했다.[7]

❖ 사후 관리도 중요하다

생거부안生居扶安. 부안은 산과 바다가 어우러져 풍광이 좋고 쌀과 해산물이 풍부해 예로부터 살기 좋은 마을이라고 불려왔는데, 방폐장 유치라는 국책사업 추진을 둘러싸고는 극심한 갈등의 소용돌이에 휘말렸다.

---

6   김윤정, 「TV뉴스의 부안 위도 핵폐기물처리장 보도프레임 분석」, 이화여자대학교 대학원 석사학위 논문(2005).
7   한국기자협회, "〈우리의 주장〉 부안사태와 언론보도", 《기자협회보》(2004. 2. 25).

위도와 부안 주민들은 방폐장 사태 이후 극심한 후유증에 시달렸다. 주민들 서로 간에 감정의 골이 깊어져 상처가 아물지 않았다. 부안 사태 관련 구속자 43명 중 다른 지역으로 이주했거나 연락이 끊긴 11명을 제외한 32명 중 절반이 넘는 18명(56.3%)이 정신적 후유증을 겪고 있었고, 이 중 2명은 병원에서 장기치료를 받을 만큼 상태가 심각했다.[8]

국가인권위원회가 2007년 6월 부안 현지 순회상담에서 조사한 144건을 분석한 결과를 보면 알코올 의존증으로 의심되는 사람이 무려 67%나 됐다. 전체의 38%가 외상 후 스트레스 장애 증상을 보였으며, 치료를 요하는 사람이 23%였다.[9]

위도와 부안지역 주민들의 상처를 제대로 보듬지 않고 방치하는 것은 또다른 미래 갈등을 잉태하게 될 뿐이다. 부안 방폐장 사태가 향후 정부에서 또다른 국책사업을 추진할 때 해당 지역 주민들에 대한 정부의 태도가 어떠해야할 것인지 반면교사의 선례가 되었으면 한다.

❖ 갈 길 먼 고준위 방폐장 건설, 아직도 '현재진행형'

부안 사태를 겪고 나서야 정부는 방폐장에 중저준위 폐기물만 보관하는 것으로 선정기준을 변경하고 가까스로 경주에 방폐장 부지를 마련할 수 있었다. 하지만 사용후핵연료 등 고준위 폐기물 처리장 부지확보는 여전히 현안으로 남아 있다. 중저준위 핵폐기장 부지를 마련하는 과정에서도 온 나라가 떠들썩하게 갈등을 겪은 상황에서 고준위 핵폐기물처리시설 부지 확보는 갈 길이 더 험난해 보인다.

하지만 주민들을 설득하지 못한 채 군수가 일방적으로 방폐장을 유치하려

---

8 《세계일보》(2006.7.10).
9 《동아일보》(2009.7.10).

했다가 유혈사태를 초래한 부안 사태가 주는 교훈을 잊지 말아야 할 것이다. 향후 심각한 갈등 상황이 예견되는 국책사업 추진은 면밀한 사전 계획뿐만 아니라 인내심을 갖고 지역 주민들의 공감대를 이끌어내는 데서 출발해야 한다. 이해관계자들에게 올바른 정보를 충분히 제공하고, 지역 및 관련 단체의 우려도 귀 담아 듣고 끝까지 이해시키고 설득하는 노력을 기울여야 한다. 그러한 노력 없이는 지역 주민들이 기피하는 시설을 확보하는 어떠한 국책사업도 장소만 바뀔 뿐 언제든지 재발할 수 있다는 점에서 '부안 사태'는 아직도 현재진행형이라 할 수 있겠다.

➡ 참고자료

감사원. 2006.4. 「방사성폐기물처분장 건설추진실태 감사결과 보고서」.

국정홍보처. 2005. 「홍보매뉴얼」, 10쪽.

김윤정. 2005. 「TV뉴스의 부안 위도 핵폐기물처리장 보도프레임 분석」. 이화여자대학교 대학원 석사학위 논문.

김대중·정봉훈·장정헌. 2013. 「원자력 발전의 개인적 사회적 수용성에 미치는 영향력 차이에 관한 비교연구」. 《한국언론학회》, 57권 5호.

산업자원부 보도자료. 2003.7.14.

오현주. 2007. 「기피사업에 대한 정부 정책PR 유형변화 분석」. 이화여자대학교 석사학위 논문.

한국기자협회. 2004.2.25. "〈우리의 주장〉 부안사태와 언론보도". 《기자협회보》.

《세계일보》. 2006.7.10. "부안사태 3년… 구속 43명 추적했더니".

《동아일보》. 2009.7.10. "방폐장 대신 갈등을 떠안다".

황우석 사건과 이미지 메이킹, PR윤리

2005년 ● 황우석 교수 논문조작

조 삼 섭

숙명여자대학교 홍보광고학과 교수

황우석 교수의 《사이언스》지 논문의 데이터 조작 사건은 2005년 국민들에게 큰 충격을 안겨주고, 황 교수에 대한 대중의 여론 반전을 드러내는 상징적인 사건이었다. 황우석 사건은 MBC TV 〈PD수첩〉에서 2005년 11월 서울대학교 수의학과 황우석 교수의 2004년 《사이언스》에 게재된 논문에 사용된 난자의 출처에 대한 문제제기로 부상했다. 이 사건은 학자의 연구윤리, 언론의 취재 윤리, PR에서의 여론조작을 위한 이미지 메이킹 차원에서 다차원적으로 함의 점을 남겼다.

우리나라에서 세계적인 줄기세포 생명과학자 이미지를 가지고 있었던 황 우석 교수가 이 사건에 대응하는 면을 보면 위기관리가 아닌 여론을 긍정적인 것으로 바꾸기 위해 소위 말하는 언론플레이와 적절한 미디어 이벤트 등 비윤 리적인 PR 활동을 통해 자신에 대한 불리한 이미지를 바꾸고자 했던 점이 드 러난다.

✤ 의심이 확신으로, 논문조작의 충격적인 반전을 맞다

〈PD수첩〉 방송 이후 황우석 교수는 기자회견을 열어 연구에 사용된 난자는 연구원 두 명의 것을 사용한 사실과 미즈메디 측에 난자 제공자에게 돈을 지불하였음을 밝히고, 공직에서 사퇴할 것이라고 발표하였다. 그러나 일반 여론은 생명과학, 줄기세포에 대하여 전문성이 전혀 없는 언론이 세계적인 과학자이며 노벨상의 잠재적 후보일 수도 있는 황 교수를 음해하였다고 생각하고, 황우석을 사랑하는 사람들 모임, 아이러브 황우석 카페가 만들어지게 된다. 이들은 MBC 앞에서 촛불시위, 공식사과 요구를 했다. 이때까지만 해도 우리나라의 생명과학을 세계적 수준으로 이끌 황 교수에 대한 긍정적 이미지가 언론의 부당한 음해를 앞서는 분위기였다. 황우석 교수에 대한 지지 여론으로 일반인들의 연구용 난자 기증 운동이 일어나고, 일부 적극 지지자들은 서울대 황우석 교수 연구실까지 이르는 계단에 꽃을 깔아놓는 지지 퍼포먼스를 연출할 정도였다. 그만큼 우리나라 생명공학을 이끌 과학자에 대해 언론이 일방적으로 매도한다는 여론이 우세하였다.

이어 MBC 〈PD수첩〉 팀이 피츠버그대학교 김선종, 박종혁 연구원을 인터뷰하지만 강압적 인터뷰 논란으로 인해 MBC는 사과를 하고, 과학계가 재검증해 줄 것을 요청하게 된다.

그러나 여론의 결정적 반전의 계기가 일어나는데, 생물학연구정보센터 BRIC의 소리마당에 한 연구원이 논문의 줄기세포 사진에서 두 쌍의 중복을 지적하는 내용의 글이 올라온 것이다. 한 젊은 연구원의 문제제기로 과학갤러리 사이트에 2005년 사이언스 논문의 보충 자료에 수록된 44장의 줄기세포 사진 중 5쌍이 동일한 사진이라는 의혹[1]이 확산된다. 이러한 의혹 제기로 황

---

[1] 위키피디아 https://ko.wikipedia.org/w/undefined?action=edit&section=19(검색일 2019.8.26).

우석 교수의 논문 실험데이터에 인위적인 조작이 있음이 설득력을 얻게 된다. 이러한 의혹 제기에 대해 황우석 교수는 논문 정리과정에서 일어난 실수이며 수정 요청이 있었다고 해명한다. 급기야 황 교수는 수면장애, 스트레스로 서울대 병원에 입원하기도 했다.

서울대는 진상조사위원회를 꾸려 수의학과 실험실을 폐쇄하고, 2005년 12월 23일 논문이 고의로 조작되었다는 조사결과를 발표하게 된다. 2006년 1월 《사이언스》지는 황우석 교수팀의 논문이 취소되었음을 선언한다. 이듬해 2006년 3월에 서울대는 징계위원회를 열어 황우석 교수에 대한 최종 파면결정을 내린다.

❖ 언론을 통한 이미지 조작의 한계

황우석 교수의 사건에는 연구윤리, 취재윤리, 언론의 역할, PR윤리 등 복합적인 면이 내포되어 있다. PR의 시각에서 본 사건은 위기관리, PR윤리와 관련이 깊다. 먼저 위기관리 차원에서 본다면 황우석 교수는 당장의 위기를 모면하려 언론을 통해 연출 이미지를 기획했거나, 정직하지 못한 대응으로 더 큰 신뢰 위기를 자초한 측면이 크다. 진실을 말하는 게 쉬운 일은 아니지만, 황우석 교수가 처음부터 진실을 말했더라면 향후에 이어지는 추가 검증과 이미지 악화를 막을 수도 있었다. 평판 회복을 위해 오류를 인정하고, 진술하게 사과하고, 논문철회를 스스로 했다면 아마도 재기의 길을 열 수 있었을 것이다.

PR 측면에서 황우석 교수는 언론을 통한 이미지 조작에 능한 프로퍼갠더 propaganda의 주체였다고 할 수 있다. 이것은 사실에 기반한 커뮤니케이션, 즉 PR이 아닌 프로퍼갠더라고 할 수 있는 것이다. 초기에 그가 언론에 의해 핍박받는 과학자 이미지를 만들어낼 수 있었던 것도 언론을 통한 애국 과학자 이미지 연출에 성공한 덕분이다. 물론 모든 언론이 그의 긍정적인 이미지를 만들어내는 데 검증의무를 방기한 책임으로 일조하였다고 평가할 수 있다.[2] 그는 언론의 유리한 보도를 이끌어내기 위해, 기자들을 농장에 초청 파티를 열거나, 연구원들을 동원하여 유력인사들을 접촉하게 하는 식의 언론을 비윤리적인 방법으로 자기편으로 끌어들였다.[3] 저널리즘 영역에서는 언론과의 비윤리적인 유착관계, 언론의 편승, 무비판적인 프레임을 비판하는 것이 가능하다. 반면에 PR 영역에서는 취재원(황우석 교수)과의 비윤리적인 유착관계, 연출 이벤트를 통한 긍정 이미지 프레임 만들기에 성공한 경우라고 할 수 있다. 서울대 병원에 입원한 상태에서의 초췌한 얼굴 이미지, 수염을 기른 상태에서 침대에 누워 있는 모습은 핍박받는 과학자의 이미지를 충분히 연상시키는 장면이다. 이어 서울대 병원에서 퇴원한 후에 기자들을 데리고, 홍성농장에 가서 하얀 가운을 입고 체세포 실험을 연출하는 장면은 대표적인 연출 이미지에 해당하는 예다. 2006년 1월 12일에 프레스센터에서 연구원들을 대동한 상태에서의 기자회견은 또 다른 이미지 연출에 해당하는 기획 언론 이벤트라고 할 수 있다. 언론을 활용한 연출 이벤트로 여론에 영향을 주려는 그의 시도는 프레스센터에서 기자회견 시 연구원들을 방패막이로 동원하여 비난을 받을 수 있는 상징적인 장면이다. 그의 자전적 에세이 『나의 생명 이야기』는 그의 신화적 이미지를 만들어내는 데 일조하였고, 수많은 저명인사들의 추천과 인연 소개는 한 과학자의 상징 조작에 큰 기여를 하게 된다.

당시 언론의 헤드라인을 살펴보면 긍정적 메시지로 일관한다. "복제소 영롱이", "환자 맞춤형 줄기세포", "백두산 호랑이 복제한다", "복제 백두산 호랑이 내년쯤 어흥", "청와대, 황우석 지켜라 특명, 황교수 미국서 제의한 1조 원 프로젝트 거절, 황 교수 팀 인력, 보안 국가차원 관리", "탈진 황우석 교수 서

---

2 "황우석 보도, 무엇이 잘못인지 아무도 몰랐다", 《미디어 오늘》(2006.1.25). http://www.mediatoday.co.kr/news/articleView.html?idxno=43586 (검색일 2019.8.28).

3 "황우석의, 황우석에 의한, 황우석을 위한 그 이름, 언론", 《미디어 오늘》(2017.7.2). http://www.mediatoday.co.kr/news/articleView.html?idxno=137613 (검색일 2019.8.28).

울대 병원 입원"…. 황우석 교수는 관훈클럽의 연설에서 유명한 카피를 남기는데, "과학에는 국경이 없지만, 과학자에게는 조국이 필요하다"라는 말이 그것으로서 이는 언론을 자극하기에 충분한 발언이다. 언론의 이러한 맹신에 가까운 인식은 황우석 교수를 검증하려는 MBC 〈PD수첩〉 팀에 대해서 과학을 모르는 기자들이 과학을 어찌 검증할 수 있는지, 언론의 비이성이 국익을 해친다는 프레임으로 공격했다.

정치인들은 황우석 교수를 활용하여 그의 긍정적 이미지에 편승하여 자신들의 이미지 마케팅에 활용하려 했고, 당시 노무현 참여정부도 황우석 교수를 활용하여 바이오기술 강국의 이미지를 만들려 하기도 하였다. 한 과학자의 비윤리적인 연출 이미지에 언론과 대중이 다 조작당한 사례라 할 수 있다. 일찍이 20세기 초 심층심리학자 프로이트Freud의 조카이기도 했던 에드워드 버네이스Edward Bernays는 현대 PR의 아버지라 알려져 있다. 사실 버네이스가 담배사의 의뢰를 받아 여성흡연에 대한 대중의 인식을 바꾸려 한 것은 지금 와서 보면 윤리적인 이슈가 불거질 만한 사안이다. 버네이스가 활용했던 것처럼 언론을 활용한 PR 기획과 이벤트는 대중의 인식과 태도에 강력한 영향을 미치는 전술이다. 미국의 사회학자 대니얼 부어스틴Daniel Boorstin은 의사사건 Pseudo Event을 매스 미디어가 등장하기 시작한 20세기 이후 강력한 여론형성 기법이라고 주장한 바 있다. 여전히 언론노출을 전제로 한 이벤트, 상징적 연출은 현대 PR에서 가장 많이 쓰이는 기법이기도 하다. 즉 언론의 노출을 목적으로 기획이 되는 모든 이벤트가 이에 해당한다. 기자회견, 기념식, 발표회, 준공식 등 모든 이벤트가 결국 언론 노출을 목적으로 기획되고 실행된다. 현대사회에서 PR은 마케팅 퍼블리시티의 기능을 중심으로 PR의 순기능과 기능적인 측면을 강조하지만, 가장 부정적인 의미의 상징조작에 해당하는 사건으로 황우석 교수 사건을 떠올릴 수 있다.

대중은 모든 정보를 파악하여 대상을 이해할 수도 없고, 이해하려고 하지도 않는다. 결국 개인이 아는 영역에서의 정보, 몇 가지 대표적인 단서적 정보로 사건이나 이슈를 이해하려 하고, 인식을 하게 된다. 이때 정보를 만들고 내보내는 주체의 윤리적인 인식이 중요한데, 거짓보다 사실에 기반하여 소통하려는 인식, 장기적 관점에서 공중과 소통하려는 의지, 순간의 이미지보다 지속 가능한 조직이나 개인의 평판에 더 무게를 두는 철학이 전제되지 않는 PR은 다분히 기능적인 이미지 메이킹 범주에만 머무르는 전술적 역할만 하게 된다.

황우석 교수 사건은 PR의 부정적인 측면을 그대로 드러낸 상징적인 사건이다. 이는 PR이 사실에 기반한 소통과 커뮤니케이션의 맥락에서 이루어지지 않고, 여론조작의 대표적인 도구인, 프로퍼갠더propaganda의 도구로만 활용될 때의 부작용과 역효과가 얼마나 큰지를 보여준다. 이러한 여론조작에 해당 하는 프로퍼갠더는 지금과 같은 유튜브로 대표되는 디지털 매체 환경에서 더욱 용이한 일이 되어가고 있다. 가짜 뉴스, 그럴듯한 정보의 편향적 프레임, 개인 혹은 조직체에게만 유리한 정보만의 선별적 노출, 시각이미지에 의존한 영상 커뮤니케이션 환경에서 이 같은 비윤리적인 PR은 얼마든지 더 가능한 환경이다. 하지만 프로퍼갠더의 검증은 더욱 쉬운 환경이 되어가고 있다. 황우석 교수의 논문에 대한 문제제기가 젊은 소장학자들의 온라인 커뮤니티인 생물학연구정보센터의 BRIC에 의해 촉발되었듯이, 정보에 대한 접근과 공유가 가능한 디지털 환경에서 타인에 의한 검증이 가능한 환경이다.

✤ 고전에서 만나 보는 PR의 윤리철학

결국 가장 핵심적인 PR 커뮤니케이션 주제는 주체가 가진 철학, PR 본질에 대한 인식이다. 단기적인 이미지 연출을 통해 위기를 벗어나고, 대중의 여론조작을 위한 도구로서 PR을 인식하는지, 평판은 말이 아닌 사실에 기반한 행동에 의해 이루어지는 것인지에 대한 주체의 판단이다. 『논어』「옹야雍也」편에 나오는 공자의 말은 PR 실무에 그대로 적용된다.

子曰자왈 質勝文則野질승문즉야, 文勝質則史문승질즉사, 文質彬彬문질빈빈 然後연
후 君子군자.

공자께서 말씀하시기를, 질이 문보다 우월하면 야하고, 문이 질보다 우위에
있으면 사하니, 문과 질이 빈빈한 연후에야 군자라 할 수 있다.

즉 바탕과 본질이 질이며, 꾸밈과 겉치레는 문인데, 바탕이 아무리 좋아도
적절한 꾸밈이 없으면 촌스러우며, 겉치레가 본질보다 앞서면 실속 없이 겉만
화려해지니, 궁극적으로 군자는 본질과 꾸밈이 균형을 이루어야 할 것이라 설
파한다. 공자의 이 말은 그대로 평판관리에 적용할 수 있는데, 군자는 조직체
로 해석할 수 있다. 즉 제품의 질이 아무리 좋아도 적절한 브랜딩이 없으면 제
값을 인정받지 못하고, 기본적인 제품력이 없는 제품은 아무리 네이밍과 포장
이 좋아도 긍정적 평판을 가질 수 없다는 의미를 전달하고 있다.

논어의 문질빈빈의 철학은 PR학자 그루닉이 말한 실체substance와 상징
symbol의 관계[4]로 설명이 가능하다. 실체가 질質이며, 상징은 문文인 것이다.
프로퍼갠더의 한계는 질 없이 문만 강조하는 것이며, 문에 의해 대중은 쉽게
인식한다고 믿는 한계이다. 일반적으로 경영자나, 의사결정자들이 저지르는
실수 혹은 오해는 PR은 질과 문의 균형에 초점을 맞추기보다는, 즉 질質에 초
점을 맞추는 것이 아니라, 문文만을 다듬는 것이라고 오해하는 점이다. 적당
한 포장, 브랜딩, 언론플레이, 프레이밍에 의해서 대중은 쉽게 조작당한다고
생각하는 점이다.

디지털 매체 환경하에서 이제 대중은 기존의 의제설정 역할을 했던 방송이
나 신문에 더는 의존하지 않고, 갈수록 인플루언서, 유튜버, 블로거의 의견에
영향을 받고 있다. PR이 광고와 구분되는 가장 핵심적인 부분은 역시 3자의

---

4 James E. Grunig, Image and substance: from symbolic to behavior relationship.
   Public Relations Review Summer (1993), 121~139 참조.

진술third party endorsement에 의한 메시지 신뢰성이라 할 수 있다. 황우석 교수 사건은 사실에 기반하지 않는 단기적인 이미지 메이킹은 파멸에 이르고, 궁극적으로는 지속 가능한 경영과 신뢰에 초점을 맞춘 공중관계로서의 PR의 가치를 역설적으로 보여준다고 할 수 있다.

➡ 참고자료

위키피디아 https://ko.wikipedia.org/w/undefined?action=edit&section=19 (검색일 2019. . 8.26).

《미디어 오늘》. 2006.1.25. "황우석 보도, 무엇이 잘못인지 아무도 몰랐다". http://www.mediatoday.co.kr/news/articleView.html?idxno=43586 (검색일 2019.8.28).

《미디어 오늘》. 2017.7.2. "황우석의, 황우석에 의한, 황우석을 위한 그 이름, 언론". http://www.mediatoday.co.kr/news/articleView.html?idxno=137613 (검색일 2019.8.28).

『논어』 제6편「옹야雍也」. "子曰 質勝文則野, 文勝質則史, 文質彬彬 然後 君子."

Grunig, James E. 1993. Image and substance: from symbolic to behavior relationship. *Public Relations Review Summer*(1993), 121~139.

초대형 해양 환경오염의 심각성을 일깨우다

2007년 ● 태안 기름유출사고

유 재 웅

을지대학교 홍보디자인과 교수

태안 기름유출사고는 2007년 12월 7일 새벽, 태안 앞바다에서 삼성중공업 소속 예인선에 끌려 거제로 향하던 해상 크레인을 적재한 배와 홍콩 선적 대형 유조선이 거센 풍랑으로 충돌한 사건이다. 이 사고로 유조선에 실려 있던 기름이 대량으로 유출돼 태안 앞바다가 기름 범벅이 됐으며 민·관·군이 총동원돼 대대적인 방제작업을 펼쳤음에도 수년간 원상 복구가 되지 않았다. 초대형 해양 재난사고가 발생했음에도 사고 당사자들이 서로 책임을 전가하면서 사과와 보상이 제대로 이루어지지 못했고, 정부의 수습 노력도 미약해 피해 지역 주민의 큰 원성을 샀다. 이 사안은 초대형 해양 환경오염 사고 발생 시 정부의 위기관리 태세를 재정비하는 계기가 되었을 뿐 아니라 여론을 악화시킨 실패한 위기대응 커뮤니케이션 사례를 통해 반면교사의 교훈을 제공해 주었다.

❖ 대대적인 기름 유출 사고의 발발

2007년 12월 6일 오후 2시 50분, 해상 크레인을 적재한 1만 1800톤급 '삼성 1호' 부선은 인천대교 공사를 마치고 예인선인 삼성중공업 소속 삼성 T-5호, 삼호 T-3호에 매달려 인천항을 떠나 경남 거제로 출발했다. 인천항을 출발할 때만 해도 잠잠했던 바다는 충남 대산항을 지날 무렵인 12월 7일 새벽에는 초속 10~14m의 강풍에 최대 3m 높이의 파도가 쳤다. 풍랑주의보가 발령됐다. 오전 5시께 충남 태안군 원북면 신도 인근을 지날 때에는 해상 크레인이 강풍과 파도에 밀리면서 항로를 제대로 잡기 어려울 정도였다. 7일 오전 5시 50분께 결국 항로를 이탈한 크레인은 북서풍에 밀려 만리포 해안 쪽으로 흘러가기 시작했다.

홍콩 선적 14만 6000톤급 유조선 '허베이 스피릿'호는 12월 6일 오후 7시 18분께 만리포 북서방 5마일 해상에 닻을 내리고 인근 현대 SPM(해상 계류 시설)로 안내해 줄 도선사를 기다리고 있었다. 대산지방해양수산청 관제실은 예인선의 운항 경로가 의심스럽자 오전 5시 23분부터 조난 긴급 호출용 비상 주파수(Ch 16)를 이용해 예인선을 호출했으나 응답이 없었다. 가까스로 삼성 T-5호 선장의 휴대폰 번호를 확인, 오전 6시 15~26분 사이에 통화에 성공했다. "유조선이 있으니 조심하라"는 지시를 내렸다. 이어 6시 27분에는 허베이 스피릿호를 불러 "충돌 위험이 있으니 안전 조치를 강구하라"고 전했고, 유조선은 "이동 준비를 하겠다"고 답했다. 그러나 오전 6시 52분까지도 유조선은 이동할 기미를 보이지 않았다. 관제실은 다시 두 차례에 걸쳐 유조선에 "안전한 곳으로 피하라"고 지시했으나 "사정이 있어 곤란하다. 예인선 등이 통과한 뒤 이동하겠다"는 답변이 돌아왔다.

오전 6시 50분께 크레인을 실은 부선과 예인선을 잇는 와이어가 끊어졌다. 통제력을 잃은 크레인은 빠른 속도로 유조선에 접근하기 시작했고, 7시께 '쿵' 소리와 함께 크레인이 유조선을 들이받았다. 유조선 왼쪽 오일 탱크 3개에 구멍이 나 1만 500kl(추정)의 원유가 바다로 유출되기 시작했다.

유출된 기름은 12월 8일 오후 해상은 물론 소원면, 원북면 일대의 해안가로 크게 확산됐다. 백리포에서 만리포로 이어지는 1.5km에 폭 1~2m의 검은 기름띠가 길게 밀려들었다. 신두리 해수욕장 인근의 모래언덕 1km도 기름띠에 오염됐다. 특히 태안군 양식 어장이 밀집해 있는 소원면 의항리 일원은 십리포, 모항 등 해변 전체가 검은 기름으로 뒤범벅됐다. 해경은 12월 8일 방제정을 비롯해 함정 103척과 항공기 5대, 군인, 경찰, 민간인 등 인력 2100여 명이 참여한 가운데 해상과 해안에서 대대적인 방제 작업을 펼쳤다. 사고 사흘째인 12월 9일에도 비슷한 규모로 대대적인 방제가 이루어졌다. 그러나 방제 비전문 인력이 현장에 대거 투입된 데다 방제 안전 교육과 현장 지휘, 통제 등도 제대로 이뤄지지 않아 2차 안전사고를 걱정하는 목소리가 제기되기도 했다.

12월 12일 안면도에서 37km가량 떨어진 근흥면 가의도 남서방 해역으로 기름띠가 광범위하게 다시 번진 것이 확인됐다. 해경 방제대책본부는 경비정과 방제정 등 선박 220여 척, 항공기 5대와 군인, 경찰, 민간인 등 인력 1만 6000여 명을 동원, 해상과 해안에서의 방제 작업에 나섰다. 12월 16일, 태안의 기름띠는 천수만 입구까지 접근했다. 태안반도에 자원봉사자 6만여 명이 밀물처럼 몰려들었다. 방제 작업은 가속도가 붙었다. 12월 18일에는 경비정과 방제정 등 837척의 선박과 항공기 15대, 자원봉사자 1만 5000여 명을 포함한 3만 5000여 명이 참여해 방제 작업에 나섰다.

정부는 사고 발생 직후 민·관·군이 힘을 모아 총력 방제에 나서는 한편 재난 복구를 위한 조치를 취했다. 12월 10일에는 신속한 피해 복구와 지원을 위해 태안, 서산, 홍성 등 피해 지역을 '특별재난지역'으로 선포했다. 태안 앞바다 기름 오염 사고로 인한 해양과 연안 환경 피해를 파악하기 위해 정부는 국내외 전문가를 모아 환경영향조사에 착수했다. 해양수산부 장관은 12월 16일 태안 주민 생계를 위해 300억 원을 지원할 방침을 밝혔다. 정부는 삼성중공업에 태안 피해 보상을 촉구하고 나섰다.

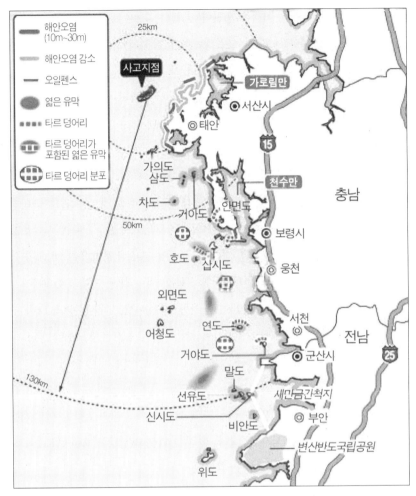

태안 기름유출 오염 현황(2007.12.18 현재)

자료: 《연합뉴스》(2007.12.18).

♣ 삼성중공업의 늦은 사과와 불충분한 수습

사고 당사자 중 하나인 삼성중공업은 사고 발생 47일 만에 처음으로 대국민 사과를 했다. 2008년 1월 22일 삼성중공업은 기름유출사고로 국민에게 걱정을 끼쳐 죄송하다는 사과와 함께 태안 주민들의 생활 터전 회복과 생태계 복구를 위해 최선을 다할 것이라는 입장을 밝혔다. 사과 표명이 늦어진 배경에 대해 삼성중공업 측은 "사고 원인이 명확하게 밝혀지지 않은 상황에서 수사에 영향을 줄 가능성을 우려해 입장 표명을 자제해 왔다"고 설명했다. 손해배상 문제에 대해 삼성중공업 측은 "법에 의한 절차에 따라야 할 것"이라고 말해 '도의적 책임'을 지고 법 규정 이상의 배상에 나설 수는 없음을 분명히 했다. 삼성중공업 관계자는 "유조선에 의한 해상 오염은 '무과실 책임주의'로 사고 책임과 관계없이 유조선 측에서 1차로 배상하게 돼 있다"면서 "이번 사고도 유조선사가 우선 배상하고 삼성중공업에 대해서는 과실 정도에 따라 구상권을 청구할 수 있을 뿐"이라고 잘라 말했다.

2008년 2월 말 삼성중공업은 홈페이지 PR센터 전용 게시판을 통해 태안 기름유출사고와 관련해 그간 지원한 사항과 향후 지원 대책을 발표했다. 사고 이후 현장 방제 활동에 총인원 5만 1000여 명이 참여했고, 각종 방제 장비 조달, 호박고구마와 쌀 등 지역 특산물 구입과 숙박료 등으로 32억 원 상당 지원, 충남 지역에 사업장을 둔 그룹 계열사에서 성금 50억 원을 충남도에 기탁한 사실 등을 밝혔다. 서해안 생태계 복원 활동 적극 지원, 피해지역 발전기금 1000억 원 출연, 어촌 마을 자매결연, 지역 소외계층 후원을 포함한 사회공헌 활동을 지속 추진할 계획도 언급했다. 법적인 피해 배상 절차와는 별도로 지원 대책안을 제시한 것이라는 점도 밝혔다.

사고 발생 지역 주민들은 물론이고 시민사회단체와 언론 등은 사고 직후부터 삼성중공업을 비롯해 정부를 강도 높게 비판하며 대책 마련을 촉구하고 나섰다. 환경운동연합은 사고 직후 "삼성중공업의 안전 불감증, 현대오일뱅크의 이중선체 외면, 정부의 초기 대응 실패가 피해를 키웠다"고 비판했다. 만리포 주민대책위원회는 12월 16일 성명을 내고 "삼성은 방제 작업에 동참하고 즉각 배상을 약속해야 한다"고 촉구했다. 정부나 삼성 측의 사고 수습대책이 제대로 진척되지 않자 2008년 5월에는 "기름유출사고 발생 6개월이 되는데 가해자인 삼성이든 정부든 누구도 아무런 대책을 세워주지 않으니 답답하다"

며 태안 유류피해대책연합회 부회장은 삼성그룹 회장의 자택 앞에서, 일부는 삼성 본관 앞에서 단식 농성을 벌이기도 했다.

태안 유조선 기름유출사고에 대한 경찰과 검찰의 수사와 법원의 재판이 이어졌다. 사고 발생 7개월 후인 2008년 6월 23일 열린 1심 선고 공판에서 예인선단 선장들에게는 징역 1~3년형, 삼성중공업에는 벌금 3000만 원이 각각 선고되고 유조선사와 선원들에게는 무죄가 선고됐다. 재판은 2심과 대법원 심리를 거쳐 최종적으로 2009년 6월 11일 열린 파기 환송심 재판부는 예인선단 선장 조모 씨와 김모 씨에게 징역 2년 3월과 1년 3월이 선고됐다. 또 홍콩 선적 유조선 허베이 스피릿호 선장과 항해사에게는 해양오염죄를 적용해 1000만~2000만 원의 벌금형이 내려졌다. 한편, 서울중앙지법은 2009년 3월 24일, 태안 기름유출사고에 대한 삼성중공업의 배상 책임 한도를 56억 원으로 제한했다. 태안 주민들이 제기한 항고에 대해 서울고법은 이를 기각하고 1심과 같은 판결을 내렸다. 태안 기름유출사고에 대한 피해 주민 보상이 늦어지면서 피해주민대책위원회 위원장으로 활동하던 태안 주민이 2010년 2월 26일 스스로 목숨을 끊었다. 2008년 1월 10일 태안 주민 이모 씨가 농약을 마시고 자살한 데 이어 네 번째 자살 사건이었다.

❖ 위기관리의 실패 그리고 커뮤니케이션

태안 기름유출사고는 여러 차원에서 살펴볼 수 있지만, 위기관리 커뮤니케이션 측면에서 우리에게 던져주는 교훈을 정리해 본다. 먼저 사고 당사자인 삼성중공업의 실패한 위기 커뮤니케이션을 꼽지 않을 수 없다. 가장 큰 문제는 삼성 측의 사과 메시지 발표가 너무 늦었다. 삼성중공업 측은 사고 발생 '47일'이 지나서야 대국민 사과를 발표했다. 삼성중공업은 피해 주민이나 국민과의 커뮤니케이션을 계속 미루다가 경찰의 조사와 검찰의 수사와 기소가 이루어진 다음에서야 대국민 사과를 했다. 삼성중공업 측은 사고 원인과 책임 소재가 불분명한 상황에서 신중을 기할 수밖에 없었다는 입장이었다. 그러나 국민적 공분을 일으킨 사고에 대해 법률적 관점에서 방어적 입장을 고수한 삼성중공업의 조치는 해당 기업뿐 아니라 삼성 그룹 전체의 이미지에 크나큰 훼손을 가져왔다. 법적 책임을 지지 않으면서도 얼마든지 사고 발생에 대한 유감을 표명하고 피해 주민과 국민들의 이해를 구할 수 있었을 것이나 삼성중공업 측은 방어에 급급했다. 삼성중공업 측이 사고 발생 직후 신속히 방제 작업에 적극적으로 참여하고, 어떻든 사고가 발생한 데 대해 국민들에게 유감을 표명한 다음, 사고 원인과 책임 소재에 대해서는 사법 당국의 조사와 판단을 지켜보되 피해 지역과 주민들에 대한 지원에 삼성그룹 차원에서 최선을 다하겠다는 입장을 조금 더 일찍 밝혔더라면 삼성중공업과 삼성그룹에 대한 일반의 부정적인 이미지가 크게 달라졌을 것이다.

둘째, 삼성 측은 유사 사건에서 교훈을 얻지 못했다. 태안 앞바다 기름유출 사고는 1989년 3월에 발생한 미국 엑슨 발데스호의 기름 유출 사건 당시 엑슨 측의 방어적이고 소극적인 대처로 주민과 언론, 환경단체 등으로부터 큰 비난을 받은 사건을 연상시킨다. 엑슨의 경우 사고 발생 후 노코멘트로 일관하고, 자사의 책임 소재도 모호하게 하다가 뒤늦게 유감을 표명했고, 회장은 미디어와 적대적이었다. 엑슨 회장이 사고 현장을 방문한 것도 언론 등의 비난이 쏟아질 대로 쏟아진 다음인 사고 발생 3주 후였다. 결과적으로 사고로 인한 비용은 비용대로 들고, 동정이나 우호 여론은 찾아볼 수 없었다. 엑슨 발데스호 사건과 태안 유조선 기름유출사고는 사고의 원인이나 성격은 상이하지만 미디어와 여론 대응이라는 차원에서는 유사한 문제가 있었다고 하지 않을 수 없다.

셋째, 이 사고는 정부의 위기 대비 학습과 훈련의 현 주소를 적나라하게 보여주었다. 1995년 여수 앞바다에서 발생한 시프린스호 사고[1]로 막대한 기름

1　1995년 7월 23일 14시 5분경 전라남도 여천군(현 여수시) 남면 소리도 앞에서 LG칼텍스정유(현 GS칼텍스)의 키프로스 국적 14만 톤 유조선 시프린스호가 암초에 부딪쳐

이 유출된 전례가 있었음에도 태안 기름유출사고 수습 과정에서 여수 사고의 교훈을 제대로 반영하지 못하였다. 해양경찰청을 비롯한 정부는 만일의 사태에 대비해 평소 방제에 필요한 인적·물적 동원 체계를 구축하고 있다가 기동성 있게 투입하지 못했다. 장비나 물품 부족 사태까지 발생했다. 방제 작업 과정에 수많은 일반 시민 자원봉사자가 참여해 급한 불을 껐다. 해양 오염 방제는 생태계 문제까지 고려하는 고도의 전문 작업임에도, 사전 지식이 미흡한 다수의 일반 시민에 의해 방제가 이루어진 것이다. "방제 요령과 안전 사항에 대한 교육을 시켜 투입했어야 했다"는 시민단체와 언론의 문제 제기가 있기에 앞서 그러한 경우까지 고려한 인력 확보 계획과 사전 교육, 매뉴얼도 준비가 되어 있어야 했다. 이 문제는 지금도 현재 진행형이다. 미국의 경우 엑슨 발데스호 사건 이후 정기적으로 유사 위기 대비 훈련을 통해 실전 능력을 강화하고 있는 데 비해 우리의 경우 태안 기름유출사고 이후 정부가 유사한 훈련을 반복해 시행한다는 이야기를 듣지 못하고 있다. 살아 있는 위기 대비를 위해서는 평소 부단한 반복 훈련과 매뉴얼 정비 등이 필수적이라는 사실을 태안 기름유출사고에서 얻어야 할 것이다.

침몰하면서 원유 9만 8000톤과 벙커C유 1000톤이 유출된 사고이다. 7월 23일 태풍 페이가 남해안에 상륙했는데, 시프린스호는 태풍이 여수 해상을 비켜 갈 것으로 기대하고 무리하게 항해하다가 남면 소리도 덕포 해안 동쪽 8km 해상 암초에 좌초되었다. 당시 전남 여천군이 집계한 자료에 따르면 유출 사고 피해는 231건으로서 3295ha, 204km의 해상과 73km의 해안을 오염시켰다. 여수 소리도 주민과 환경단체는 12년이 지난 2007년에도 잔존 유분이 발견되었고, 어족 자원이 감소했다고 주장한다(http://www.kbs.co.kr/1tv/sisa/environ/vod/1364694_1151.html; http://enc.daum.net/dic100/contents.do?query1=10XX153561).

➡ 참고자료

유재웅. 2015. 『위기관리의 이해』. 서울: 커뮤니케이션북스.

_____. 2016. 『한국사회의 위기사례와 커뮤니케이션 대응 방법』. 서울: 커뮤니케이션북스.

최진봉. 2015. 『위기관리 커뮤니케이션』. 서울: 커뮤니케이션북스.

17

촛불집회 2.0 시대의 파급력과 정책 소통 문제
2008년 ● 미국산 쇠고기 수입 반대 시위

박영숙

플레시먼힐러드/케첨 코리아 총괄대표

✤ 글로벌 인터넷 환경과 글로벌 식품 공포의 확산

이명박 정부가 출범한 2008년 상반기, 대한민국을 정치·경제·사회적으로 가장 뜨겁게 달궜던 이슈는 '미국산 쇠고기 수입 반대 촛불시위'이다. 글로벌 차원에서 보면 미국 건국 최초로 흑인 대통령인 버락 오바마의 당선과 베이징 올림픽을 통해 중국이 'G2' 시대의 시작을 알린 것이 주목할 만하다. 하반기에는 미국 서브프라임 모기지 사태의 여파로 리먼브러더스가 파산 보호 신청에 들어가는 등 글로벌 금융시장의 붕괴가 본격화되었으며, 한국 역시 주식·부동산·원화가치가 급락하여 외환위기 이후에 최대의 금융 위기를 맞았다. 쇠고기 안전성 이슈와 더불어 중국발 멜라민 파동이 전 세계 '글로벌 식품 공포'를 일으켰으며 S. H. E.(안전Safety, 건강Health, 환경Environment) 이슈 대응 필요성에 대한 국제사회의 인식이 국내에도 확산되는 계기가 됐다.

또한 무선인터넷 서비스 상용화가 주목할 만한 변화였다. 2007년 글로벌 출시에 이어 아이폰이 한국 출시를 준비하는 가운데 유튜브YouTube, 세컨드라이프Second Life, 페이스북Facebook 등 글로벌 웹 2.0 서비스 기업들이 한국어 서비스를 시작했다.

'미국산 쇠고기 수입 반대 촛불시위'는 인터넷 인프라 환경에서 소통 2.0 시대를 경험하는 데 큰 기폭제가 되었다. 동영상 공유 사이트인 '아프리카 TV'는 촛불집회 현장을 생중계해 화제가 됐고, 다음 '아고라'는 인터넷 토론방의 대표명사로 자리매김했다. 온라인의 이슈들이 오프라인으로 확장되며 각종 제도들이 입안되거나 시민운동으로 확장되는 등 인터넷의 온/오프라인 양방향성이 공고해지는 동시에 익명성을 악용한 무책임한 댓글, 악플로 인해 사이버 인권 침해 문제도 심각하게 대두되기 시작했다.

❖ 미흡한 정부 대응으로 촉발된 촛불 시위의 전개

2003년 미국의 광우병 발생으로 중단되었던 미국산 쇠고기의 수입이 2006년 '30개월 미만, 뼈를 제거한 고기'라는 조건으로 재개되면서 광우병에 대한 대중의 관심과 언론 보도가 증가했다. 2007년 한미 FTA 협상이 타결됐으나, 미국산 쇠고기 검역 과정에서 뼛조각이 발견되면서 전량 반송되는 일이 여러 차례 반복되면서 마찰이 끊이지 않았다. 2008년 이명박 정부 출범 직후인 4월 18일에 1단계로 30개월 미만의 뼈를 포함한 미국산 쇠고기 수입을 허용하고, 2단계로 미국이 동물사료 금지 조치를 강화하면 30개월 이상 쇠고기 수입도 허용한다는 내용의 협상 결과가 고시되면서 논란이 폭발했다.

특히 4월 29일 MBC 〈PD수첩〉의 「광우병 편 ─ 미국산 쇠고기 안전한가」 보도는 대규모 촛불시위를 촉발시켰고, 중·고등학생들과 유모차를 끌고 나온 젊은 주부들이 대거 시위대에 참여했다. 미국 무역대표부USTR에서 한국 정부의 방침을 수용하여 GATT 규정에 따른 검역주권 보장을 발표했으나, MBC 〈PD수첩〉에서 「미국산 쇠고기 안전한가」 2편을 방영하면서 '미국 쇠고기 반대' 촛불집회는 전국 각지로 확산됐다. 이명박 대통령의 쇠고기 파문 관련 사과 담화문 발표, 대통령 실장, 청와대 수석 일괄 사의 표명, 내각 일괄 사의 표명도 이어졌으나 정부에 대한 합리적인 비판이나 과학적 검증보다는 광우병 공포 선동용 구호가 난무하고, 정치권, 연예인, 종교단체, 학교 등 다양한 분야로 시위 참여가 확대되는 등 정치적 논란으로 번졌다. 또한 폭력 시위에 대한 진압 과정에서 인권침해 논란이 붉어지기도 했으며, 해외 언론에서도 촛불 시위에 대해 많은 보도가 이뤄졌다. 100일 가까이 진행된 촛불집회는 8월 2일 종료됐다.

이와 관련해 〈PD수첩〉에서 일부 내용을 오역한 사실이 확인되어, 7월에 방송통신심의위원회에서 시청자 사과를 결정했다. 또한 민사법원은 2008년 7월 20일 〈PD수첩〉에 "〈PD수첩〉은 잘못된 광우병 보도 내용에 대해 정정 보도를 하라"고 판결했다. 2009년 3월 〈PD수첩〉 제작진은 정운천 전 농림수산식품부 장관의 명예를 훼손한 혐의 등으로 기소됐으나, 2011년 9월 2일 대법원은 제작진 5명 모두에게 무죄를 선고한 원심을 확정했다. 대법원은 동시에 "대한민국 국민이 광우병에 걸릴 가능성이 더 크다"는 〈PD수첩〉의 보도는 허위 보도이며 정정 보도를 내보내라고 판결했으며, 문화방송은 2011년 9월 5일 공식 사과문을 발표한 바 있다.

❖ 새로운 시대, 새로운 집회 문화

첫 번째로 짚어볼 의미는, 새로운 시대, 새로운 집회 문화의 시작에 있다.

2008년 5월 청계광장에서 시작된 광우병 촛불시위는 광화문뿐 아니라 전국 단위로 번져나갔다. 하지만 과거 시위와는 확연하게 다른 모습이었다. 규모뿐 아니라 시위에 참여한 구성원들의 다양성, 시위를 전개하는 양상, 담론을 만들고 이끌어가는 방식 모두 과거 권위주의 정부에 대항하는 저항적 시위와는 근본적으로 다른 모습이었다.

가장 눈에 띄는 차이는 집회 참여자였다고 말할 수 있다. 이전까지 정부 정책에 대해 직접적인 의사 표현을 하지 않았던 30~40대 엄마들이 먼저 움직였고, 이후 중고생, 대학생, 직장인으로 번져나갔으며, 엄마들이 목소리를 내는 곳에 아이들의 유모차가 함께 있었다. 이러한 집회 참여자의 변화가 '촛불문화제'라는 축제에 가까운 집회 문화를 탄생시켰다고 여겨진다. 엄마들이 나섰던 이유는 광우병 이슈는 '내 가족, 내 아이의 먹거리 안전'이라는 실생활 문제였기 때문이다.

중고생, 그리고 30~40대의 엄마들은 일반적으로 기존 전통 정치에서 소외되었거나 무관심했던 계층이다. 어떠한 정당, 정치인 그리고 이념에도 반응하지 않았던 이들이 목소리를 내야겠다는 결심만으로 바로 거리로 나올 수 있었던 배경에는 인터넷과 첨단 온라인 매체가 급격하게 보급되면서 활발한 쌍방향 커뮤니케이션과 상호 작용이 가능했다는 점이 있다. 정부의 발표, 대통령의 담화 등에 바로바로 반응해 인터넷상의 육아, 각 지역, 직장인 등 다양한 모임 단체에서 촛불을 들자는 목소리가 빠르게 퍼져 나갈 수 있었다. 물론 세계 최초 5G 상용화, 스마트폰 보급률 95%를 기록하는 현재의 기술 환경과 비교하면 한국에 아이폰도 출시되기 전인 2008년의 기술은 한계가 많지만, 최첨단 통신기기들에 의해 그물망처럼 연결된 사람들이 네트워크를 바탕으로 정보를 주고받으며 사회의 각종 이슈나 사안에 직접 참여해 의견을 제시하고 실력을 행사하기에는 충분했다는 평가다. 더러는 2002년 월드컵을 크고 작은 광장에서 함께 모여 즐기던 역동적인 문화가 고스란히 새로운 집회 문화에 영향을 미쳤다고 보기도 한다.

촛불문화제 성격의 집회를 시작한 중고생과 대학생, 직장인, 주부, 인터넷 모임 중심의 참가자들은 점차 시민단체와 운동조직의 주도로 변화하며 경찰과의 충돌이 확대되어 폭력 시위 양상이 보이게 되었다. 이러한 흐름에 반감을 보이며 참여도가 낮아지는 추이가 나타나기도 했다. 이념화가 뚜렷한 기존의 집회와는 확실히 구분되는 참가자였던 셈이다.

이러한 집회 참가자 및 집회 문화의 변화는 우리가 다양한 PR 활동을 할 때

목소리를 내고 있는 기존의 집단들만을 고려해도 되는 시대는 끝났다는 것을 의미한다. 각 이슈에 대해 당장이라도 목소리를 낼 수 있는 이해관계자들이, 보이지 않지만 촘촘히 연결되어 있는 네트워크 안에 존재한다는 사실을 커뮤니케이션 관점에서 늘 기억해야 한다.

❖ 정부의 정책 소통 부재가 낳은 사회 갈등

두 번째로 짚어볼 의미는, 정부 정책의 소통 부재가 사회에 얼마나 큰 갈등을 가져올 수 있는지에 대한 교훈이다.

2008년 대규모 촛불집회에 대한 다양한 분석과 연구가 이루어졌지만, 그 원인으로 빠지지 않고 언급되는 것은 갑작스럽고 일방적인 정부의 발표라는 점이다.

외교 정책적으로 따져보자면, 2008년 미국산 쇠고기 수입 결정은 2006년 노무현 행정부 시절 시작된 FTA 협상의 중요한 과정이다. 2011년 11월 한국 의회의 비준에 따라 2012년부터 발효될 한미 간의 FTA 체결에서 미국산 쇠고기 수입은 큰 과제 중 하나였다. 노무현 행정부는 미국산 쇠고기 협상 폭에 대한 결론을 내리지 못하고 막을 내렸으며, 이명박 행정부는 시작과 함께 미국 측 제의에 따라 약 일주일간의 협상을 진행하고 양국이 동시에 쇠고기 협상 타결을 알렸다. 미국산 쇠고기에 대한 위생을 강화하기 위해 미국 내 수출작업장에 대한 현장 점검을 강화하고 광우병 발병의 원인인 동물 사료에 대한 '강화된 사료금지조치' 시행을 전제로 'SRM를 제외한 전 연령의 모든 부위'를 수입하기로 한 결정이었다.

진행상황을 보자면, 이명박 행정부의 시작과 동시에 미국의 요청을 받았고, 그만큼 다양한 이해당사자들을 고려하기에 한계가 있지 않았을까 유추되기도 한다. 하지만 정부 정책을 결정함에서 어떠한 외교적인 환경에 놓여 있건 간에 국민에게 충분히 알리고 공감대를 형성하는 단계는 충분히 고려되어야 한다.

당시 우리에게 광우병에 대한 정보는 제한적이었다. 알려져 있는 것이 많지 않은 상황에서 정부의 일방적인 고시는 나와 내 가족에 대한 공격으로 받아들여졌고, 정부가 국민의 생명을 담보로 외교통상 정책을 펼친다는 점은 정권이 바뀌는 상황에서 더 많은 불안감을 불러일으켰다. 여기에 더해 미디어들은 정보 부족으로 생겨나는 막연한 공포 속 괴담을 선정적으로 확산시키는 역할을 반복했다. 불안과 부당함으로 모인 대중들은 정부의 긴급 기자회견, 대통령의 대국민 담화발표, 고시 유보, 추가 협상, 협상안에 따른 수정안 고시를 이끌어냈으며, 한미 쇠고기 협상 국정조사, 방송통신심의위원회의 MBC 〈PD수첩〉「광우병 편」에 대한 시청자 사과 결정 이후에 촛불집회를 종료했다. 그해 12월에는 헌법재판소의 미국산 수입 고시 합헌 결정도 이어졌다. 부족한 정보 속 일방적 정책 결정 이후 우리 사회가 그 부족한 정보를 확인하고, 그에 따라 옳고 그름을 판단하는 데 얼마나 많은 노력을 해야 했는지를 알 수 있다.

광우병 사례는 '이제는 국민들이 국가의 정책에 얼마나 반응하는지'를 보여준 사례이다. 국민의 먹거리, 그의 안전성을 충분히 설명하지 않는다면, 우리 국민은 직접적인 행동으로 의사표현을 할 수 있는 수준을 갖췄다는 확실한 증거를 남겼다. 국가 간 외교가 더욱 복잡해지고, 국가 간 무역 갈등이 심화되는 지금 시점에도 바람직한 소통 방안을 모색해야 한다는 교훈을 남겼다.

❖ 괴담으로부터의 신뢰 회복

세 번째는 과학적 정보 없이 괴담에 빠진 대중들을 안심시키고 신뢰를 회복해야 하는 미국육류수출협회USMEF의 커뮤니케이션 과제 측면이다.

국민 정서와 인지 수준을 무시한 정부의 정책 커뮤니케이션으로 인해 실제 음식점 자영업자를 포함한 소비자들은 높은 쇠고기 값으로 인한 어려움을 겪었고, 미국육류수출협회도 온갖 괴담으로부터 신뢰를 회복해야 하는 커뮤니케이션 과제에 직면했었다.

미국육류수출협회는 촛불시위가 종료된 2008년 8월과 주요 대형 할인마트에 판매 재개가 진행된 2008년 11월에 이어 촛불시위 종료 6개월 시점인 2009년 2월에 소비자 인식 및 인식 변화 요인을 진단하는 대규모 소비자 조사를 통해서 PR 전략을 수립하고 보완해 나갔다. 온라인 분석과 소비자 분석을 통해 육류의 원산지는 육류 소비 습관에 큰 영향을 미치고 있고, 국내산과 수입산 사이에서 소비자들이 품질과 가격 사이에서 고민하고 있다는 점, 미국산 쇠고기 이슈가 사회적 이슈에서 개인적인 선택 이슈로 전환되어 맛과 합리적인 가격에 대해 긍정적인 반응을 보이는 수용자가 더 많고 주변 경험자의 추천과 시식 기회가 주요 구매 계기가 된다는 것을 파악했다. 이 과정에서 남성과 주부 그룹에서는 긍정적, 현실적인 반응이 높게 나타나고, 젊은 여성 그룹에서는 안전성에 대한 우려가 남아 있다는 점, 효과적인 메시지 전달 방법으로는 실제 경험자 혹은 '나와 같은 사람'으로부터의 정보가 가장 영향력 있다는 점이 파악됐다.

국민의 알 권리를 충족시켜 줄 만한 과학적 정보가 부족했던 가운데 미국육류수출협회는 쇠고기 정보 사이트 'Beef Story(www.beefstory.co.kr)'를 통해 쇠고기에 대한 다양한 정보와 함께 소비자들의 관심사와 궁금증에 초점을 맞춰 미국 산지에서 우리 식탁에 오르는 과정 등을 동영상, 사진 등을 통해 자세히 알리며 사이트 오픈 프로모션을 진행했다. 미국육류수출협회의 PR 활동이 자연스럽게 온라인과 시각 자료 중심으로 변화하는 계기가 됐다.

➡ 참고자료

우병준 외. 2010. 『한미 쇠고기 수입 위생조건 재협상에 따른 사회적 갈등관리에 관한 종합연구』. 한국농촌경제연구원.

임경훈. 2011. 「2008년 촛불집회와 한국 대의민주주의의 개혁 방향」.《한국사회과학》, 통권 제33권(2011: 3-24). 서울대학교 사회과학연구원.

황광선 외. 2009. 「양면게임모형의 적용을 통한 한미 쇠고기 협상 정책과정 분석」.《정책분석평가학회보》, 제19권 제4호, 153~179쪽.

PR 관점으로 금융위기 다시 보기

2008년 ● 글로벌 금융위기

이용식

전 한국씨티은행 커뮤니케이션본부장

"위기가 닥치면 즉시 결정하고 빨리 실행하되, 확신을 갖고 끝까지 밀고 나가 야 한다." 씨티그룹 수석부회장을 지낸 윌리엄 로즈William R. Rhodes의 말이다. 2008년 글로벌 금융위기가 닥쳤을 때 미국을 비롯한 주요국의 정부와 중앙은 행들은 긴밀히 공조하며 문제해결에 나섰다. 그 결과 1929년 대공황보다 더 큰 충격이 될 것을 우려했던 2008 글로벌 금융위기는 그 후 세계경제 장기 부 진의 원인이 되었지만 큰 파국 없이 수습되었다. 한국경제 또한 위기를 극복 한 후 더 큰 성장을 이루었다.

♣ 미국발 금융위기의 발생과 미국 정부의 대응

2008년 글로벌 금융위기의 진원지는 미국이다. 2001년 IT 버블이 꺼지고 9·11 테러까지 겪으며 경기침체가 이어지자 미 연방준비제도이사회FRB는 금 리를 지속적으로 낮춰 2003년 6월에 역사상 가장 낮은 수준인 1%로 떨어졌 다. 그러자 싼 이자에 주택담보대출을 받아 주택을 구입하는 사례가 늘면서 집값이 꾸준히 올랐다. 그 과정에서 큰 수익을 누린 금융사들은 또 다른 수익을 위해 다양한 파생상품을 시장에 선보였다. 심지어 대출변제능력이 떨어지는 저소득층에게까지 비우량주택담보대출(서브프라임모기지)을 제공했다.

하지만 주택시장이 과열되자 FRB가 금리를 지속적으로 올렸다. 2006년 6월 5.25%에 이르자 상황이 바뀌었다. 높아진 대출이자가 부담스러워 매물이 늘면서 집값이 떨어지기 시작했다. 많은 주택들이 압류당했고 은행의 부실자산이 급격히 늘어났다. 주택시장의 침체가 서브프라임 모기지 부실과 맞물려 신용악화로 이어져 부동산시장이 붕괴되었다. 이에 모기지 채권을 갖고 있거나 이를 증권화하거나 위험 상쇄 보험에 가입하는 등 서로 복잡하게 얽힌 은행, 증권사 및 보험사들이 극심한 신용경색과 함께 줄도산의 위기를 맞게 되었다.

2008년 8월에 2개의 대형 모기지 전문회사(페니매Fennie Mae와 프레디맥 Freddie Mac)가 파산하고 9월 15일에 세계 4위 투자은행인 리먼브라더스 Lehman Brothers가 6130억 달러(약 660조 원) 규모의 부채를 감당치 못해 파산 신청을 했다. 이에 놀란 투자자들이 앞다퉈 안전자산 확보에 나서자 9월 29일에 다우Dow지수가 미국 증시 역사상 하루 최대치(-777pts)를 기록하며 폭락해 미국 전역이 공포에 떨었다.

이에 대응하기 위해 미 재무부는 의회 승인을 얻어 총 4264억 달러 규모의 부실자산구제프로그램Tangible Asset Relief Program: TARP을 집행했다. 8개 주요 은행의 우선주를 매입해 자본을 확충했고, 씨티그룹, AIG, GM, 크라이슬러 등 주요 기업들에게 유동성을 공급했다. '대마불사大馬不死, Too big to fail'라는 논란이 있었지만 미 재무부는 그 후 10년 안에 투입한 금액보다 153억 달러가 더 많은 4417억 달러의 자금을 회수함으로써 납세자가 낸 세금을 한 푼도 축내지 않으면서 부실자산을 구제했다.[1]

---

1   Wikipedia: Troubled Asset RElief Program, last updated on 25 Sep, 2019.

또한 미 예금보험공사가 예금 계좌당 보장한도를 25만 달러까지 높여 예금주들을 진정시켰다. 2009년 2월 17일 의회가 오바마 행정부의 7870억 달러 규모의 '미국 재건 및 재투자 시행령American Recovery and Reinvestment Act'을 승인하면서 미국은 금융위기로부터 벗어날 결정적 계기를 맞게 되었다.

♣ 한국에 닥친 금융위기와 한미 간 300억 달러 통화스와프 체결

자본시장이 개방되고 금융실명제를 실시하는 한국에게 2008 글로벌 금융위기는 더 치명적이었다. 외국인 투자자들 사이에 '글로벌 ATM'이라고 불릴 정도로 언제든 쉽게 돈을 넣거나 빼낼 수 있는 시장이었기에 충격이 더 컸고 상황은 그만큼 더 긴박했다.

글로벌 금융위기가 닥친 지 겨우 두 달 사이에 원화 가치가 미화 1달러 대비 1100원 선에서 1600원 선으로 급락했다. 1500을 넘나들던 코스피KOSPI 지수도 10월 24일에 938까지 떨어졌다. 2500억 달러 규모이던 한국 외환보유고는 2000억 달러 규모로 줄었고, 외국인 주식자금도 325조 원에서 170조 원 규모로 쪼그라들었다. 50%대에 머물던 단기외채비율도 74%로 급등했다. 5년 만기 외국환평형기금(일명 외평채)에 붙는 신용부도스와프CDS 프리미엄이 2007년 11월 32bp에서 2008년 10월에는 699bp까지 치솟아 한국국채가 부도날 위험이 금융위기 이전보다 20배 이상 커졌다.

대응책으로 정부가 300억 달러의 유동성 공급과 1000억 달러 규모의 외화 지급보증에 나섰으나 시장의 불안을 달래기엔 역부족이었다. 결정적으로 반전의 계기가 된 것은 2008년 10월 30일에 체결된 '한미 간 300억 달러 규모의 통화스와프'였다.

대표적 지한파인 씨티그룹 윌리엄 로즈 수석부회장은 강만수 기획재정부 장관의 도움 요청에 "어려울 때 친구가 진짜 친구"라며 발 벗고 나서서 로버트 루빈 전 미국 재무부 장관과 함께 한미 재무당국 간 협의를 주선하고 한미

300억 달러 통화스와프가 체결되기까지 숨은 공로자 역할을 했다.

윌리엄 로즈는 한국이 IMF를 겪을 당시에도 외채연장협상단 의장을 맡아 미국, 일본, 유럽 금융기관들에게 한국의 채무 만기를 연장하도록 설득함으로써 한국이 IMF를 벗어나는 데 결정적으로 기여해 김대중 정부 시절 수교훈장 홍인장을 받았다. 또한 한미재계회의 미국 측 의장을 맡아 한미 FTA 체결에도 관여했다. 2012년 4월에 출간된 그의 자서전『Banker to the World』의 한국어판(『세계와 협상한 은행가』) 추천사에서 당시 KDB 금융그룹 회장이었던 강만수 전 장관은 "윌리엄 로즈는 우리 경제 발전을 위해 위기 때마다 조국의 일처럼 나서줬다. 그가 한국에 쏟은 열정을 돌이켜보면 민족대표 34인으로 독립운동에 앞장 선 프랭크 스코필드 박사가 떠오른다"라고 밝혔다. 한미 통화스와프를 성사시킨 강 장관은 이를 지렛대 삼아 일본 및 중국과도 각각 300억 달러 통화스와프를 연달아 체결했다. 미국, 일본, 중국과 도합 900억 달러 규모의 통화스와프를 체결했다는 소식은 글로벌 금융시장에서 한국 위기설을 잠재우는 결정적 계기가 되었다.

✤ 정부의 금융위기 대응

금융위기의 여파로 한국의 경제성장률(실질국내총생산Gross Domestic Product: GDP)은 2008년 4/4분기에 마이너스 3.3%로 곤두박질쳤다. 2009년 2월 취임한 윤증현 재정경제부 장관은 그해 경제성장률 목표를 당초 플러스 3%대에서 마이너스 2%로 수정하고 예상 취업자 규모도 마이너스 20만 명으로 낮추었다. 그리고 비상경제상황에서 국회의 협조와 국민의 이해를 구하며 위기에 대응했다. 그 결과는 2009년에 0.7% 성장, 2010년에 6.5% 성장으로 이어졌다. 2010년에 경제협력개발기구OECD 국가들이 평균 2.8% 성장한 것과 비교하면 놀라운 성장이었다.

정부는 글로벌 금융위기를 전시와 같은 긴박한 상황으로 간주하고 서민생활 안정과 내수경기 진작을 위해 '비상경제대책회의'를 만들고 2019년 1월 8일 청와대 지하벙커에서 이명박 대통령이 주재한 첫 회의를 가졌다. 경제부처 장관들과 경제5단체장 및 기업인들이 참가한 이 회의는 2012년 12월 이명박 대통령이 퇴임할 때까지 모두 145차례 열렸다.[2] 정부부처와 공공기관은 물론 지방자치단체에도 비상경제 상황실을 설치하고 각 기관의 소통체계를 연결해 의사결정의 효율성과 속도를 높여갔다. 또한 국제사회 간 공조체제를 기존 G7에서 G20으로 확대하는 데 앞장섰다. 그 결과 대한민국은 2010년 서울 G20 정상회의에서 G20 국가 가운데 글로벌 금융위기를 가장 성공적으로 극복한 나라로 평가받았다. 2008년 10월 한국위기론을 전파하는 데 앞장섰던 《파이낸셜 타임스》는 2010년 4월 28일 자에서는 "한국이 위기를 통제하는 데 만점을 받았다. 한국은 교과서적인 경기회복을 달성했다"고 보도했다. 2008년 '한국이 아시아에서 인도 다음으로 부도위기가 높다'고 했던 《블룸버그통신》은 2010년 11월 8일 자 보도에서 "경기회복의 어려움을 겪고 있는 미국과 유럽이 일본처럼 잃어버린 10년을 겪지 않으려면 한국의 위기대응 사례를 본받아야 한다"고 보도했다.[3]

✤ 금융사들과 예금보험공사의 대응

금융위기가 닥치면서 금융사들은 최우선 과제로 자금을 확보해 자본을 확충했다. 유동성을 강화하고 신용도를 안정적으로 유지하기 위함이다. 그렇지 않으면 망하기 때문이다. 2008 글로벌 금융위기 시 국내 은행들은 더 높은 이자를 주고서라도 돈을 빌려 자본을 확충했고, 외국계 은행들은 본사로부터 달

---

2 배진영 기자, "이명박의 실용주의 리더십, CEO 경험 바탕 국제금융위기 넘겨", 《월간조선》 2017년 6월호.
3 같은 글.

러를 들여와 자본을 확충했다. 하지만 이 과정에서 사실보다 부정적 소문이 늘 앞섰고 불안과 공포로 시장에 쏠림현상이 심했다.

한 예로 한국씨티은행은 2008년 말 외국자본이 썰물처럼 빠져나갈 당시 씨티그룹 본사로부터 8억 달러(약 1조 300억 원)를 들여와 자본을 확충함으로써 시장안정화에 힘을 보탰고 자기자본비율(BIS 비율)을 시중은행 중에서 가장 높은 19%대로 올리면서 고객과 시장을 안심시켰다. 그럼에도 한국씨티은행은 근거 없는 국내철수설에 시달렸다. '본사가 어려우니 한국에서 자본을 빼갈 것'이라는 추측에서 철수설이 보도될 때마다 은행 PR팀은 반박자료를 가지고 언론에 대응해야 했고, 직원과 고객을 대상으로 철수설이 사실 무근임을 밝혀야 했다.

모든 금융사들은 고객이 앞다퉈 예금을 인출하는 뱅크런Bank-run 사태가 일어나지 않도록 촉각을 곤두세우고 고객을 안심시키기 위해 힘썼다. 하지만 많은 고객들이 불안한 마음에 돈을 찾기 위해 은행 앞에 줄을 서기 시작했다. 특히 자본이 상대적으로 취약한 저축은행들이 문을 닫을 위기에 처했다.

상황이 다급해지자 예금보험공사가 적극 나서서 1인당 5000만 원까지 보장하는 예금보호제도의 안정성을 알리며 대량 예금인출사태를 막았다. 윤증현 전 기획재정부 장관은 15회 국제예금보험기구협회International Association of Deposit Insurers: IADI 연차총회 및 연례컨퍼런스(2016.10.26. 신라호텔)의 기조연설에서 "2008년 글로벌 금융위기 당시 글로벌 안전망 기구 간 국제적 공조 및 각국 예금보호공사들의 적극적인 대처가 위기 극복에 큰 힘이 되었다"고 말했다.[4]

---

4 이현정 기자, "윤증현, "위기 사이클 반복… 예금보험기구 역할 중요"",《연합인포맥스》(2016.10.26).

♣ 키코 피해 소송 분쟁

글로벌 금융위기는 많은 기업에게 큰 변화를 끼쳤다. 요동치는 환율 리스크를 줄이기 위해 키코KIKO: Knock-in Knock-out에 가입했다가 큰 손해를 본 기업들이 많았다. 키코는 2007년에 환율변동의 위험을 피하기 위한 환헤지Foreign Exchange Hedge 상품으로 출시되어 중소 규모의 우량 수출기업들이 많이 가입했다. 환율이 약정구간 안에 머물면 계약자가 제한된 수익이나 손실만 보지만 환율이 상한선을 넘으면 약정환율과 실제환율의 차액의 2배를 은행에 물어줘야 하는 구조이다.

하지만 금융위기로 환율이 요동치면서 상한선을 넘어 2010년 6월까지 738개 기업이 3조 2000억 원의 손실을 입었다. 그 후 200여 건의 소송이 있었지만 약 90%는 기업이 패소했다. 대법원까지 올라간 경우에도 대법원은 2013년 9월 일부 불완전판매 사례를 제외하고 "불공정하다 볼 수 없다"고 판결했다. 하지만 키코 문제는 아직도 피해기업과 은행이 첨예하게 갈등하는 사안이어서 금감원 분쟁조정위원회 안건으로 올라가 있다.

♣ 투자자들의 피해와 기회

글로벌 금융위기는 개인의 자산도 큰 폭으로 바꿔놓았다. 대출을 받아 집을 구매한 사람들은 집값 하락과 대출이자 상승으로 이중고를 겪었다. 현금을 은행에 맡겼어도 원금손실이 발생할 가능성이 있는 펀드나 파생상품에 투자했던 이들도 큰 손해를 봤다. 퇴직금이나 전세금 등을 고위험 고수익 상품에 투자했다가 원금의 80~90%까지 날리기도 했다.

평소 '고객 중심'을 주창하던 금융사들은 위기가 닥치자 고객과 시장을 안심시키기보다 비올 때 우산을 뺏는 식의 자기방어에 급급해 결국 고객으로부터 신용을 잃고 고객과 갈등을 겪는 경우가 많았다. 은행이 본연의 예·적금 상품을 권하기보다 고수익을 이유로 펀드나 파생상품을 집중적으로 권해 고객들에게 큰 손실을 끼쳤다는 비난이 빗발쳤지만 결국 손실은 투자자가 감당해야 할 몫이었다.

반면에 특화된 분야에서 내실을 꾀하며 경쟁력을 키워가던 기업들과 리스크 관리 원칙을 가지고 보수적으로 경영하던 기업들은 금융위기 상황에서 새로운 성장을 꾀할 수 있었다. 현금을 보유하거나 원금이 보장되는 정기예금이나 적금 같은 안전 자산을 가지고 있던 이들에게 글로벌 금융위기는 저렴하게 고를 수 있는 선택적 대안이 풍부해 자산을 크게 불릴 절호의 기회가 되었다.

❖ PR적 관점: 원칙과 소신에 따른 선제적 대응이 중요

금융위기는 탐욕에서 시작되어 쏠림으로 커졌다가 공포 가운데 터지면 피해가 연쇄적으로 번지는 혹독한 대가를 치른 후에야 사그라진다. 그리고 그 충격이 점차 무뎌질 때쯤이면 망각과 함께 탐욕이 다시 꿈틀대며 새로운 위기를 싹틔운다. 그래서인지 세계는 '1987년 뉴욕 증시 대폭락', '1997년 아시아 외환위기', '2008년 글로벌 금융위기' 등 세계적 경제위기를 10년 단위로 겪어왔다. 특히 2008 글로벌 금융위기는 국가 간에 서로 밀접하게 연관되어 있어 그 충격이 도미노처럼 실시간으로 확산될 수 있음을 보여줬다.

2006년 IMF 강연에서 2008년 글로벌 금융위기를 정확히 예측해 닥터둠Dr. Doom의 명성을 얻은 누리엘 루비니Nouriel Roubini 뉴욕대학교 경제학과 교수는 지난해부터 세계경제가 2020년에 침체할 것을 예견해 왔다. 그는 20회 세계지식포럼(2019.9.25~27, 서울)에서 다시 미 - 중 무역전쟁, 미국 - 이란 갈등, 영국의 EU 탈퇴Brexit 충격으로 세계경제가 2020년에 침체될 것이며 한국도 예외가 아니라고 말했다.[5] 만약 세계 주요국들이 자국의 이익을 우선하며

---

5 "Dr. Doom sees a worldwide recession from 3 scourges in the making." PULSE by

국제적 갈등을 키우고 국제 공조가 제한적인 현 상황에서 다시 글로벌 금융위기가 닥친다면 그 여파는 2008년 때와 비교할 수 없이 더 큰 '퍼펙트 스톰'이 되어 감당할 수 없는 파국으로 치닫게 될 것이다.

개인이든 기업이든 다가올 금융위기에 선제적으로 대응하려는 소신과 원칙을 가지고 자신의 잠재적 위험이 무엇인지를 파악한 후 빚을 줄이고 불필요한 군더더기를 과감히 버리며 안전 자산을 튼튼히 할 계획을 세우고 실행해야 한다. 위기가 닥친 후에는 이미 늦다.

➡ 참고자료

Wikipedia: Troubled Asset RElief Program, last updated on 25 Sep, 2019

배진영 기자. 2017. "이명박의 실용주의 리더십, CEO 경험 바탕 국제금융위기 넘겨". 《월간조선》, 6월호.

이현정 기자. 2016.10.26. "윤중현, "위기 사이클 반복… 예금보험기구 역할 중요"". 《연합인포맥스》.

"Dr. Doom sees a worldwide recession from 3 scourges in the making." PULSE by *Maeil Business News Korea*, 2019.9.27.

Maeil Business News Korea(2019.9.27).

함께 성장하는 지구촌을 향한 대한민국의 리더십

2010년 ● 서울 G20 정상회의

정 민 아

앨리슨파트너스코리아 대표

❖ 대한민국, 비G8 국가이자 아시아국가 최초로 G20 정상회의 개최

차범근, 손흥민, 김연아, 박찬호, 류현진 등 한국을 세계적으로 빛낸 스포츠 스타는 계속 나오고 있다. 1988년 서울올림픽을 성공적으로 치렀고, 2002년 월드컵 또한 4강이라는 놀라운 성적과 함께 세계를 놀라게 한 응원문화까지 한국에 대한 강한 인상을 남긴 역사적 스포츠 행사는 많다. 하지만 현대사에 들어와 정치·경제 측면에서 국제적으로 한국을 빛낸 사람이 몇 명이 있을까? 스포츠 못지않게 일상적이고 중요한 세계 정치·경제 무대에서 우리는 당당하게 목소리를 내고 있는가?

2019년 현재, 미·중 무역전쟁에 원화의 가치는 출렁거렸고, 일본과의 무역 긴장 속에서 원화의 가치는 또 한 번 실험대에 올랐다. 중국과 홍콩의 갈등에도 한국은 큰 피해자가 될까봐 숨죽이며 상황을 지켜봐야 했다.

스포츠처럼 규칙이 정해져 있는 게임이 아니라 약육강식, 적자생존, 강자독식의 보이지 않는 힘이 지배하는 정치·경제 상황에서 변화를 요구하고 이해관계를 조율해 간다는 것은 참으로 어려운 일이다. 하지만 누군가는 해야 하는 중요한 일이다. 이러한 일을 G8에 속하지 않는 국가이자 아시아에 속한 국가인 대한민국이 2010년에 해내며, 전 세계의 갈채를 받고 국제 정치·경제 무대에 성공적으로 데뷔했다.

✤ G8의 패러다임을 G20으로 옮기는 데 성공한 대한민국의 끈기

G20[1]은 글로벌 거버넌스 시스템이 근본적으로 재편성되는 세계사의 커다란 전환을 알리는 첫 출발이었다. 주요 신흥국의 부상으로 세계경제가 다극화되고, 상호 연계성이 커지면서 세계경제의 판도가 변했다. 하지만 글로벌 거버넌스 측면에서는 여전히 세계는 제2차 세계대전 직후 형성된 주요 강대국 중심으로 운영되어 왔다. 이러한 글로벌 거버넌스 체제는 정당성과 효율성 차원에서 도전을 받았지만, 쉽게 해결되는 문제는 아니었다.

2008년 글로벌 금융위기 발생이 G20 등장의 촉매제가 되었다. 2008년 9월 15일 미국의 대표 금융기업이자 세계 5위의 투자은행인 리먼 브라더스 홀딩스Lehman Brothers Holdings, Inc.는 미국 역사상 가장 큰 규모의 파산을 기록했다. 공황 이후 가장 심각한 글로벌 금융위기가 야기된 것이다. 2008년 세계경제 위기의 해법을 제공하고자 신흥국이 포함된 G20이 탄생했다. G20 회원국

---

1   역사적으로 거슬러 올라가면 G5가 G20의 시작이었다. 1973년 1차 오일쇼크 발생 이후에 1974년에 조지 슐츠George P. Shultz 당시 미국 재무장관의 제안에 따라 미국, 영국, 프랑스, 서독, 일본 등 5개국 재무장관이 회동하면서 G5가 성립되었다. 이후 이탈리아가 추가되면서 G6, 캐나다가 추가되면서 G7, 러시아가 추가되면서 1998년부터 G8 체제로 발전했다. 2000년대에 들어 경상수지 흑자국에 산유국과 신흥국이 들어오기 시작했고, 신흥국가들의 참여가 없는 G8만으로는 한계가 있다는 비판이 제기되었다. G8은 신흥국들과의 협력을 위해 2005년 영국에서 열린 G8 정상회의에 중국, 브라질, 인도, 멕시코, 남아공을 초청했다. 최근에는 대한민국, 호주, 인도네시아, 덴마크 등 이슈별 관련 비G8 국가 및 국제기구들도 초청해 G8 확대정상회의라고 부르기도 했다.

은 GDP, 국제교역량 등 세계경제에 대한 영향력을 기준으로 선정되었다. 2010년 당시, G20 국가의 GDP는 세계 GDP의 85%, 세계 인구의 3분의 2를 차지했다.

신흥경제국들은 G20을 통해 세계경제를 운영하는 데 적절한 역할을 수행하기를 원했다. 이명박 당시 대통령과 케빈 러드Kevin Rudd 당시 호주 총리는 2009년 9월 3일 《파이낸셜타임스Financial Times》에 "G20이 균형성장의 길을 선도해 나갈 수 있다The G20 can lead the way to balanced growth"라는 기고를 진행하면서 G20의 필요성을 세계무대에 알리며, G20으로의 패러다임 전환을 적극적으로 요구했다.

2008년 제1차 워싱턴 G20 정상회의에서 대한민국은 보호무역주의 확대에 반대하는 '스탠드스틸Standstill'을 제안했다. 이 제안은 정상들의 큰 호응을 얻어 정상선언문에도 반영되었다. 이러한 노력은 자연스럽게 국제사회의 인정을 받았다. 한국의 모범적인 경제성장과 1997년과 2008년 두 차례의 경제위기 극복 경험 또한 큰 역할을 했다.

한국은 1988년 서울올림픽과 2002년 월드컵을 성공적으로 치러냄으로써, 대한민국의 극적인 부활을 전 세계에 알렸다. G20으로는 복잡한 세계경제의 현안을 정확히 이해하고, 국가 간의 첨예한 이해관계를 원만하게 조정할 수 있는 역량이 있는 국가임을 전 세계에 알렸다. G20 정상회의를 성공적으로 개최함으로써 글로벌 선도국가로서의 리더십을 전 세계에 입증했다. 최초의 비非G8 국가에서 의장국 역할을 성공적으로 수행하여, 변화된 세계경제의 힘의 균형을 상징적으로 보여줬다.

특히 서울 정상회의의 가장 큰 성과로 꼽히는 IMF 개혁을 한국이 주도적으로 이끌며 세계의 찬사를 받았다. 또한 G20 정상회의는 다자적인 방법으로 글로벌 불균형 문제를 논의하는 장이었다. 국익을 넘어 전 지구 차원의 지속가능한 발전을 생각하는 장으로 발전시킨 대한민국의 역할에 전 세계 수장들이 감동을 받았다.

G20 정상회의를 성공적으로 개최한 대한민국에 각 국가와 국제기구에서 축하메시지를 보내왔는데, 그중 앙헬 구리아Angel Gurria 당시 OECD 사무총장은 "다양한 국내 정치·경제 상황과 끊임없이 출몰하는 보호주의의 망령은 G20의 결의를 깨트릴 위협이 된다. 서울정상회의는 감동적인 끈기로 이러한 역풍에 대항했다. 지속적인 다자간 협력을 통해 대한민국은 화합을 이끌어내고, 서로의 차이를 성과와 희망으로 전환하는 새로운 길을 마련했다"고 극찬했다.

❖ 치밀하게 준비된 사전 PR 및 국제 행사 격에 맞는 미디어센터로 IT강국 대한민국의 위상 과시

비G8이자 아시아 국가로서는 최초로 G20을 개최한 대한민국이 정상회의와 모든 사전준비회의를 훌륭히 치러내면서 글로벌 리더로서의 위상뿐만 아니라 다자주의에 대한 신뢰를 이끌어냈다는 점은 세계사적으로 큰 의의가 있다.

사실, 한국은 지구촌의 거의 모든 나라가 참여하는 UN에 161번째 회원국으로 1991년에야 가입한 나라이다. 국제정치경제 무대에 뒤늦게 데뷔한 대한민국은 1만여 명의 국내외 인사가 참여한 역사상 가장 큰 국제행사였던 서울 G20 정상회의를 경호, 의전, 행사, 홍보 등 모든 분야에서 빈틈없이 치러냈다.

특히, PR 측면에서 철저한 준비를 통해 국격을 제대로 높인 최고의 행사였다. '강하고 지속가능하며 균형 잡힌 성장을 위한 협력체계가 필요하다'는 키 메시지로 시작된 G20 서울의 PR 활동은 체계적인 접근으로 PR 효과를 극대화했다.

우선, 외신기자를 담당하는 체계적인 시스템을 처음으로 갖췄다. 외신기자들의 취재 편의를 위해 해외언론 대변인을 별도로 지정했고, 정부 최초로 국영문 보도자료의 동시 배포를 시도했다는 점을 높이 평가할 수 있다.

둘째, 지정학적 이해관계까지 고려한 지역별 외신기자 간담회를 꾸준히 진행했다는 점이다. 각 국가 혹은 대륙별로 별도 진행해 지정학적인 이해관계와 논의 진행상황을 공유하면서 해당 국가의 국민들에게 한국에서 열리는 G20 정상회의의 의미를 적극적으로 알렸다. 워싱턴, 뉴욕, 홍콩 등지에서 주요 외신들과의 심도 있는 사전 브리핑을 진행해, 관심을 유도하고 한국의 역할에 대해 관심을 유발시켜 전 세계 외신기자 2000명이 한국을 방한할 수 있는 계기를 마련했다.

셋째, 조율되고 있는 의제에 대해 투명하게 국내외 언론과 소통했다는 점이다. 매주 각국 간 치밀한 의제조율상황을 담당하는 국장들이 직접 브리핑하는 정기 기자간담회를 진행하며, 국제 경제정책 동향과 정상회의 준비상황을 적극적으로 소통했다.

이 외에도 각국 대사관과의 긴밀한 협업을 통해 국가별, 기자별 요구사항에 효율적으로 응대하고, 정상회의 기간 중 시티투어 등 다양한 취재 거리를 제공, 정상회의 기간 중에 한국에 대한 긍정적인 기사가 많이 나올 수 있도록 유도했다는 점에서도 손색없는 국제행사 PR였다.

결과적으로 총 17회에 달하는 출입기자단 대상 공식 브리핑이 진행되었으며, 보도된 국내 언론의 보도 건수는 온·오프라인 포함 10만 1564건에 달했다. 외신의 경우, CNBC는 5월 26일부터 한 주간을 특집 주간으로 정하고 'Korea's Competitive Edge'라는 주제로 5개 방송을 편성해 한국에 대해 심도 있게 다루기도 했다. 제1화 한국의 지정학적 이점 및 외국자본유치를 위한 한국 정부의 노력, 제2화 한국 조선산업의 성장동력과 발전사 소개, 제3화 친환경 교통수단에 대한 한국 자동차산업 발전상, 제4화 녹색 프로젝트에 투자하는 한국 기업 및 정부의 노력, 제5화 한국의 10년, 15년 후 모습과 지속적인 번영을 위한 한국의 미래상을 주제로 프라임 타임에 1일 2회씩 방영되었다.

CNN의 경우 〈iList〉, 〈CNNGo〉, 〈Talk Asia〉 3개 프로그램에서 G20과 한국을 특집으로 다뤘다. 그 외에도 《월스트리트저널》 11월 8일 자에 16페이지 특집으로 한국의 경제, 투자, 한국경제 통계분석, 문화, 산업계를 다루는 기사가 나왔으며, 《파이낸셜타임스》는 12페이지에 걸쳐 G20에 관한 세계경제 전망, 환율전쟁, IMF 개혁, 개발의제 등을 보도했고, 한 - EU FTA, 남북문제, 한·중 관계, 자동차산업 등에 대해 심도 깊게 다루면서 한국에 대한 전 세계의 관심을 높였다.

정상회의 행사 직전부터 종료일까지 대규모 미디어센터 조성과 운영을 통해 IT 강국의 이미지를 확고히 했다는 점도 큰 성과이다. 63개국에서 온 국내외 취재진 4000여 명을 수용하기 위해 코엑스 1층에 국제미디어센터를 운영했다. 취재기자들을 위해 1330석의 업무공간을 제공하고, 주관 통신사업자인 KT를 통해 테이블마다 초고속 인터넷 검색이 가능하도록 막힘없는 유선랜을 구축했다. 또한 14개 언어로 실시간 통역을 제공해 전 세계 기자들에게 큰 호응을 얻었고, IT 강국 한국에 대한 강한 인식을 심어주었다.

정상회의 기간 중에는 실시간 중계와 더불어 주요 인사의 실시간 브리핑이 이뤄졌다. 기자들의 휴게 공간에도 가로 18m, 세로 4.8m의 대형 미디어 디스플레이월이 설치되어 대한민국 관련 홍보 동영상이 풀HD 화질로 상영되었다. 국제미디어센터 외부에도 한국체험관에서 멀티터치스크린, 미디어테이블 등 IT기술을 활용했으며, 이를 통해 외신기자들이 한국의 음식과 커피, 역사, 문화와 전통, 경제발전상, 아름다운 자연경관을 손쉽게 체험할 수 있게 해 한국을 외신기자들에게 알리는 기회로 활용했다.

✤ 국민 호응도 이끌어내고 비용도 절감한 일석이조 행사 G20

서울 G20 정상회의는 결과적으로 대한민국의 위상을 국제 정치·경제 무대에서 확고히 했다. 결과뿐만 아니라 과정 측면에서도 잘 준비된 행사였다. 모든 준비과정에 국민들이 적극적으로 참여할 수 있는 창구를 만들어 호응도 높이고 결과적으로 비용도 크게 절감했다는 점에서 손색없는 운영이었다.

대국민공모를 통한 심벌과 슬로건 확정은 행사 초기 준비 단계부터 국민들의 참여를 이끌어냈다. 17만 명이 이벤트 페이지를 방문했으며, 1만 5221건의 응모가 이뤄졌다. 공모전 당선작은 부산 경상대학교 디자인학과 학생의 작품으로, 동해의 떠오르는 태양과 우리 전통의 등불인 청사초롱을 형상화하고 20개의 빗살을 추가해 각국 정상들을 환영하고, 위기 이후 세계경제가 나아갈 방향을 제시하는 회의가 되도록 하겠다는 의미를 담아냈다. 의미적 측면, 미적 측면에서 완벽한 심벌이었다.

슬로건 '위기를 넘어 다함께 성장으로'도 공모전을 통해 만들어졌다. 이렇게 적극적인 호응을 얻을 수 있었던 이유는 조직위원회에서 국민홍보를 위해 만화 및 간행물을 만들고 홈페이지와 모바일을 통해 홍보 플랫폼을 성공적으로 구축했기 때문이다. 또한 청사초롱기자단을 공개 모집해 다양한 연령대와 직업을 가진 101명의 기자를 선발, 블로그와 트위터 등에서 온라인에서 실시간 정보를 제공해 G20 개최를 온 국민이 함께할 수 있게 했다. 이 외에도 국민들이 G20을 더 친근하게 느낄 수 있도록 'G20 정상에게 말하세요' 캠페인을 실시했다. 이 캠페인으로 국민들이 정상들에게 전하고 싶은 메시지를 올리면서 1만 7884건이 모였고, 그 내용들은 해당 국가의 대사관을 통해 G20 정상들에게 전달되었다.

서울 G20 정상회의의 홍보대사였던 김연아, 박지성, 한효주 등도 무료로 적극적인 활동을 펼쳐 국민들의 호응을 이끌어냈다. 아이돌 가수 20명은 자발적으로 참여해 G20 캠페인송(「Let's go」)을 부르고 콘서트를 개최하는 등 적극적으로 재능기부를 진행하면서 행사의 성공적인 개최를 지원하는 등 온 국민이 하나가 되어 행사를 홍보하고 진행하여 국격을 함께 올렸다.

❖ 보호무역주의에 반대하는 스탠드스틸을 제안했던 대한민국의 리더십을 다시 한 번 소환하자

대한민국 역사에서 전쟁위협 기사와 스포츠 행사를 제외하고 CNN, CNBC 방송을 하루 종일 선점한 이슈는 G20 정상회의가 유일할 것이다. PR 관점에서 보면, 이보다 더 국가의 위상을 올리고 국격을 높인 이벤트는 없었다. 전 세계 정상과 언론이 대한민국을 향했기 때문만은 아니다. 철저한 준비와 문제 해결을 위해 보여준 세련된 협상력은 대한민국에 대한 전반적인 평가를 바꿔놓았다.

2010 서울 G20 정상회의가 가지는 의미는 대규모 국제행사라는 형식이 아니다. 세계 정치·경제 패러다임을 G8에서 G20으로 옮기기 위한 노력을 대한민국이 주도했다는 역사적 사실이다. 20개국의 다양한 이해관계와 역학관계를 고려하면서 의견을 경청하고, 조율하고, 더 나아가 합의를 이끌어내고 세계 정치·경제 역학관계의 변화를 이끌어낸 점이다. 대한민국의 국제 정치·경제 리더십이 주목을 받았을 뿐 아니라 국민들 개개인도 세계 손님 맞이에 자발적으로 동참하며 세계적 합의를 이끌어내 결과를 도출한 자국에 대해 자부심을 가지게 되었던 계기가 바로 서울 G20 정상회의였다.

2019년 지금, 세계는 어떠한가? 보호주의가 팽배하고, 관세전쟁이 선포되고 있으며 국가 간 갈등이 팽배해 있다. 상호 신뢰를 통한 협상과 조율이 실종되었다. 2008년 글로벌 금융위기를 겪으면서도 냉정을 잃지 말자고 주장하던 G20 정상들의 모습은 어디에서도 보이지 않는다. 2008년 제1차 워싱턴 G20 정상회의에서 대한민국이 발의했던 보호무역주의 확대에 반대하는 스탠드스틸Standstill 제안과 같은 글로벌 리더십이 절실한 시기이다. 자국뿐만 아니라 전 세계 더 많은 국가와 지구촌 시민들을 위해서도 더 좋은 제안을 하고, 동참을 이끌어내고, 함께 성장할 변화를 이끌어낼 리더십이 필요하다. 2010년 대한민국이 전 세계에 보여줬던 리더십을 다시 한 번 소환해야 할 때이다.

➡ **참고자료**

대통령직속 G20 정상회의 준비위원회. 2011.5.31. 『2010 서울 G20 정상회의』. 비매품.
사공일. 2013. 『한국경제 아직 갈 길이 멀다』. 공감의기쁨.

위기는 기회가 아니다,
휴대폰 시장의 파괴와 스마트폰 시장의 탄생

2010년 ● 삼성전자 갤럭시 S 론칭

박종민

경희대학교 언론정보학과 교수

필자는 여기에 아이폰의 시작에 대처하는 우리나라의 대표적 스마트폰 회사인 삼성과 LG의 판단과 입장 차이가 이후 어떠한 결과를 초래했는지에 대해 소개하고자 한다. 더불어, 기업이 위기 및 쟁점 관리를 어떻게 해야 하는가에 대한 PR학적인 관점도 적용해 보고자 한다. 이야기는 세계 IT산업 시장에서 점유율이 약 70%를 차지하는 우리나라 IT산업의 핵심인 스마트폰 산업이 어떻게 만들어져 왔는가에 대한 산업사이기도 하다.

❖ 매력적인 아이폰의 등장과 이에 대한 경쟁업체들의 시각

2010년은 삼성 스마트폰인 갤럭시 S 시리즈[1]가 처음 등장한 해이다. 그러나 이로부터 3년 전인 2007년 1월 9일은 인류 역사의 흐름을 바꾼 역사적 사건이

---

[1] 삼성전자 갤럭시 S는 구글 안드로이드를 탑재한 삼성전자 스마트 기기의 브랜드인 갤럭시 시리즈의 최상위 플래그십 스마트폰 및 태블릿 컴퓨터 브랜드를 말하며, 여기서 S는 슈퍼 스마트Super Smart라는 의미이다.

있는 날이었다. 바로 스티브 잡스가 미국 샌프란시스코 모스카니 센터에서 열린 맥월드 엑스포 컨퍼런스의 기조연설을 진행하면서 새로운 애플사의 야심작인 아이폰을 세상에 공개한 것이다. 2000년대 말 노키아, 모토롤라, 소니에릭슨, 그리고 삼성전자는 휴대전화 단말기 시장의 약 80%를 점유하고 있었다.[2]

이 당시 LG전자의 휴대폰 생산은 어떠했을 까? 2006년은 LG전자가 휴대폰 생산과 판매에 많은 공을 들여 위 4대 휴대폰 생산브랜드에 이어 세계 5대 휴대전화 생산회사로의 비약적 성장을 이룬 해이기도 하였다. 어찌 보면 막 따라잡기를 하여 큰 성공을 이룬 LG의 입장에서 바로 다음 해인 2007년 초 아이폰의 신기술이었던 스마트폰 산업에 다시 새롭게 뛰어들기에는 숨이 가빴을 수 있었다. LG전자 못지않게 이 당시 시장을 나누어 지배했던 글로벌 4강 휴대전화 제조업체[3] 또한 이렇게 갑자기 눈앞에 등장한 스티브 잡스의 '아름답고 신비한 조그만 신무기'에 어쩔 줄 몰라 우왕좌왕한 것은 마찬가지였다.

스티브 잡스의 아이폰 개념은 아주 단순했다. 기존 애플 컴퓨터를 소형화한 기계를 만들고 거기에 통신 기능만 얹어, 휴대폰과 컴퓨터 기능을 동시에 수행할 수 있는 새로운 통신기기를 만든다는 것이다. 당시 점유율이 떨어지고 있던 애플사의 컴퓨터 판매에 대한 고육지책일 수도 있었다. 신비롭고 혁명적인 발상이었지만 시장에 등장했을 때만 해도 반신반의하는 사람들이 많았다.

그러나 스티브 잡스는 자신에 차 보였고, 거기엔 비밀스런 무기가 도사리고 있었다. 바로 애플컴퓨터의 OS인 iOS이다. 2000년대 OS 기능이 모두 오픈되어 해체와 조립이 가능해 비약적 성장을 이룬 속칭 IBM계 컴퓨터와는 달리, 그래픽 기능이 아주 탁월했지만 애플만의 신비한 OS를 유지했던 애플 컴퓨터는 이 비밀스러운 iOS로 인해 시장의 전파력을 가지지 못해 날로 점유력이 감소하는 매우 어려운 처지였다.

---

2 안혜리, "넷플릭스 공습에 11년 전 SS동맹을 소환하다", 《중앙일보》(2019. 2. 26).
3 노키아·모토롤라·소니에릭슨, 그리고 삼성전자를 말한다.

그러나 애플사의 이 '비밀스러운 iOS'는 소형화에도 안정적 성능을 유지할 수 있다는 큰 장점이 있었고, 이러한 장점은 경쟁업체인 IBM계 컴퓨터가 지배적으로 사용하던 마이크로소프트사의 윈도우 OS에는 없는 것이었다. 윈도우 OS는 초기 작동에 시간이 소요되며, 무엇보다도 소형화가 어려운 문제가 있었다. 이러한 문제로 애플사가 개발한 아이폰과 유사한 형태의 스마트폰을 다른 경쟁업체는 유사하게 구현하기에 쉽지 않은 상황이 되었다. 생각지도 못한 기술적 한계에 봉착한 것이다.

✤ 6개월 만에 경쟁상품을 개발해 내놓은 삼성

이렇게 시작하여 모두의 눈앞에 갑자기 맞닥뜨린 스마트폰 시대는 마치 인류의 운송수단으로 자동차가 등장하면서 마차 생산자들이 겪는 것처럼 기존 휴대폰업체에게는 어이없는 경험이었다. 이러한 위기 상황에서 위기를 기회를 삼으며 6개월 만에 아이폰과 유사한 기능의 스마트폰 제품을 개발해 낸 회사는 5개 회사 중 단 하나였으며, 그것이 바로 삼성이었다. 바로 이 순간이 10년 후 세상에 애플의 아이폰과 삼성 갤럭시의 양대 스마트폰 체제가 구축된 순간이기도 하며, 노키아·모토롤라·소니에릭슨이 역사의 저편으로 사라지고 LG사가 출시한 스마트폰 브랜드들이 국내외 시장에서 어려움을 겪게 된 순간이기도 하다.

아이폰의 성공은 회의적인 시각도 많았다. 가장 큰 문제는 새로운 단말기에 소비자들이 잘 적응할 수 있을까에 대한 의심이었다. 이러한 기우는 터치키보드 기능의 정교함, 애플리케이션 개발, 그리고 차차 등장한 전혀 생각지 못한 새로운 기능들(내비게이션, SNS, 1인미디어 등)로 인해 말소되었다. 그러나 삼성 이외 기업들은 스마트폰의 시장점유를 비관하고 오히려 기존 휴대폰 단말기 기술의 발전에 힘을 기울였다. 결국 부정적인 시장조사와 이에 근거한 의사결정을 내린 기업들은 한 순간의 판단착오로 시장에서 사라졌다. 스마트폰에 대한 소비자의 빠른 적응을 늦게 인지하고 스마트폰 개발을 시작한 후발주자들에게 남아 있는 시장은 별로 없었기 때문이다.

반면, 삼성전자는 가능한 한 빠른 시일에 아이폰과 유사한 기능의 스마트폰을 개발해야 한다는 의사결정을 신속하게 내렸다. 이를 위해 무엇보다도 iOS와는 달리 마이크로소프트의 윈도우 OS가 소형화할 경우 불안정해지는 문제를 해결하기 위해 안드로이드사와 협력하여 새로운 스마트폰 OS의 안드로이드체제 도입을 결정한다.

더불어 스마트폰 내 통신기술 발전을 위해 국내 통신사인 SKT와 적극 협력하는 SS동맹을 구축한다. 이러한 신속한 의사결정과 기술협력을 통해 삼성전자는 6개월 만인 2009년에 옴니아 1 그리고 두 번째 작품인 옴니아 2를 출시하였다. 그러나 여러 기술적인 문제로 시장에서 불안전한 제품으로 평가받게 된다. 이에 포기하기 않고 SKT와 계속된 협력으로 소비자들이 제시한 여러 문제점을 하나씩 해결해 나가면서 2010년 6월 드디어 갤럭시 S를 출시하였다. 결과는 30여 일 만에 50만 대를 개통하고 품질에 대해 전 세계적으로 호평을 받는 등 큰 성공이었다.[4]

현재 스마트폰 시장은 2009년 말 80만 명밖에 되지 않던 가입자 수가 2011년 3월 1000만, 2012년 8월 3000만, 2018년 8월 5000만 명을 넘는 급성장을 하고 있으며, 삼성전자는 2012년 처음으로 스마트폰 세계 판매 1위에 올라선 이후 화웨이 등 중국 업체가 공세를 벌임에도 점유율 1위를 지키고 있고, 스마트폰을 포함한 우리나라 IT산업은 세계 관련 시장에서 약 70%의 점유율을 보이고 있다.[5]

이 역동적인 이야기 안에는, 첫째로 초기 쟁점 및 위기의 빠르고 정확한 인식이 얼마나 중요한가와, 두 번째로 위기 발생을 막을 수 있는 사전 대응 위기

---

4 같은 글.
5 같은 글.

관리 시스템 구축이 조직 안에서 얼마나 중요한가에 대한 교훈이 담겨 있다.

❖ 위기의 인지, 그리고 위기관리와 쟁점 관리

필자는 현장에서 흔히 언급되는 '위기는 곧 기회'라는 격언을 별로 좋아하지 않는다. 위기와 기회의 쟁점은 명확하게 구분되어야 한다. 위기crisis와 쟁점 issue의 개념 차이를 살펴보자. 쿰스W. T. Coombs는 위기를 "예측하지 못한 상황에서 발생할 수 있는 사건이며, 잘못 관리할 경우 조직, 산업 또는 관계자 stakeholder들에게 부정적인 영향을 줄 수 있는 위협"[6]으로 정의하며,[7] 위기관리crisis management를 쟁점 관리issue management, 리스크 관리risk management, 관계자 관계 관리stakeholder relationship management를 아우르는 개념으로 설명하고 있다. 여기서 쟁점은 조직 내외에서 조직과 관련하여 발생하는 주요 사건들, 리스크 관리는 주로 조직 내 위기관리적 문제를 말하며, 조직의 내외부 관계자들과의 관계에서 발생하는 위기의 관리를 말한다.

쟁점과 쟁점 관리 역시 학자들의 정의는 다양하다. 몇 명의 학자들은 쟁점을 위기와 혼용해서 정의하고 있지만,[8] 위기와 구분된 쟁점의 정의는 명확하다. 존스B. Jones와 체이스W. Chase는 '결정단계에 이른 해결 전 문제'라고 정의하며,[9] 무어H. Moore와 칼루파F. Kalupa는 '조직경영에 지대한 영향을 주는 내

---

6 W. T. Coombs, *On going crisis communication: Planning, managing, and responding* (Thousand Oaks, CA: Sage, 1999).

7 위기는 "조직, 회사, 산업 및 이들과 관계하는 공중, 제품, 서비스, 명성에 부정적 영향을 가져다줄 가능성이 있는 사건들(Fearn-Banks, 1996)" 또는 "조직과 조직의 구성원, 제품, 서비스, 재정, 명성에 손실을 끼칠 수 있는 사건들(Barton, 1993)"로 개념화되기도 한다. 박종민, 『PR론』(서울: 커뮤니케이션북스, 2004).

8 크레블과 비버트(Crable and Vibbert, 1985)는 '한 사람 이상이 중요성을 부여하는 지각된 문제들'이라고 정의하며, 헤인스워스(Hainesworth, 1990)는 '조직과 공중 간의 갈등의 순간'으로 정의하기도 한다. 박종민, 같은 책.

외부의 논쟁의 여지가 있는 문제들'로 개념화한다.[10]

여기에서 먼저 첫 번째 관점인 빠르고 정확한 위기 인지의 중요성을 살펴보면, '아이폰의 출현'은 분명 삼성과 LG에게는 기회가 아닌 위기였다. 추후 아이폰과 양대 체제를 만든 삼성에게는 어쩌면 결과론적으로 '기회의 쟁점'이었다고 평가될 수 있겠지만, 삼성은 위기로 판단했고 이러한 판단은 정확했다. 그러나 LG는 위기 인식이 늦었다. 잘못된 초기 판단으로 겪은 LG의 후속적 어려움은 이러한 신속한 판단능력의 중요성을 잘 보여준다.

다음으로 위기관리 대응시스템은 어떻게 개념화될 수 있는지 쟁점 관리와 위기관리를 차이를 살펴보자. 쟁점 관리를 헤인스워스B. Hainsworth와 멩M. Meng은 '조직에 영향을 미치는 법적·정치적·사회적 쟁점들의 원인을 분석한 후, 자원을 동원하여 쟁점 진행 과정을 원하는 방향으로 전개하려는 조직의 행동 지향적 관리 조정 기능'이라고 정의하며, 구체적으로 쟁점 관리는 '잠재적인 쟁점을 파악하고 지속적으로 모니터링하며, 적절한 전략들을 개발하고, 쟁점 관련 조직의 입장을 정리하여 최고 관리층에 권고하는 모든 활동'으로 설명한다.[11]

반면 위기관리는 사전위기 예방과 사후 위기관리가 완전 다른 시스템으로 관리가 이루어진다. 사전위기 예방은 스캐닝, 모니터링, 대응조치, 그리고 다시 모니터링의 과정이며, 위기를 경험하기 전 과정이다. 이러한 사전위기 예방으로 위기가 관리되어 위기를 경험하지 않은 것이 위기관리의 최우선과제이다. 반면, 모니터링의 결과 피할 수 없이 경험해야 하는 위기라는 판단이 서

9   B. L. Jones and W. H. Chase, "Managing public policy issues," *Public Relations Review*, 5(2)(1979), 3~23.

10 H. F. Moore and F. B. Kalupa, *Public relations: Principles, cases and problems*, 9th ed.(Homewood, IL: Richard D. Irwin, 1985).

11 B. E. Hainesworth and M. Meng, How corporations define issue management. *Public Relations Review*, 14(4)(1998), 18~30.

그림 1_ 박종민의 위기관리 과정 모델(위기의 사전예방 과정 + 전체 위기 경험 과정)

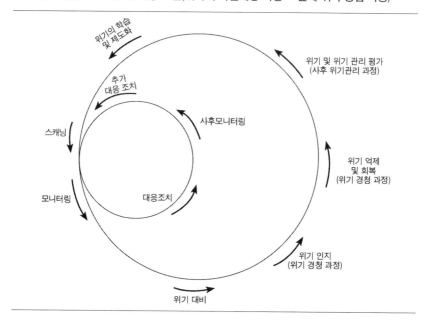

면 피해를 최소화하는 사후 위기관리 단계(인지, 억제 및 회복, 평가, 학습 및 제도화)를 거쳐야 한다(그림 1).[12]

사전위기 예방과 사후 위기관리가 완전히 다른 시스템인 것은 두 관리의 주체가 다른 것도 주요한 이유이다. 사전위기 예방 담당 조직은 조직의 PR부서 산하 위기관리팀이 담당하고, 사후 위기관리 과정인 전체 위기 경험 과정은 PR부서 상설 위기관리팀과 현재 경험하는 위기에 가장 도움을 줄 만한 전문 인력을 조직 내에서 선발하여 태스크 포스task force 팀을 구성해야 한다(그림 2).[13]

'아이폰의 출현'이라는 징후를 포착한 삼성과 LG가 이러한 위기관리의 단

---

12 박종민, 같은 책.

13 같은 책.

그림 2_ 위기관리 태스크포스 팀의 통합적 위기관리

위기관리 과정	사전 위기 예방 과정	전체 위기 경험 과정
위기관리 주체	PR 부서 산하 위기관리팀	위기관리팀＋임시 구성팀 ＝위기관리 태스크포스 팀

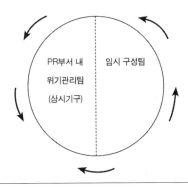

계와 시스템을 따라서 사안을 관리했는가는 내부 관리자만이 알 수 있을 것이다. 다만 아이폰 형태의 스마트폰을 소비자들이 얼마나 빨리 적응할 것인가에 대한 판단에서 두 회사는 달랐다. 삼성의 경우 사전 스캐닝과 모니터링을 통해 시장과 소비자 변화를 정확하게 인식하였으며, 6개월 안에 유사한 성능의 제품을 출시해야 한다는 신속한 의사결정을 내렸고, 이를 위해 안드로이드사, SKT 등의 주요 관계자stakeholder 관리 체계를 수립하였다. 삼성 사내에 관련 태스크포스task force가 만들어졌으리라는 추측은 어렵지 않다. LG 역시 이러한 위기관리 단계를 거쳤으리라 생각한다. 그러나 어떠한 판단과 의사결정의 실수로 사후 다가오는 위기의 풍파를 경험할 수밖에 없었는지 자문해 보아야 할 것이다.

'위기와 기회는 전혀 다른 것이고 전혀 다르게 관리해야 하며, 무엇보다도 중요한 것은 위기는 사전에 예방하는 것이 최선'이라는 사실을 우리는 아이폰의 출현 그리고 삼성과 LG의 경험을 통해 다시 한 번 확인할 수 있는 것이다.

➡ 참고자료

박종민. 2004. 『PR론』. 서울: 커뮤니케이션북스.

안혜리. 2019.2.26. "넷플릭스 공습에 11년 전 SS동맹을 소환하다". 《중앙일보》. https://news.joins.com/article/23395506

Barton, L. 1993. *Crisis in organization: Managing and communicating in the heat of chaos.* Cincinnati, OH: College Divisions South-Western.

Coombs, W. T. 1999. *On going crisis communication: Planning, managing, and responding.* Thousand Oaks, CA: Sage.

Crable, R. E. and S. L. Vibbert. 1985. Managing issues and influencing public policy. *Public Relations Review, 11*(2), 3~15.

Fearn-Banks, K. 1996. *Crisis communications: A casebook approach.* Mahwah, NJ: Lawrence Erlbaum.

Hainesworth, B. E. 1990. The distribution of advantages and disadvantages. *Public Relations Review,* 16, 33~39.

Hainesworth, B. E. and M. Meng, 1998. How corporations define issue management. *Public Relations Review,* 14(4), 18~30.

Jones, B. L. and W. H. Chase. 1979. Managing public policy issues. *Public Relations Review,* 5(2), 3~23.

Moore, H. F. and F. B. Kalupa, 1985. *Public relations: Principles, cases and problems,* 9th ed., Homewood, IL: Richard D. Irwin.

김정일과 김정은의 유훈통치와 선전

2011년 ● 김정일 사망과 김정은의 등장

김 병 희

서원대학교 광고홍보학과 교수

❖ 민생경제가 악화된 상황에서 시작된 김정은의 집권

1994년 7월 8일, 김일성 주석이 사망한 이후 북한은 '고난의 행군'을 거치면서 유훈 통치, 군사력 증강, 체제 단속을 통해 1998년에 김정일 체제를 완성했다. 북한 당국은 군을 우선시하는 통치방식인 선군정치先軍政治 노선을 바탕으로 '사회주의 강성국가 건설'을 국가목표로 설정했다. 2009년에 헌법을 개정하고 선군정치를 위해 법과 제도를 강화했으며, 기존의 국가주석제와 중앙인민위원회를 폐지하고 국방위원장을 북한의 최고 지도자로 명시했다.

김정일 국방위원장이 사망하고 김정은 위원장이 집권할 무렵 북한은 경제적인 어려움에 봉착해 있었다. 북한 당국은 경제적 난관을 극복하기 위해 일찍이 김정일 국방위원장이 집권하던 2002년에 사회주의 경제관리 개선조치를 실행한 바 있었다. 김정은 위원장 체제가 출범한 이후인 2013년 8월에는 '사회주의 기업 책임 관리제'를 도입했다. 이처럼 북한은 10년 주기로 정치경제적인 변화를 거듭해 왔다.[1]

북한의 계획경제 체제는 1980년대 중후반부터 많은 문제점이 나타났다. '계획의 일원화'와 '세부화 원리'에 충실하던 중앙집중적 관리 체계가 사실상 무너졌으며, 수요에 미달하는 공급 부족 사태가 자주 발생했다. 이에 따라 북한에서 1958년부터 정착됐던 10일장 주기도 무너졌고, 날마다 장이 서는 상설 시장도 보편화됐다. 1980년대 후반 이후 식량과 소비품이 부족해지자 '야시장'과 '장마당'이 암시장 형태로 확산됐다. 1990년대에는 계획경제 시스템이 뿌리째 흔들렸고 배급제도 급속히 붕괴되었다. 김정은 집권 무렵에 나타난 북한경제의 주요 문제점은 다음과 같다.[2]

첫째, 주민들의 '먹는 문제' 걱정을 해결하지 못한 상태였다. 김정일 정권은 모든 주민의 동원정책을 시행해 2012년의 강성국가 건설을 상징하는 희천발전소를 비롯한 대규모 건설 사업을 추진했다. 그러나 북한의 산업 생산력은 개선되지 못했고 인민들이 체감하는 경제 수준은 열악했다. 더욱이 북한 당국이 인민에게 약속했던 '먹는 문제'도 해결하지 못해 인민의 불만이 가중되고 있었다.

둘째, 민생경제가 악화돼 3대 세습의 명분이 취약해진 상태였다. 2000년대 이후 북한사회에서는 경제적 양극화 현상이 심각했는데 김정일 정권은 그 문제를 해결하지도 못했고 민생경제를 활성화시키지도 못했다. 선군先軍 중심의 경제정책은 민생경제를 개선하지 못했고 더욱 악화시키는 요인으로 작용했다. 따라서 정권의 3대 세습이라는 명분을 정립하기도 정당성도 얻기 어려운 상황이었다.

---

1 고유환·이주철·홍민, 『북한 언론 현황과 기능에 관한 연구』(서울: 한국언론진흥재단, 2012)와 통일부, 『2018 통일백서』(서울: 통일부, 2018) 참조.

2 박원기·윤보영·이태준, 『남북교류 확대 대비 광고산업 활성화 방안 연구』(서울: 한국방송광고진흥공사, 2018).

❖ 김정은 시대, 안정 궤도에 오르다

열악한 경제적 여건 때문에 정권의 3대 세습이라는 명분도 정당성도 확보하기 어려운 상황에서도, 김정은은 결국 할아버지와 아버지에 이어 북한의 최고 지도자가 되었다. 김정은은 2010년 9월 27일에 조선인민군 대장에 임명되었고, 9월 28일 제3차 노동당대표자회에서 신설된 당 중앙군사위원회 부위원장과 중앙위원에 임명돼 북한의 국가통수권 후계자로 화려하게 등장했다. 그에 앞서 김정일은 자신의 후계자로 김정은을 지명함으로써, 자신의 유고 시에 김정은의 군부 장악 가능성을 높여 나갔다. 10월 6일에는 김정은의 후계자 지명을 경축하는 행사도 열렸다.

2011년 12월 17일, 김정일이 갑자기 사망하자 김정은은 후계자 업무를 계승했고, 12월 29일에는 조선인민군 최고사령관으로 추대돼 북한의 새로운 지도자가 되었다. 이어 2012년에는 '김정은 = 김정일'이라는 유훈통치를 선언했고, 그해 4월 11일 제4차 노동당대표회의에서는 조선노동당 제1비서로, 4월 12일에는 국방위원회 제1위원장으로 추대됐다. 4월 13일에는 최고인민회의 제12기 제5차 회의를 거쳐 김정은은 김정일의 모든 직책을 인수받고 3대 권력 세습에 성공했다. 7월 18일, 인민회의는 국방위원회 제1위원장이자 조선인민군 최고 사령관인 김정은에게 기존의 대장 계급에서 2단계를 높여 '원수' 칭호를 부여했다.

장성택의 처형은 김정은 정권이 안정 궤도에 올랐음을 대내외에 보여주는 사건이었다. 북한 정권은 북한 언론을 통해 처형 사실을 상세히 보도했다. 2013년 12월 3일 우리나라의 국가정보원은 북한의 장성택이 실각했다고 밝혔다. 북한은 12월 9일 오후 3시경 장성택이 전날 조선노동당 중앙위원회에서 체포되는 장면이 담긴 사진을 공개했다. 나흘 뒤인 12월 13일, 북한의 《노동신문》은 12일에 장성택을 처형했다고 밝혔다. 북한 정권은 장성택의 처형 사실을 전 세계에 공개했는데, 이는 북한 내부의 정치적 사건으로 국제PR 활동을 전개한 것이나 다름없었다.

2016년 5월 9일, 김정은은 제7차 조선노동당 대회에서 자신의 조선노동당 제1비서 직책을 폐지했다. 이날 당 대회에서 "경애하는 김정은 동지를 우리 당의 최고 수위에 높이 추대할 데 대하여"라는 결정서가 채택돼 김정은은 노동당 위원장이 되었다. 이후 6월 29일 최고인민회의에서는 국방위원회를 폐지하고 국무위원회를 신설했고, 김정은은 국방위원회 제1위원장 대신 국무위원회 위원장으로 취임했다.[3] 이로써 김정은은 북한 정권의 명실상부한 지도자로 자리매김했다.

❖ 김정은 집권에 총동원된 북한의 언론 미디어

김정은 집권의 진행 과정을 PR 활동의 맥락에서 살펴보면, 미디어를 활용한 선전·선동을 효과적으로 전개했기 때문에 집권의 속도가 더 빨랐다고 할 수 있다. 북한의 지도자들은 그동안 강압적 폭력을 통한 '외적 통제'와 선전propaganda을 통한 '내적 통제' 방법으로 인민을 다스려왔다. 『조선말사전』에 의하면 선전이란 "일정한 사상, 리론, 정책 등을 대중에게 론리적이며 체계적으로 해설해 줌으로써 리론적으로 파악하고 인식하게 하는 사상 사업의 한 형식"이자 "널리 말하여 퍼뜨리고 알리는 것"이다.[4]

김정은의 집권을 위해 북한의 모든 언론이 총동원되었다. 북한 언론은 김정은이 후계자로 내정될 무렵부터 '총대'와 '붓대'를 강조하였다.[5] '총대'는 무력과 폭력을 통한 외적 통제를 뜻하며, '붓대'는 주민들에 대한 사상적 통제와 선전을 담당하는 언론을 상징하는 말이다. 북한 정권이 3대 세습에 성공하기

---

3 "김정은". 위키백과. https://ko.wikipedia.org/wiki/%EA%B9%80%EC%A0%95%EC%9D%80

4 문영호 외, 『조선말사전』 제2판(평양: 과학백과사전출판사, 2010).

5 《노동신문》(2011.11.2).

북한의 언론 체계

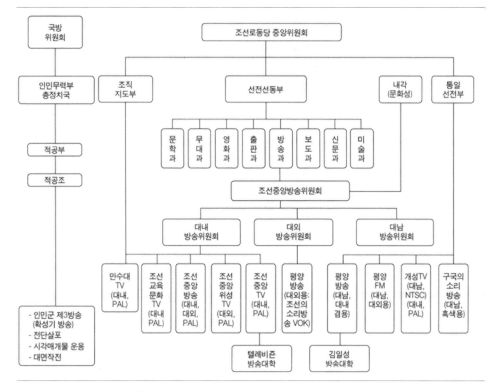

자료: 고유환·이주철·홍민, 『북한 언론 현황과 기능에 관한 연구』, 110쪽.

까지 인민의 사상을 통제하고 선전 활동을 적극적으로 전개한 것도 상당한 영향을 미쳤다.

2012년에 발표된 조국평화통일위원회 서기국의 '진상고발장'은 북한의 각 기관이 김정은에 대해 충성을 맹세한 문서이다. 주민의 심적 동요를 막으려고 대한민국을 '공공의 적'으로 규정했지만, 외부를 비난함으로써 내부의 일치단결을 도모하는 '내부 지향적 선전' 활동이었다.[6] 북한 헌법 제67조에는 언

---

6   김화중, 「북한의 선전선동 체제와 김정은 정권 선전선동 특징에 대한 연구」. 상명대

론 자유가 명시돼 있다. 그렇지만 북한에서의 언론 자유는 "인민대중을 사회주의의 건설에 더욱 힘차게 다그치는 데 이바지할 때만이 보장받을 수 있다"는 제한이 있다. 북한에서는 언론의 주요 기능에 보도적 기능, 사상교양자적 기능, 조직 동원자적 기능, 대외 선전 및 외교적 기능, 언론전의 기능이 있다고 설명한다.[7]

북한의 언론 체계를 앞 그림에 제시했는데, 여기에서 조선교육문화TV는 '룡남산TV'로 개칭했고 2015년 8월에 '체육텔레비전'을 신설했다. 북한에서는 신문을 비롯한 출판물을 가장 중요한 PR 매체로 간주한다. "출판물은 당과 대중을 연결시키는 중요한 수단이며 당이 내세운 정치·경제·문화 건설의 과업실천을 위해 근로대중을 조직 동원하는 힘 있는 무기"라는 것이다. 방송은 당 정책과 국내외 정세를 대내외에 선전·보도하며, 조선중앙방송위원회의 지도하에 운영한다. 조선중앙방송위원회는 방송업무 일체를 총괄하며 방송기능과 규제기능을 동시에 갖는다. 북한의 방송사업 체계는 노동당의 선전선동부나 통일전선부에서 방송업무를 지도하고 조정하는 당 차원과 방송국의 시설과 기자재를 관리하고 사무를 담당하는 내각 차원으로 이원화돼 있다.

김정은의 집권 과정에서 인터넷이 PR과 선전 활동의 중요 수단으로 활용되었는데, 이는 이전에 비해 확연히 달라진 특성이었다. 2011년 2월 16일, 《노동신문》은 김정일의 생일을 맞아 홈페이지(http://rodong.rep.kr)를 개설해 인터넷을 활용한 체제선전에 나섰다. 이후 북한은 일본, 중국, 스페인 등 해외 친북단체 명의로 160여 개 이상의 홈페이지를 구축해 대남 선전·선동에 주력해 왔다.[8] 김정은의 집권 이후에도 인터넷과 SNS를 활용한 선전·선동 활동을

학교 경영대학원 석사논문(2018).

7 고유환·이주철·홍민, 『북한 언론 현황과 기능에 관한 연구』.

8 《데일리 월간조선》(2017.6.17).

더욱 활발히 전개하고 있다.[9] 사이버 대남공작에서도 '1대 9대 90의 법칙'을 적용했는데, 요원 1명이 선전·선동 메시지를 게시하면 추종세력 9명이 실시간으로 퍼 나르고 이를 90명이 읽게 한다는 뜻이다.[10]

❖ 전체주의 정권하 선전·선동 활동

전체주의와 사회주의 성격을 유지하고 있는 북한에서 우리의 PR 개념인 선전·선동은 김정은 집권을 정당화하는 과정에서 상당한 영향을 미쳤다. 김정은의 권력장악이 확실해진 지금도 북한 당국의 선전·선동 활동은 계속되고 있다. 김정은 집권에 기여한 PR 측면에서의 의의나 교훈을 다음과 같은 네 가지로 정리해 볼 수 있다.

첫째, 주민들 대상의 대내 선전 활동에서 강온의 양면 전략을 구사함으로써 집권의 기반을 구축했다는 사실이다(구성원 PR 활동). 북한 당국은 필요할 경우 장성택의 공개 처형처럼 친족을 비롯한 김정일의 측근을 처형하는 장면을 공개해 공포심을 느끼도록 했고, 한편으로는 김정은의 시찰 현장에서 아이들을 안아주거나 팔짱을 끼는 등 인민친화적인 지도자의 모습을 연출했다. 장성택 숙청을 보도함으로써 공개적으로 공포정치를 선전한 반면, 대중과의 친밀감을 강조하는 내용의 기록영화를 제작한 사실에서 강온 양면 전략의 면모를 확인할 수 있다.

둘째, 대외 사이버 선전 활동을 강화함으로써 집권의 정당성을 국제적으로 널리 알리며 정권을 조기에 안착시켰다는 사실이다(사이버 PR 활동). 북한은 김정은 집권 이후에도 기존의 4대 매체를 활용해 주민 대상의 선전·선동 활

---

9 이경직, 「김일성·김정일 '수령형상' 과정에서 선전선동의 역할」. 북한대학원대학교 박사학위 논문(2014).

10 김화중, 「북한의 선전선동 체제와 김정은 정권 선전선동 특징에 대한 연구」.

동을 펼쳐오고 있다. 그러나 PR 측면에서의 가장 큰 변화는 사이버 선전 활동의 강화인데, 북한은 김정은의 집권을 전후해 사이버 선전 활동을 공격적으로 전개했다.[11] 지금도 북한은 노동당 통일전선부와 225국 같은 대남 공작기구 산하에 전담부서를 두고 인터넷을 활용한 사이버 선전 활동에 총력을 기울이고 있다.

셋째, 김정은의 개방적 리더십과 공개적인 통치 방식을 강조함으로써 새로운 리더십을 과시했다는 사실이다(국제 PR 활동). 김정일의 경우에는 1994년에 김일성이 사망하자 3년상을 치른다는 이유로 외부에 모습을 드러내지 않고 유훈통치를 계속함으로써, 국제사회에 은둔형 지도자로 인식되었다. 하지만 김정은은 공개적인 행사에서 자신의 존재감을 과시했다. 2012년 4월 15일, 김일성의 100회 생일 기념식에서 20여 분간 공개적인 연설을 했고, 2013년부터는 해마다 신년사를 공개 석상에서 직접 낭독하며 자신의 존재감과 지도력을 널리 알렸다.

넷째, 문화예술 공연을 선전·선동의 도구로 두루 활용함으로써 대중 친화적인 지도자상을 정립했다는 사실이다(이벤트 PR 활동). 김정은이 집권한 후문예 부문에서의 혁명을 일으키기 위해 화려하고 개방적인 모란봉악단을 창단했고, 2012년 7월 6일에 첫 시범공연을 했다. 김정일 정권에서도 중시하던 공연예술 활동을 시대의 흐름에 알맞게 개편해, 대중들과 친밀한 지도자의 이미지를 부각시키는 이벤트 PR 활동을 전개한 것이다. 이런 과정을 거치면서 김정은은 활동적인 지도자이자 젊고 개방적인 지도자라는 인식을 조기에 정착시킬 수 있었다.

이상에서 살펴보았듯이 북한 당국의 구성원 PR 활동, 사이버 PR 활동, 국제 PR 활동, 이벤트 PR 활동은 김정은의 집권과 권력의 조기 안착에 상당한 영향을 미쳤다고 평가할 수 있다. 김정은의 집권 이후에 북한은 광고 활동의

---

11 같은 글.

필요성을 강조했다. 북한의 대표적 논문집인『경제연구』나『김일성종합대학학보』의 논문에서는 수출에 기여하는 광고 선전의 중요성을 부각시켰다.[12] 나아가 투자 대상국을 소개하는 기사를 잘 작성하고 게재를 잘 해야 하며, 투자 대상국의 취재진들이 취재를 잘 하도록 관리해야 하며, 보도 수단과의 관계를 잘 관리해야 한다고 강조했다.[13]

이러한 상황 변화는 김정은 위원장이 집권한 이후 북한 내부에 시장경제가 확산되자, 대외 경제정책을 잘 하려면 광고와 PR 활동을 적극적으로 전개해야 한다는 방향으로 북한 지도층의 인식이 바뀌고 있다는 근거나 마찬가지다. 북한은 2016년의 금융제재와 2017년의 물자 제재를 거치며 다시 극심한 경제난에 직면해 있다. 2018년 4월의 남북정상회담이 성공했나 싶더니 6월의 싱가포르 북미정상회담이 실패함으로써, 남북 관계도 교착상태에 빠져 있다. 앞으로 북한 당국은 정권의 선전 활동을 넘어 진정한 의미에서의 국제 PR 활동을 전개해 국제사회의 기대에 부응하기를 바란다.

➡ 참고자료

고유환·이주철·홍민. 2012.『북한 언론 현황과 기능에 관한 연구』. 서울: 한국언론진흥재단.

김경렬. 2015.「다양한 투자유치 수단들을 효과적으로 활용하는 데서 나서는 중요 문제」.《김일성종합대학학보(철학경제학)》, 61(1), 누계 493호, 93~96쪽.

김병희·박원기·김재철. 2019.「북한의 광고환경과 광고에 관련된 제반 개념의 분석」.《광고학연구》, 30(2), 159~192쪽.

---

12 김병희·박원기·김재철, "북한의 광고환경과 광고에 관련된 제반 개념의 분석",《광고학연구》, 30(2)(2019), 159~192쪽.
13 김경렬,「다양한 투자유치 수단들을 효과적으로 활용하는 데서 나서는 중요 문제」,《김일성종합대학학보(철학경제학)》, 61(1) 누계 493호(2015), 93~96쪽과 리금철,「수출무역에서 광고의 역할」,《경제연구》, 2011(4), 누계 153호(2011), 50~51쪽 참조.

김화중. 2018. 「북한의 선전선동 체제와 김정은 정권 선전선동 특징에 대한 연구」. 상명
　　대학교 경영대학원 석사논문.

리금철. 2011. 「수출무역에서 광고의 역할」. 《경제연구》, 2011(4), 누계 153호, 50~51쪽.

문영호 외. 2010. 『조선말사전』(제2판). 평양: 과학백과사전출판사.

박원기·윤보영·이태준. 2018. 『남북교류 확대 대비 광고산업 활성화 방안 연구』. 서울:
　　한국방송광고진흥공사.

이경직. 2014. 「김일성·김정일 '수령형상' 과정에서 선전선동의 역할」. 북한대학원대학
　　교 박사학위 논문.

이기우. 2014. 「북한의 통치기제로서 선전선동과 노동신문의 역할」. 경기대학교 정치전
　　문대학원 박사학위 논문.

통일부. 2018. 『2018 통일백서』. 서울: 통일부.

《노동신문》. 2001.12.1. "1만호 발간기념 사설".

《노동신문》. 2011.11.2. "우리식 사회주의는 총대와 붓대를 함께 중시하고 있다".

《데일리 월간조선》. 2017.6.17. "북한발 가짜뉴스 퍼트리는 162개 친북 사이트".

위키백과. "김정은". https://ko.wikipedia.org/wiki/%EA%B9%80%EC%A0%95%EC%9D%80

인류를 향한 '해양환경'과 '기후변화'에 대한 작은 외침

2012년 ● 여수엑스포 개최

이갑수

INR 대표

엑스포는 국제적 규모와 체제를 갖추고 개최되는 박람회를 뜻하는 'Exposition'을 줄인 용어이다. '세계박람회'라고 부르는 세계엑스포World EXPO는 월드컵 축구대회, 올림픽과 함께 세계 3대 축제로 불리는 메가 이벤트Mega Event[1]의 하나이다. 157개국이 회원국으로 가입되어 파리에 본부를 둔 국제박람회기구Bureau International des Expositions: BIE의 공인을 받아야만 개최가 가능하다. 엑스포는 크게 제한된 주제를 갖고 열리는 인정 박람회International Recognised Exhibitions: Specialised EXPO와 포괄적 주제를 다루는 등록 박람회International Registered Exhibitions: World EXPO로 나뉜다. 등록 박람회는 6주~6개월의 개최 기간에 5년 주기로 열리며, 인정 박람회는 개최 기간이 3주~3개월로 상대적으로 짧고, 등록 박람회 주기 사이에 1회 열리게 된다. 한국에서 열린 '1993

---

[1] 메가 이벤트란 특정 조직(단체)가 주관하는 국제규모의 이벤트로 수백만 이상의 관람객수, 큰 금액의 예산이 투입되고, 주최국의 경제·관광·인프라 등에 큰 영향을 미치는 대형 행사이다.

대전엑스포'와 '2012 여수세계박람회'가 다 인정 박람회였다. 가수 싸이의 「강남스타일」이 한창 세계인의 주목을 받기 시작하던 2012년 여름에 열린 '2012 여수세계박람회'(이하 '여수엑스포'로 칭함)가 갖는 시대적 배경과 의미 그리고 PR 관점에서의 의미를 되짚어 보고자 한다.

❖ 2차 시도 만에 이룩한 유치 성과

김영삼 대통령 정부 출범 후 해양개발정책의 하나로, 1996년 1월 9일에 열린 제1회 '해양개발위원회'에서 해양엑스포 개최가 검토되었다. 이어 1997년 5월 31일 열린 '제2회 바다의 날' 행사에서 김영삼 대통령은 2010년 해양 엑스포의 전남 유치를 공식 선언하면서 본격적인 유치 활동에 들어갔다.

1999년 3월 15일, 정부는 후보지로 전남 3개 지역 중 여수를 확정하였다. 그해 6월 국무회의에서 유치 계획안을 의결하였고, 전라남도는 1996년에 '2010년 세계박람회'를 목표로 본격적인 유치 활동을 전개하기 시작했다.

2010 세계엑스포 유치에서는 고배를 마셨다. 2002년 12월 3일 모나코에서 열린 BIE 총회에서 2010 등록 엑스포 개최 후보지로 상하이(중국), 여수(대한민국), 모스크바(러시아), 케레타로(멕시코), 브로츠와프(폴란드)를 놓고, 회원국들은 4차 결선투표까지 가는 경합 끝에 상하이를 선정하여, 여수의 희망은 건너가는 듯하였다.

그러나 1차 엑스포 유치 실패 후 다시 재도전에 나서, 2003년 2월 16일에 2012년 인정 박람회 여수 유치를 공식 발표하였다. 2004년 3월 24일 재정경제부 장관 겸 부총리는 '2012년 세계박람회 여수 유치를 국가사업으로 추진할 의사가 있다'고 공식화하고, 정부는 2005년 12월 BIE 총회에서 2012년 세계박람회의 여수 유치 의사를 공식 선언하였으며, 2006년 5월에 '2012 여수세계박람회 유치위원회'를 결성, 사절단 파견 등을 통해 총 55개 국가를 대상으로 유치전을 펼쳤다. 2007년 9월 13일에는 제2차 여수세계박람회 국제심포지엄을 열고 앨빈 토플러 등 세계적 석학들을 초청하여 유치 분위기를 띄워갔다.

마침내 2007년 11월 26일, 제142차 BIE 총회에서 여수는 2차 투표까지 가는 접전 끝에 모로코와 폴란드를 제치고 '2012년 세계박람회' 개최 지역으로 선정되었다.

❖ 국가 발전의 동력, 엑스포 개최의 역사

많은 국가들이 엑스포를 유치하는 목적은 개최 국가와 개최 도시를 홍보하고 브랜딩하며, 산업과 기술 교류를 내세워 국력을 과시하며, 나아가 국가발전 동력의 한 요소로 활용하는 데 있다. 지난 100년 이상 열린 엑스포에서 선진 국들은 증기기관, 전화기, 축음기, 자동차, 텔레비전 같은 혁신적인 발명품 등을 선보이고, 국제홍보의 장으로 활용하였다. 유명한 파리 에펠탑도 1889년 프랑스혁명 100주년을 기념하기 위해 '파리세계박람회'의 출입관문으로 건축된 것이다. EXPO는 산업혁명 시기인 1851년에 런던엑스포로 시작되어 6개월간 약 600만 명이 다녀갔다. 첫 박람회치고 꽤 성공한 셈이다. 근대 올림픽이 1859년에 개최되었으니, 런던엑스포는 첫 번째 글로벌 대형 이벤트였다. 우리나라의 경우, 대조선大朝鮮이란 국호로 1893년 시카고박람회가 처음 참가한 만국박람회였다.

일본은 2차대전 후 경제 부흥을 바탕으로 1964 하계올림픽 개최에 이어, 1970년에 오사카엑스포를 아시아 최초로 열었고, 6422만 명이라는 관람객 수를 기록하였다. 2010년에 15억 인구의 중국 상하이엑스포 관람객이 7540만 명인 것에 비하면 교통과 통신 인프라가 부족했던 40년 전의 오사카박람회는 엄청난 성공이 아닐 수 없었다. 오사카는 2025년에 오사카엑스포를 다시 개최할 예정이다. '1970 오사카엑스포'와 '2010 상하이엑스포'는 등록 박람회였다.

20세기 중반 이후부터는 세계박람회에 대한 필요성에 의문을 갖는 의견들이 늘어났다. 이와 함께 한국, 중국, 일본 동북아 3국의 경제 도약에 따른 국제적 파워는 상승하게 되었다. 일본에 이어 한국과 중국이 1988 서울올림픽, 1993 대전엑스포, 2002 한일월드컵, 2008 베이징올림픽, 2010 상하이엑스포를 유치하게 되고, 2012 여수엑스포 개최도 그런 흐름을 탔다는 해석도 있다.

"2012 여수엑스포의 유치는 세계박람회가 선진국이 주축을 이루던 흐름이 20세기 후반부터 동북아로 이동하면서, 동북아 3국의 박람회 개최 염원과 BIE의 이해가 부합된 결과다"라고 제주대 주강현 석좌교수가 '여수세계박람회 1주년 심포지엄'에서 주장하기도 하였다. 지구촌의 3대 빅 이벤트를 모두 개최한 나라는 한국 포함 전 세계에서 6개국뿐이다. 그런 점에서 2012 여수엑스포 개최는 한국인으로서 큰 자부심을 느낄 만한 일이라 하겠다.

❖ 소도시 개최의 한계를 넘어, 지구를 향한 외침으로

4년 6개월의 준비 기간을 거쳐, 바다의 미래를 생각하며, 바다에 어우러진 박람회를 지향한 여수엑스포는 전시구역 25만 제곱미터를 포함 총 271만 제곱미터 위에 펼쳐진 시설물 위에서 성공적으로 개최되었다. 조직위 직원들은 물론 9000명 이상의 자원봉사자들과 지역주민의 협조 없이는 불가능한 일이었다. 관람객 유치를 위한 마케팅 전략 부족, 박람회장의 수용태세 부족 같은 아쉬움 속에서, 여수엑스포의 정신적 메시지로 전 지구적 비전을 담았다는 여수선언Yeosu Declaration을 채택하고 여수엑스포는 2012년 8월 12일에 93일간의 대장정을 마쳤다.

여수엑스포는 예약제 폐지와 선착순 입장, 공짜표와 3000원짜리 표 남발 같은 해프닝 속에서 박람회의 중반전이 넘어가도록 썰렁한 관람객 수를 유지하다가 가까스로 800만을 돌파, 820만을 기록하였다. 외국인이 입장객의 5% 선인 약 40만 명만 입장하여 '국내용' 축제였다는 비판도 있었음에도, 서울에서 멀리 위치한 여수와 주요 도시간의 교통편을 감안한다면 관람객 수에서 성공을 거둔 셈이라고 많은 해외 전문가들이나 언론도 평가하였다. BIE 로세르

2012 여수세계박람회 개요

- **행사명**: 2012 여수세계박람회International Exposition Yeosu Korea 2012
- **기간**: 2012년 5월 12일~8월 12일(93일간)
- **장소**: 전남 여수 신항 지구 일대
- **주제**: '살아 있는 바다, 숨 쉬는 연안'The Living Ocean and Coast
- **참가국 수**: 104개국
- **관람객 수**: 820만 3956명
- **도입 시설**: 주제관, 국제관, 한국관, 해양생물관, 국제기구관, 스카이타워, 빅오 Big O 등
- **총개장시간**: 1309시간
- **탄소절감 양**: 716만 3000g

탈레스 사무총장도 기자회견을 통해 "BIE에서는 중소도시가 개최한 세계박람회의 성공 기준을 관람객 수 700만 명으로 보고 있다"고 밝힌 점이 이를 말해준다.

2012 여수엑스포가 갖는 가장 큰 의미는 대부분의 세계엑스포가 대도시에서 개최된 것과 비교하여 인구 30만 명의 소도시에서 열렸다는 점이다. 인정박람회인 점을 감안하여 규모도 작고 혁신적 발명품이나 첨단 테크놀로지, 뛰어난 예술작품 소개도 없었지만, 해안도시 여수라는 지역의 특성을 잘 살린 엑스포였다. 지구에서 바다의 중요성은 언급이 필요 없을 정도로 엄청나다.

그런 점에서 바다를 주제로 바다를 배경으로, 지속 가능한 해양의 미래를 짚어본 최초의 엑스포로서 지구촌 인류에게 '해양환경'과 '기후변화'의 심각성과 중요성을 깨우치도록 외침을 던졌다는 데에 가장 큰 의미를 부여할 수 있겠다. 전문가들의 긍정적 평도 주를 이루어, 페르디난드 나기 BIE 의장도 "여수박람회는 '바다와 연안'이라는 핵심 주제로 세계인의 주목을 끄는 데 성공했다"는 평가를 내렸다.

한편 올림픽이나 엑스포 같은 국제행사를 치른 도시들이 갖는 가장 큰 문제점의 하나는 시설의 사후 활용이다. 여수엑스포도 예외는 아니다. 최근 여수세계박람회재단이 여수박람회장에 투자된 정부 자금 3700억 원을 상환하기 위해 민간 투자유치를 추진 중이라는 보도가 나왔다. 박람회재단은 세계박람회 개최 이후 2013년부터 사후활용을 위해 민간 매각을 추진했으나, 평가결과 사업 내용이 박람회 성격과 맞지 않아 무산되곤 하였다. 박람회재단의 민간 매각 추진은 지역 시민단체의 공공개발 주장을 반영하여, 여수엑스포의 의미를 살리면서 시설의 실용적 활용으로 해결점을 찾아야 한다는 과제가 남아 있다.

❖ 소셜 미디어로 쌍방향 소통이 이루어진 첫 메가 이벤트: SNS 시대의 첫 소셜 엑스포

2002년 일본과 한국에서 열린 월드컵 축구대회와 달리 2012 여수엑스포는 당시에 세계적으로 선풍적 인기를 끌던 SNS 채널(페이스북, 인스타그램, 트위터, 유튜브 등) 가입자들이 본격적으로 늘어났던 시기였다.

여수엑스포 조직위 공식보고서에 따르면, 엑스포 개최 2년 전인 2010년 4월에 다음 블로그와 트위터 채널 개설을 시작으로, 2011년 1월에는 유튜브, 플리커를 개설하고, 3월에 페이스북과 10월에 영문 블로그, 트위터, 페이스북 채널로 확대했으며, 뉴미디어 운영 채널은 총 4개 언어권에 22개를 운영했다. 때마침 같은 시기에 열려 소셜올림픽을 지향했던 런던올림픽 조직위가 개설한 SNS 채널 수는 여수엑스포 채널 수보다 적었다는 언론보도도 나온 것을 보면 여수엑스포의 뉴미디어 활용이 앞서갔다고 할 수 있다.

행사 기간 중 네이버 블로그 방문자는 137만 명, 페이스북 좋아요는 총 15만여 건에, 댓글은 약 3만 5000건에 이르렀으나, 유튜브의 구독자는 겨우 712명, 누적 방문자수는 약 160만 명이라는 정량적 결과가 기록으로 남아 있다.

공식적으로 인스타그램은 엑스포의 채널로 활용되지는 못하였다. 2012년 5월에 전 세계 인스타그램 가입자 수가 겨우 5000만 명이라는 점을 감안하면, 인스타그램을 홍보 채널로 활용하기에는 시기적으로 좀 빨랐던 것으로 볼 수 있다.

위와 같은 결과를 보면 여수엑스포는 소셜 미디어를 포함한 뉴미디어의 효과를 톡톡히 보고 국내외 공중들과의 쌍방향 커뮤니케이션을 이룬 국내 최초의 메가 이벤트라고 할 수 있다.

한편 1993년에 개최된 대전엑스포가 정부나 조직위 주도형 홍보였다면, 본격적인 SNS 시대에 열린 여수엑스포는 국내외 시민들의 실시간 정보 공유의 자발적 홍보가 큰 도움이 되었던 엑스포라 할 수 있다.

자발적 홍보에 가장 큰 역할을 한 것은 엑스포 조직위의 주도하에 시행이 시작되었지만, 1200여 명의 교육자, 문화예술인, IT 전문가, 대학생이 자신들의 재능기부로 참여한 서포터즈 활동을 빼놓을 수 없다. 해외 홍보단에 참여한 대학생들은 자비로 여비를 부담하면서 자신들의 SNS 채널을 통하여 박람회를 알리고, 때로는 플래시몹Flash mob(시가과 장소를 정해 일제히 같은 행위를 벌이는 것)을 통해 엑스포를 홍보하곤 하였다.

❖ 여수의 장소 마케팅Place Marketing을 통한 브랜딩 노력을 기울여야

런던, 파리, 시드니 같은 세계적인 대도시들도 모두 올림픽이나 엑스포를 비롯한 각종 메가 이벤트 개최를 통하여 도시 브랜드를 성공적으로 구축하였음은 학자들의 연구에서도 나타나 있다.

소도시에서 열린 여수엑스포는 아시아에서조차 매우 낮은 여수의 인지도를 그 나름대로 높이는 기회였다. 도시브랜드 평가지수로 잘 알려진 Anholt-GFK Roper 도시브랜드지수City Brands Index는 존재감Presence, 장소Place, 필수요건Prerequisites, 사람People, 생동감Pulse, 잠재력Potential 등 6개 요소를 바

탕으로 평가한다. 그 6P를 기준으로 여수는

- 존재감Presence을 더 키우기 위하여, 지역 소도시에서 벗어나 국제도시로서의 수준을 더 높이고,
- 장소Place로서의 여수가 환경, 도시 건물, 공원 등 물리적 측면에서의 개선과 지역 주민의 인식의 변화가 이루어지고,
- 공공시설들이 제대로 기능하고, 편리성까지 갖추는 필수요건Pre-requisites을 유지하고,
- 주민People들도 더 따뜻하고 친절한 자세를 갖추고, 글로벌 도시인으로서의 자세를 유지하고,
- 여수의 흥밋거리를 더 찾아서 생동감Pulse을 높여주고,
- 여수만의 잠재력Potential을 더 찾아내어서 차별성을 갖도록 하는 노력이 따라준다면 장소 마케팅 측면에서 향후 여수는 성공 사례로 남을 것이라고 기대해 본다.

➡ 참고자료

2012 여수세계박람회조직위원회. 2013. 「2012 여수세계박람회 공식보고서」.
김길성. 2013. 「메가이벤트의 지역이미지 개선효과와 도시브랜드 전략: 여수세계박람회를 중심으로」. 《국제지역연구》, vol.17, no.2, 143~161쪽.
《제일기획 사보》, 2012년 6월호.
《Ordinary Magazine》, 2019년 8월호.
기타 여수엑스포 관련 언론 보도기사.

23

박인비, 세계 골프의 역사를 다시 쓰다

2013년 ● 박인비 세계 골프 제패

조 영 석

아시아나항공 상무

박인비라는 이름으로 포털에서 오래된 순으로 뉴스 검색하면 제일 먼저 이런 기사가 나온다. '제1회 골프다이제스트 전국학생골프대회' 관련 세 문장짜리 단신 기사 말미는 이렇다. "초등부에서는 박인비(분당 서현초 6)가 우승했다". 20년 전인 2000년 8월 29일 자 기사로서, 수십만 개가 넘는 박인비 선수 관련 뉴스의 시작이다.

PR협회가 '2013년의 뉴스'로 '박인비 세계 골프 제패 — LPGA 6승, 상금왕'으로 선정한 배경은, 2013년 10대 뉴스를 살펴보면 짐작이 간다. 이른바 '최초, 최고, 최소, 최다' 이런 것들은 뉴스 가치를 지닌다. 《연합뉴스》 선정 2013년 10대 국내 뉴스를 살펴보면 다음과 같다.

- 국정원 대선 개입 의혹과 검찰총장 낙마
- 북한 장성택 숙청… 김정은 유일 지배체제 공고화
- '내란음모' 통합진보당 이석기 의원 구속
- 남북정상회담 회의록 폐기 유출 의혹 사건과 여야 공방
- 경제민주화와 갑의 횡포 논란

- 박인비 LPGA 메이저대회 3연승… 한국인 첫 '올해의 선수'
- 북한 3차 핵실험
- 대규모 원전 비리와 전력 위기
- 전두환·노태우 전 대통령 미납 추징금 환수
- 기초연금 도입 정책 갈등

유독 2013년 국내에서 어두운 뉴스가 많았는데, 그래서인지 박인비 관련 뉴스가 더욱 돋보인다. 이 장에서는 2013년의 뉴스로 골프선수 박인비를 다룬다. 2013년의 박인비를 제대로 알려면 2013년 이전의 박인비와 그 이후의 박인비를 같이 살펴봐야 한다. 박세리 키즈로 골프채를 잡고 10년 만에 청출어람의 기적을 이뤄낸 박 선수의 뉴스를 따라가 보자.

✤ 골프 유학 1년 만에 US여자주니어골프선수권대회에서 우승 (~2008년)

14세 청소년 골퍼 박인비 기사 앞에는 '교포소녀'란 수식어가 붙어 있다. 분당에서 초등학교를 마치고 미국으로 골프 유학을 떠났기 때문이다. 2002년 7월 28일 한 인터뷰 기사의 제목은 "US주니어골프선수권 우승 박인비"(《연합뉴스》 2002.7.28)로서, 다음은 관련 기사의 일부이다.

"기대를 전혀 안 했는데 우승까지 해서 너무나 영광스러울 뿐이다."

"박세리 등 한국선수들도 다 좋지만 소렌스탐이 현재 '톱'이어서 가장 좋아한다."

"소렌스탐을 능가하는 훌륭한 골퍼가 되겠다."

"작년 미국 유학… 박인비는"(《한국경제》 2002.7.28)이라는 기사를 보자.

박인비는 대표상비군으로 활약하다 지난해 미국유학을 떠난 골프 유망주. 부친 박건규 씨를 따라 골프연습장에 우연히 갔다가 클럽을 손에 쥔 뒤 숨겨진 자질이 나타나면서 골프 선수의 길을 걷게 됐다.

이후 매년 주니어 대회 상위권에 오르내리던 박인비는 2004년 4월 LPGA 다케후지 클래식 대회에 최연소로 출전한다. 1라운드가 끝난 뒤 나온 기사의 헤드라인은 "박인비 "나? 당찬 16세!"… 다케클래식 첫날 공동 7위"(《국민일보》 2004.4.16)였다. 이 대회를 계기로 박인비는 서서히 성인 무대로 무게 중심을 옮기며 기사의 빈도가 높아지기 시작한다. 2006년 LPGA에 입회한 박인비는 2008년 하반기 첫 대회인 웨그먼스 LPGA 대회에서 첫날 공동 1위에 오른다. "한국 자매들, 리더보드 독점하다"(《파이낸셜뉴스》 2008.6.20). 이 대회 1라운드는 한국 여자 선수 9명이 탑10에 이름을 올린다. 이 대회 일주일 뒤 드디어 박인비는 LPGA 첫 우승컵을 메이저 대회에서 들어 올리는 위업을 달성한다. 2008년 US여자오픈 기사 내용들을 살펴보자(《연합뉴스》 2008.6.30).

- 1988년 7월 23일생으로 만 20세가 안 된 박인비는 1998년 박세리(31)가 맨발 투혼으로 우승하며 붐을 텄고 2005년 김주연(27)이 72번째 홀에서 환상의 벙커샷 버디로 우승트로피를 거머쥔 이 대회에서 한국인 우승자 계보를 이었다.
- 10년 전 박세리가 이 대회에서 우승하는 모습을 보고 골퍼의 꿈을 키워온 박인비에게는 더욱 뜻깊은 우승이었고 대회 역사상 만 20세가 안 된 선수가 우승한 것은 이번이 처음이다.
- 이번이 US여자오픈 마지막 출전이 된 아니카 소렌스탐(스웨덴)은 3오버파 295타로 공동 24위에 그쳤지만 마지막 홀에서 이글을 잡아내며 확실한 팬서비스를 했다. 통산 세 번째 메이저 타이틀을 노렸던 세계 랭킹 1위 로레나 오초아(멕시코)는 5오버파 297타로 공동 31위에 머물렀다.

박인비 선수가 '톱이어서 좋아한다'던 소렌스탐의 대회 마지막 출전 경기에서 보란 듯이 우승을 차지한 것이다. 세계 여자골프의 권력이 소렌스탐과 오초아에 이어 박인비로 넘어가는 상징적인 대회였다. 무엇보다 박인비는 최연소 우승 기록을 갈아치웠다. 그녀의 우상 박세리의 우승이 20세 9개월인데, 19세 11개월로 최연소 기록을 10개월이나 앞당겼다.

박세리가 우승하는 모습을 10살 때 보고 골프채를 잡았던 박인비는, 중등부 주니어 대회에서 우승한 후 학업과 골프를 병행하기 위해 미국으로 2001년 유학, 2006년 퓨처스투어 상금랭킹 3위로 LPGA 출전권을 획득했고 투어 2년 만에 첫 우승을 메이저 대회에서 이룬 것이다.

박인비는 "10년 전 세리 언니의 우승 장면이 골프를 전혀 몰랐던 내게도 너무 인상적이었다"며, "나도 어린 선수들에게 꿈을 줄 수 있는 선수가 됐으면 좋겠다"고 말했다.

박인비의 우승으로 자연스럽게 '박세리 키즈'도 부각되며 언론에 집중 조명을 받는다. 김인경, 신지애, 오지영, 김송희, 민나온, 김하늘, 안젤라박 등 박인비와 1988년생 동갑내기 선수들이다. 당시 한 주간신문 기사는 "겁 없는 박세리 키즈, 그녀들의 경쟁력은 펀더멘털"(《중앙선데이》 2008.7.27)에서 박세리 키즈의 공통점을 '튼튼한 펀더멘털'과 '자신감'이라고 정리했다. 또한 이들 박세리 키즈 군단의 위력을 '무적의 손오공 세포 복제'에 비유하며 돌풍의 시작을 예감한다.

박세리 키즈가 명예의 전당에 헌액된 우상(박세리)보다 큰 선수가 될지는 물론 미지수다. 그러나 이들은 젊다. 걸출한 기량에 경험까지 더해지면 파괴력이 얼마나 클지 상상하기 어렵다. 분명한 것은 박세리 한 명의 파괴력보다는 '박세리 II' 10명의 파워가 훨씬 크다는 것이다.

❖ 기나긴 슬럼프와 JLPGA에서의 와신상담 3년 (~2012년)

박인비 선수의 스윙은 독특하다. 천천히 들어올리는 백스윙과 탑 포지션에서 손목 코킹이 없는 점 등 교과서적인 스윙과는 거리가 멀었다. 손목 뼈가 짧아서 무리한 코킹은 손목 부상을 유발하기 때문에 자신만의 방식으로 스윙을 만들게 되었던 것. 메이저 대회 우승으로 박인비에 대한 세간의 관심이 높아지면서 그녀의 스윙 폼은 늘 화제가 됐다. 일부에서는 US여자오픈 깜짝 우승이 일시적인 '아웃사이더의 반란'일 것이라고 내다봤다. 독특한 스윙으로는 롱런하기 어렵다고 본 것이다.

훗날 박인비는 방송(SBS 〈힐링캠프〉, 2013.9.2)에 나와 "어린 나이에 우승한 것도 문제가 됐던 것 같다"고 털어났다. 불안감과 부정적인 생각이 이어지며 입스Yips가 왔다. "2008년 시즌 마지막 대회인 ADT 챔피언십에 나갔다. 해저드가 많은 코스였는데 이날도 '분수샷'이 나와서 공을 많이 잃어버렸다." 그녀는 17번 홀을 마치고 공이 하나만 남게 되자 기권을 선언한다. 공이 다 떨어지면 퇴장을 당하게 되는데, 마지막 남은 한 홀을 '공 하나로 홀아웃할 수 있을까'가 걱정돼서 차라리 기권하는 지경에 이르렀다. 세상에 깜짝 나왔던 박인비는 놀라운 속도로 긴 슬럼프에 접어들게 된다.

이후 JLPGA 무대로 옮긴다. 골프 코치인 지금의 남편이 샷 교정을 도와주었고 다시 상승세를 탄다. JLPGA에서 2010년 2승, 2011년 1승, 2012년 개막전 우승을 하다가 2012년 7월 에비앙 마스터스에서 4년 만에 LPGA 우승컵을 들어올린다. 부활의 신호탄을 쏘아 올린 것이다. "스카이 다이버가 내려와 태극기를 건네줬다. 올림픽 때 국기를 휘감는 걸 보면서 나도 하고 싶다고 생각했는데 오늘 그 소원을 이뤘다". 이 해에 박인비는 두 번의 우승과 여섯 번의 준우승으로 상금왕에 오른다.

❖ 골프의 역사를 새로 쓰다(2013년)

박인비는 2013년 2월 태국에서 치러진 시즌 개막전에서 기분 좋은 1승을 올리며 시동을 건다. 흥미로운 건 그 당시 기사 두 꼭지다. "역전 우승 박인비 '짐을 싸고 있었다'"(《연합뉴스》 2013.2.24), "박인비 우승, 할아버지 소원 풀어드렸다"(《이데일리》 2013.2.24). 선두와 2타 뒤진 스코어로 경기를 마친 박인비는 짐을 싸고 있었는데 선두이던 태국의 주타누간 선수가 마지막 홀에서 트리플 보기를 기록하는 바람에 행운의 우승을 차지하게 된 것. 더구나 이 대회에는 고령의 할아버지가 직접 필드 응원을 나온 터였다. 박 선수의 인터뷰 내용이다. "현장에서 손녀의 우승을 보고 싶어 하셨던 연로하신 할아버지의 소원을 이뤄드린 우승이라 더욱 뜻깊다."

시즌 첫 메이저 대회 크래프트 나비스코 챔피언십을 앞두고 나온 "한국 군단 올해도 '호수의 여인' 차지할까"(《연합뉴스》 2013.4.2) 기사에는 우승 후보군 언급에서 박인비가 2순위로 밀려 있다. 기사는 디펜딩 챔피언 유선영과 2012년도 US여자오픈 우승자 최나연, 브리티시여자오픈 우승자 신지애 등을 우승 후보 1순위로 올렸다. 결과는 박인비의 생애 두 번째 메이저 대회 우승. 5년 만에 메이저 퀸에 등극한 것이다. 이때까지만 해도 이것이 메이저 3연승의 시작이 될 줄은 아무도 몰랐다.

이후 6월의 웨그먼스 LPGA 챔피언십과 US 여자오픈까지 박인비는 메이저 3연승의 위업을 달성한다. 무려 63년 만의 기록이다. 두 대회 중간에 월마트 NW 아칸소 챔피언십 우승은 가려져 있는데, 이것 역시 3개 연속 대회 우승이라는 진기록이다. 2013년 한 해에만 총 6개 대회 우승, 메이저 3연승, 3개대회 연속 우승 등을 기록하며 드디어 '올해의 선수상'을 거머쥔다. 1인 천하 '골프 여제'로 올라선 것이다. 한국PR협회가 이 사건을 2013년의 뉴스로 손꼽은 이유가 충분하다.

❖ 커리어그랜드슬램, 최연소 명예의 전당 입회 그리고 올림픽을 향하여
(2013~2016년)

박인비는 2014년 메이저 1승 포함 4승. 2015년 메이저 2승 포함 5승을 거둔다. 특히 2015년 메이저 2승은 두 대회 모두 특별한 의미를 갖는다. 먼저 당시 기사 제목을 보자. "'메이저 3연패' 박인비, 10년 만의 대기록… 세계랭킹·상금 1위"(《매일경제》 2015.6.15).

> 2013년과 2014년에 이어 이 대회(KPMG 위민스PGA챔피언십)에서만 3번째 우승을 거머쥐었다. 이번 우승으로 박인비는 역대 LPGA 투어에서 메이저대회 3연패를 달성한 세 번째 선수로 기록됐다. 박인비에 앞서 패티 버그(미국)가 1937~1939년 당시 메이저 대회였던 타이틀홀더스 챔피언십에서 연속 우승했다. 그 이후 아니카 소렌스탐(스웨덴)이 2003~2005년까지 LPGA 챔피언십을 3연패했다. 박인비의 기록은 소렌스탐 이후 10년 만에 나온 대기록이다. 메이저 6승을 포함해 LPGA 투어 통산 15승을 올린 박인비는 세계여자골프 랭킹에서도 리디아 고(18)를 2위로 밀어내고 1위 자리를 되찾았다. 메이저 6승은 박세리(5승)를 넘어선 한국 선수 중 최다 우승이다.

여기에 8월 브리티시 오픈마저 우승하며 메이저 7승을 달성한다. 이 우승은 4종의 서로 다른 메이저 우승인 '커리어 그랜드슬램'이었다. 여자 골프 역사상 일곱 번째이자 아시아 최초의 대기록이다.

2015년 11월 한국인으로서는 두 번째로 LPGA 명예의 전당에 가입 조건을 획득하고, 입회 10년을 채운 2016년 6월 명예의 전당에 입성했다. 만 27세 10개월 28일로 역대 최연소 기록이다. 명예의 전당에 이름을 올린 25번째 선수이다.

LPGA를 평정한 박인비가 새롭게 세운 목표는 2016년 리우데자네이루 올림픽. 골프가 116년 만에 정식 종목이 된 올림픽에서 메달 획득을 목표로 참가한다. 그러나 당시 손가락 부상이 심했고 시즌 내내 부진하여 대회 직전까지 올림픽 출전 여부가 불투명했다. "박인비, 부상 이유로 인터내셔널 크라운 불참…올림픽도 '빨간불'"(《이데일리》 2016.6.21). 대표팀 코치 박세리도 인터뷰에서 일말의 불안감을 숨기지 않았다.

> "목표는 국민의 바람대로 금·은·동메달을 다 가져오는 것입니다. 하지만 목표만큼 성적이 안 나오더라도 기대하셨던 것만큼의 위로를 우리 선수들에게 보내주셨으면 좋겠습니다"(《서울경제》 2016.7.27).

그러나 박인비는 각오를 다진다. "올림픽 출전을 하기까지 힘든 결정을 했다. 올림픽은 꿈의 무대이고, 저도 그 어느 때보다 열심히 준비했기에 후회 없이 모든 걸 쏟아붓겠다. 목표는 당연히 메달이다"(《스포츠서울》 2016.8.4).

막상 올림픽이 시작되자 박인비는 1라운드를 제외한 전 라운드 내내 1위를 달리며, 최종 16언더파로 대한민국에 아홉 번째 금메달을 안긴다. 이로써 남녀 골프 역대 최초로 '골든 커리어 그랜드슬램'을 달성한다.

❖ 이제 남겨놓은 마지막 수식어는 '슈퍼 그랜드슬램'(~2019년)

LPGA 역사를 새로 쓴 박인비에게 새로운 기록으로 남아 있는 건 이제 '슈퍼 그랜드슬램' 하나뿐이다. 5대 메이저 대회를 모두 우승하는 것인데 남은 대회는 에비앙 챔피언십. 실은 이 대회가 메이저로 승격되기 직전인 2012년에 박인비가 이미 우승한 바 있는 대회다. 그래서 에비앙 대회만 열리면 박인비는 스포트라이트를 받는다. 과연 박인비가 메이저 5개를 석권하는 '슈퍼 그랜드슬램'을 달성할 수 있을까 하는 기대 때문이다. 다음은 2018년 에비앙 챔피언십 대회를 앞두고 나온 관련 기사다(《한국일보》 2018.9.12).

박인비에게도 에비앙 챔피언십은 마지막 퍼즐조각 같은 대회다. 그는 US여자오픈(2008)과 크래프트나비스코챔피언십(2013, 현 ANA인스퍼레이션), 웨그먼스 LPGA챔피언십(2013, 현 KPGM 위민스PGA챔피언십), 브리티시여자오픈(2015) 우승을 차지하고 2016 리우올림픽 여자 골프 금메달까지 따냈음에도, 2013년 메이저 대회로 격상한 에비앙 챔피언십 우승이 없다는 이유로 일부 해외 매체로부터 '진정한 그랜드슬래머가 아니다'라는 비아냥을 들어야 했다.

"박인비, 이미 우승한 에비앙서 '슈퍼 그랜드슬램' 도전"(《한국경제》 2019.7. 23) 제하의 기사는 여전한 기대감이 녹아 있다.

LPGA는 4대 대회 우승자에게 '커리어 그랜드슬램', 5개 메이저대회 우승자에 겐 '슈퍼 커리어 그랜드슬램' 타이틀을 부여하기로 정의했다. 2016년 리우올림픽에서 금메달까지 목에 걸며 '골든 커리어 그랜드슬램'까지 달성한 그다. '슈퍼 커리어 그랜드슬래머' 타이틀은 그가 남겨놓은 마지막 수식어다.

끝을 알 수 없는 박인비의 질주는 어디까지 갈 것인가? 2018년 두산 매치플레이 챔피언십 우승으로 국내 대회에서 우승하지 못했던 아쉬움도 씻어낸 그녀에게 언론은 '은퇴'를 묻기 시작했다. 박인비는 슈퍼 커리어 그랜드슬램과 올림픽 2연패를 목표로 삼는다고 밝힌 바 있지만, 현역 선수로서 이룰 것은 사실상 다 이뤘다고 보기 때문이다.

"박인비 "은퇴? 언제 해도 이상할 것 없지만 아직은 아냐""(《연합뉴스》 2019.8.9) 제하의 기사를 살펴보자.

"은퇴를 생각한 건 오래전부터"라고 운을 뗀 뒤 "그러나 골프가 즐겁고, 해볼 만하다고 생각한다. 언제라고 단정하기 어렵다"고 말했다. 그는 "골프가 좋다기 보다는 골프를 하는 내가 좋다"면서 "골프는 기쁨을 주는 순간보다 스트레스를 더 많이 주지만 도전하게 된다"고 골프채를 놓지 못하는 이유를 설명했다.

1998년 US오픈에서 해저드 구역 안의 공을 치러 양말을 벗고 연못에 들어
갔을 때 까맣게 탄 종아리와 대비되는 박세리의 하얀 발을 보고 "골프를 치면
발이 하얘지는구나" 하고 생각했다는 초등학교 4학년 소녀. 그녀가 LPGA 통
산 19승, 유러피언 투어 3승, JLPGA 투어 4승, KLPGA 1승 등 전 세계 투어 통
산 27승의 기록을 세웠다. 그녀의 기록 행진은 언제까지 이어질까? 페어웨이
에 안착하는 드라이버와 송곳 아이언, 귀신같은 퍼팅. 무엇보다 '평온의 여왕
Queen of serene'으로 불리는 강철 멘털이 그녀에겐 남아 있다. 무엇보다 그녀는
자신을 사랑하는 법을 안다. "골프가 좋다기보다는 골프를 하는 내가 좋다".

➡ 참고자료

SBS 〈힐링캠프〉. 2013.9.2.
《국민일보》. 2004.4.16. "박인비 "나? 당찬 16세!"… 다케클래식 첫날 공동 7위".
《매일경제》. 2015.6.15. "메이저 3연패' 박인비, 10년 만의 대기록… 세계랭킹·상금 1위".
《서울경제》. 2016.7.27. "박세리 '목표는 금·은·동… 못해도 안아주세요'".
《스포츠서울》. 2016.8.4. "올림픽 출전 앞둔 박인비 '메달 위해 모든 걸 쏟아붓겠다!'"
《연합뉴스》. 2002.7.28. "US주니어골프선수권 우승 박인비".
《연합뉴스》. 2008.6.30. "US여자오픈골프 − '세리 키드' 박인비, 최연소 우승(종합2보)".
《연합뉴스》. 2013.2.24. "역전 우승 박인비 '짐을 싸고 있었다'".
《연합뉴스》. 2013.4.2. "한국 군단 올해도 '호수의 여인' 차지할까".
《연합뉴스》. 2019.8.9. "박인비 "은퇴? 언제 해도 이상할 것 없지만 아직은 아냐'".
《이데일리》. 2013.2.24. "박인비 우승, 할아버지 소원 풀어드렸다".
《이데일리》. 2016.6.21. "박인비, 부상 이유로 인터내셔널 크라운 불참… 올림픽도 '빨
       간불'".
《중앙선데이》. 2008.7.27. "겁 없는 박세리 키즈, 그녀들의 경쟁력은 펀더멘털".
《파이낸셜뉴스》. 2008.6.20. "한국 자매들, 리더보드 독점하다".

《한국경제》. 2002.7.28. "작년 미국 유학… 박인비는".

《한국경제》. 2019.7.23. "박인비, 이미 우승한 에비앙서 '슈퍼 그랜드슬램' 도전".

《한국일보》. 2018.9.12. "박성현·박인비, 에비앙 챔피언십 동상이몽".

위기관리와 진상규명의 실패가 낳은 우리 시대의 비극

2014년 ● 세월호 참사

김영욱

이화여자대학교 커뮤니케이션·미디어학부 교수

2014년 4월 16일 오전 8시 52분 한 학생이 119로 배가 침몰하고 있다는 다급한 전화를 걸어온다. '지금 배가 침몰하고 있으니 어떤 조치를 취해달라'는 내용이었다. 하지만 그 이후에 관계기관으로부터 구조를 위한 어떤 유효한 조치도 취해지지 않았고, 사건 현장을 책임져야 할 선장과 승무원들은 승객들을 내버려 둔 채 도망쳐 버린다. 그 전날 수학여행을 떠난 안산 단원고 학생 325명을 포함해서 476명의 승객을 태운 세월호는 인천부두를 떠나 제주도를 향하는 길이었다. 결국 세월호는 어떤 실질적인 구조 조치도 받지 못한 채 4월 18일 진도군 조도면 해상에서 304명의 억울한 희생자들과 함께 완전히 침몰했다.

그것은 대한민국의 침몰이었다. 세월호 침몰 이후의 과정은 더 큰 혼란을 보여준다. 4월 29일 대통령이 대국민 사과를 하고, 5월 19일 대국민 담화를 발표했지만, 사고 당일 행적이 불분명했던 대통령과 사고 대응에 무기력한 정부에 대한 국민들의 비난은 갈수록 커져 갔다. 4월 18일 실종자 가족들의 대국민 호소문 발표를 시작으로 5월 22일 세월호참사 국민대책회의가 발족되었고 350만 명이 진상규명 서명에 참여하였다. 진상규명을 위한 노력이 없었던 것은 물론 아니다. 문제는 그것이 형식적이었고, 진실하게 사건의 원인을 밝혀내려는 노력으로 이어지지 못했다는 것이다. 검찰의 해운비리에 대한 중간 수사결과가 발표되고, 세월호의 실질적인 선주였던 유병언의 사망이 확인되었지만, 국민들은 세월호와 함께 침몰해 가는 진실과 그 진실의 규명을 방해하는 정부의 태도에 분노할 수밖에 없었다. 이러한 국민들의 분노가 일부 반영되어 10월 31일 세월호 특별조사위원회가 발족되었지만 그 활동은 더뎠고, 오히려 정부 측에서 임명한 조사위원의 방해 등으로 진실규명은 점점 더 멀어져 갔다.

진실의 힘 세월호 기록팀이 쓴 『세월호, 그날의 기록』에 따르면 희생자 부모들이 겪었던 상실의 아픔과 함께 그들을 분노하게 한 것은 사고 이후 정부가 보여준 태도와 진상 규명 의지의 부족이었다. 정부가 한 번이라도 희생자 부모들의 아픔을 진정으로 공감하려는 노력을 취했다면, 위기를 극복하기 위한 진정성을 보여주었다면, 안전 한국에 대한 믿을 만한 비전을 조금이라도 제시했다면, 이렇게까지 대부분의 국민이 절망으로 몸부림치지 않았을지도 모른다. 하지만 세월호 참사에 정부는 없었다. 세월호에 대한 선체 인양이 이루어진 것은 촛불혁명으로 정권이 바뀌고 새로운 정부가 들어선 2017년 3월의 일이었다.

✤ 침몰 및 구조 상황의 총체적 실패

도대체 무엇이 잘못되었을까? 구체적인 원인 진단을 위해서는 상황별로 쪼개서 무엇이 잘못되었는지 살펴볼 필요성과 함께, 그런 일이 일어날 수밖에 없었던 구조적인 문제와 전체적인 정부 위기관리 시스템의 문제를 짚어볼 필요가 있다. 그날 세월호의 침몰 과정과 구조 상황을 살펴보면 위기관리 기능이 갖추어지지 않았으며, 위기 상황에서 대처 방법, 대응 및 행동 요령이 전혀 작동하지 않았음을 알 수 있다. 특히 위기 커뮤니케이션 기능이 작동하지 않았기 때문에 관련 주체들 간의 상황 파악이나 원활한 정보교류가 전혀 이루어지지 않았다. 이미 배가 가라앉았는데 선상 구조 방법을 지시하거나, 사람들이 모두 구조되었다고 하는 잘못된 정보가 아무런 검증 없이 서로 간에 전달되는 등 기본적인 위기 커뮤니케이션이 이루어지지 않았다. 가장 이해가 되지 않는 부분은 승객의 안전을 책임진 선장 및 승무원이 승객들에게 객실에 가만히 있으라는 부적절한 지시를 한 다음, 자신들은 도망쳐 나왔다는 사실이다. 선장 및 승무원의 위기관리 실행 능력 부재도 문제이지만 도덕성의 부재, 업무 책임감의 부재가 위기를 더 키운 측면이 크다.

그날 9시 25분 아직 배가 완전히 기울어지지 않은 상황에서 진도해상교통관제센터는 세월호와의 교신에서 선장이 배를 버리고 승객들을 탈출시킬 것인가에 대한 판단을 하고 현장 조치를 취할 것을 명령한다. 하지만 선장과 승무원들은 아무런 조치를 취하지 않고, 자신들만 도망쳐 버린다. 왜 선장과 승무원들은 승객들을 탈출시키지 않았을까? 이 부분에서 우리 모두는 이성적인 분석의 한계를 느낄 수밖에 없다. 어떤 기준으로도, 어떤 설명으로도 이런 우둔함, 총체적인 책임감 부재, 이기주의의 극치를 이해할 방법은 없다. 하지만 냉정히 돌아보면 이런 일들이 세월호 참사에서만 일어난 것도 아니며, 우리 사회에 이런 일들이 반복해서 일어나고 있음에도, 그것을 자정할 능력이나 의지가 없었다는 것을 지적하지 않을 수 없다. 2003년 일어났던 대구지하철 화재 참사에서도 위급상황임에도 객실에 머물라는 안내방송을 했고, 기관사가 마스터키를 뽑고 도망가는 바람에 승객들은 불이 난 객실에 갇혀 몰살당하는 일이 있었다. 역사적인 사실을 소환하면, 6·25 전쟁이 발발하자 서울은 안전하다고 방송하면서 혼자서 도망친 대통령도 있었다.

어떤 일이 반복해서 일어날 때는 좀 더 근본적으로 문제해결을 위한 숙고의 시간을 사회 전체가 가질 필요가 있다. 사회가 그것을 개선할 반성의 시간과 문제 해결의 시간을 가지지 못한다면, 그 사회는 야만의 시대로 돌아갈 수밖에 없다. 표면적으로는 선장이나 승무원이 어떤 위기관리 교육도 받지 못했고 위기를 관리할 능력도 갖추지 못한 것을 원인으로 지적할 수 있고, 사회 전체적으로 보자면 사회 전체의 안전의식이나 위기관리 역량을 강화하기 위한 노력이 절대적으로 부족했다는 것을 지적할 수 있다. 하지만 세월호 참사를 대하는 정부의 대응은 심지어 교통사고와 다름없다는 말이 나올 정도로 안이했고, 이는 반복된 위기에도 전혀 개선의 여지를 보여주지 않는 정부의 무능력에 대한 비판으로 이어지는 계기를 제공한다.

　세월호 참사는 중앙집중식 위기관리 대응의 한계를 여실히 보여주었다. 청와대, 해양경찰청 등 중앙에 집중된 권력들이 현장 기능의 작동을 오히려 방해했다. 중앙에 집중된 권력들은 현장의 구조 기능을 강화하기보다는 내부 보고용 자료 수집을 더 강조하는 모습을 보여주었다. 청와대와 해양경찰청은 내부 보고용 현장 사진을 보내달라거나 VIP의 현장 의전에 더 신경 쓰는 모습을 보여주었다. 재판 과정에서 드러난 바에 의하면, 참사 당일 청와대가 해경 상황실에 내부보고용 자료작성을 위해서 100번이 넘게 교신한 것으로 나타났다. 이는 현장 상황에 대한 절대적인 몰이해에 따른 것으로 구조 능력을 분산하고 현장 대응 능력을 심각히 훼손하는 것이다.

　현장 대응팀의 무능력과 사실상의 부재, 훈련과 실제 경험의 미비, 현장 위기관리 기능의 미작동도 중요한 문제였다. 현장 상황에 대한 준비된 위기관리 기능이 미비했기 때문에 전반적인 대응 능력이 부재했고, 현장 인력이 상황을 냉정하게 파악하고 의사 결정하는 능력 또한 부족했다. 구조 대응에서도 심각한 무능력이 나타났는데, 9시 25분에 서해해경청 소속 헬기 511호와 해경 123정이 도착했음에도 세월호와 구조를 위한 어떠한 교신도 하지 않았을 뿐 아니라, 승객들이 바다에 보이지 않았음에도 필요한 퇴선명령도 하지 않았다. 한마디로 어떤 일을 어떻게 진행해야 할지 아무것도 모르는 총체적인 난국이었다. 더 어처구니가 없는 일은 해경 123정이 10시 13분, 그 중요한 순간에 이준석 선장 등 승무원들만을 태우고 현장을 떠나버린 것이다.

✤ 구조적인 문제와 우리 안의 적들

5월 13일 검경합동수사본부의 발표를 통해 세월호 침몰에는 여러 요인이 복합적으로 작용했음이 드러났다. 검경합동수사본부의 발표문에 따르면 선박의 불법적인 증축과 평형수 부족에 따른 복원성 문제, 상습적으로 화물을 과적하고 화물을 배에 대충 고정하는 일반적인 무사안일의 문제, 물살이 빠른 맹골수도에서 급격하게 항로를 변경한 문제 등이 복합적으로 작용한 것으로 드러났다. 모든 참사가 그렇듯이 모든 요인들이 한 순간에 맞아떨어지면서 상상할 수 없는 비극을 만들어낸다. 그중 하나라도 그 시각에 작동하지 않았다면 참사를 막을 수 있었을 것이다. 하지만 이를 달리 말하면 위기를 관리하기 위한 어떠한 조치도 작동하지 않았다는 것이 문제가 된다. 어떤 기능 하나만이라도 작동하거나 한 명이라도 문제를 인식하고 대응했다면 이런 참사를 막을 수 있었을 것이다. 이는 결국 전체 사회 구조적인 문제와 연결하지 않고는 이런 참사를 막기 어렵다는 것을 대변한다.

원인 발표를 보면 결국 우리 사회 전반을 관통하고 있는 안전 의식의 부재와 대충대충 문화가 참사의 발단임을 알 수 있다. 배를 불법적으로 증축하고, 화물을 상습적으로 과적하는 것과 같은 안전의식의 부재는 꼭 세월호만 적용되는 문제라고 할 수도 없다. 우리 사회 전반에 흐르고 있는 잘못된 효율성 신봉은 근본적인 원칙들을 너무도 쉽게 무너뜨린다. 이러한 문제는 결국 사회 전반에 흐르고 있는 이익 우선의 문화, 자본의 무한 착취와 연결된다. 자본주의가 낳을 수 있는 가장 위험한 시스템이 세월호에도 적용되어 죄 없는 사람들의 목숨을 앗아갔다. 화물을 늘리기 위해 평형수를 뺄 때에 사람들의 안전을 한 번이라도 생각했다면, 오직 이윤 증대만을 위해 화물을 과적하면서 이것이 사람들의 안전을 위협할 수 있다는 것을 생각했다면, 이런 일은 일어나지 않았을 것이다. 사람을 살리는 원칙보다는 이윤 창출이나 기업가의 배를 불리기를 원하는 사회는 앞으로도 계속 사람을 죽게 만들 수밖에 없다.

사회 전반적인 안전 의식의 부재와 함께 선박을 불법 증축하거나 개조하는 과정에서 어떤 감시시스템도 작동하지 않았다는 것도 문제로 지적될 수 있다. 선박의 안전성과 안전 운항을 감시해야 할 업무는 한국선급과 해운조합이 맡았는데, 이 조직에는 전직 해양수산부와 해양경찰청 간부들이 자리 잡아 선박회사의 로비기관 역할을 담당했기 때문에 감시 업무가 이루어지기 힘들었다. 감시시스템의 부재는 규제기관의 사람들과 선박회사가 연결된 시스템, 즉 해운업을 둘러싼 카르텔의 문제와도 연결된다. 사회 곳곳에서 기득권이 네트워크를 형성하고 자신들의 배불리기에만 집중하는 구조적인 문제가 여기에도 그대로 적용된다. 우리 사회에 카르텔이 없는 업종이 없다는 것을 생각하면 이는 우리 사회의 구조적인 문제를 여실히 보여준다.

✤ 정부 위기관리와 진상규명 과정의 역사적 과오

민주사회를 위한 변호사모임이 출간한 『4·16 세월호 민변의 기록』에 따르면 박근혜 정부가 국민안전과 부정부패 일소를 기치로 정권을 잡았지만 세월호 참사를 통해서 국민들은 정부의 무능과 무책임의 실체에 대해서 비로소 인식하게 되고, 그것이 정권을 무너뜨리는 힘으로 작용하게 된다. 이명박·박근혜 정부는 규제 완화와 민영화를 주장했지만 실상은 그것이 국민의 안전을 해치고, 일부 기득권 세력의 사욕을 채우는 데만 이용된다는 것을 국민들이 인식하게 된 것이다. 결국 세월호 위기관리의 실패는 정권의 부도덕성과 무능이 외면적으로 비극적으로 표출된 것이라고 할 수 있다.

이러한 정부의 위기관리 실패는 위기관리의 양파모델onion model로도 설명이 가능하다. 위기가 일어나면 표면적으로 보이는 것은 기술적인 결함이거나 표피적인 현상이지만 사실은 양파를 까나가듯이 더 심층의 원인들이 자리를 잡고 있다. 그것은 전체 조직 구조의 문제라든지, 일을 맡은 사람들이 가지고 있는 부적격성, 조직의 잘못된 문화 등을 말한다. 하지만 이러한 요소들을 뛰어넘어 가장 중요한 심층의 원인은 조직을 맡고 있는 지도자의 비전 부재, 무능력과 부도덕성이다. 양파모델은 정부의 위기관리에도 그대로 적용될 수 있다. 위기관리에 무능한 정부는 보유한 전담 조직과 인력이 취약할 뿐만 아니라 정부 조직의 문화를 위기에 취약한 조직 문화로 만들어간다. 특히 문제가 되는 것은 대통령을 비롯한 최고 상층부의 위기관리에 대한 인식 부족과 무능함이다. 세월호 참사의 위기관리 실패는 표면적으로 현장 인원들의 관리 실패, 기술적인 결함 등으로 밝혀졌지만, 심층적으로 분석해 보면 정부가 위기에 대응하는 시스템을 갖추지 못했고, 위기관리를 이끌어갈 효율적인 리더십이나 비전을 가지지 못한 것이 근본적인 원인이었음을 알 수 있다.

세월호 참사 당일 행적에 대한 청와대 관련자 재판 결과에 따르면 청와대 국가안보실 위기관리센터와 해경상황실이 첫 통화를 한 시각이 9시 20분이었지만, 처음으로 대통령에게 상황보고가 이루어진 시간은 10시 22분이었다. 이때는 이미 세월호 승객을 구조할 골든타임이 지나버린 뒤였다. 대통령 본인뿐 아니라 청와대 참모진의 안이한 대응도 눈에 띄는데, 이날 첫 청와대 참모들의 공식회의는 4시 10분에서야 열렸다. 당일 위기관리센터를 포함해 청와대의 어떤 공식행사에도 대통령은 참석하지 않았다. 국가 위기관리의 실패는 대통령의 위기관리에 대한 인식 부족과 무능에서 일차적으로 기인하는 것이다. 또한 국가 위기관리와 관련하여 청와대의 조직, 인력, 문화가 총체적인 붕괴 상태에 놓여 있었으며, 전체 청와대 분위기가 위기를 관리할 수 있는 컨트롤 타워의 역할보다는 위기에 취약한 무사안일주의에 물들어 있었다는 것이 가장 큰 문제로 지적될 수 있다. 수사 결과에 따르면 그날 청와대 비서실에서 대통령에게 이메일로 11차례나 상황보고를 보냈지만 대통령에게는 한 건도 실시간으로 전달되지 않은 것으로 알려졌다.

위기의 발생과 위기 대응에서 정부가 보인 미숙함이 참사의 직접적인 원인이었지만, 위기가 발생하고 난 다음 사태를 수습하고 대책을 마련하는 과정에서 보여준 정부의 안이함도 위기관리 측면에서 이해되지 않는 면이 많다. 위기가 발생하면 일단은 희생자를 최소화하고 피해를 줄일 수 있는 정보전달 측면의 커뮤니케이션이 이루어져야 하지만, 사태가 종결되고 난 다음은 사건의 실체와 원인을 파악하고, 재발 방지를 위해 국민적인 총의를 모으는 것도 매우 중요한 커뮤니케이션 활동이다. 하지만 정부는 세월로 참사에 대한 진상 규명에 적극적으로 나서지도 않았을 뿐만 아니라, 이 사건으로 상처받은 대부분의 국민들을 위로하고, 안전하고 더 나은 대한민국을 제시하는 데 매우 무능력한 모습을 보였다. 국가적인 위기가 일어난 다음 발표되는 정부의 사과는 진상의 규명과 함께 다시는 그런 일이 일어나지 않을 것이라는 확신을 국민에게 심어줄 수 있어야 한다. 하지만 정부는 오히려 진상규명을 방해하려고 했을 뿐만 아니라 더 안전하고 새로운 나라에 대한 비전을 아무것도 심어주지 못했다. 따라서 국가 위기관리의 실패가 정권의 실패를 불러온 것은 어찌 보면 당연한 일이다.

침몰 이후의 수색 작업은 정부가 2014년 11월 11일 수색 작업 종료를 발표함으로써 끝이 났다. 총 209일간이었다. 이 기간은 수색 작업이 이루어진 기간이기도 했지만, 진상규명과 관련하여 끊임없는 논란이 이루어졌던 기간이기도 했다. 이 기간과 그 이후 보여준 정부의 모습은 매우 실망스러웠다. 참사의 진상 규명에 대한 의지가 없었을 뿐만 아니라, 국민 모두와 함께 참사의 원인을 짚어보고 재발 방지를 위한 사회적인 총의와 동력을 모으는 데도 매우 미숙했다. 이는 여러 건의 대국민사과와 담화, 정부의 발표문 등에 나타난 부적절한 위기 커뮤니케이션을 통해서도 쉽게 알아볼 수 있다. 사과와 발표문의 시점과 내용이 모두 부적절했을 뿐만 아니라 위기 커뮤니케이션이 갖추어야 할 기본을 결여한 조악한 수준의 커뮤니케이션이 이루어졌다. 세월호 참사에 대한 구조 과정과 진상규명 과정에서 보여주었던 정부의 위기관리는 참담하게도 교과서적인 실패 요소들을 모두 담고 있었을 뿐만 아니라, 역사적인 과오로 기록될 만한 사악한 의도를 곳곳에 노정하고 있다.

✤ 언론의 역할과 PR 커뮤니케이션의 담론 경쟁에 대한 첨언

세월호 참사에 대한 언론의 보도를 보면 책임자를 규명하고 희생자에 대한 인간적 관심을 드러내는 프레임이 주로 사용되었다. 하지만 참사의 근본적인 해결이나 대책에 집중하는 기사는 상대적으로 적게 나타났다. 또한 참사의 원인과 책임을 규명하는 데 정부기관의 자료에 의존했고, 사후 대책 수립에 대한 논의를 갈등 관계로 규정함으로써 진정한 해결 노력을 보여주지 못했다. 또한 가장 아쉬운 점은 세월호 참사를 사고로 프레임함으로써 노후선박 안전점검기준 완화, 선박연령기준 완화, 해양수산부 출신 인사들이 지배하는 한국선급의 부실한 안전 검사 등 경제 이데올로기가 지배하는 사회 구조적 문제에 대해 국가 책임을 엄격히 묻지 못한 것이다.

하지만 PR 커뮤니케이션의 입장에서 담론경쟁이 활성화되었다는 것은 긍정적인 신호로 읽힌다. 예전 같으면 정부의 발표와 커뮤니케이션 채널 독점을 통해서 대충 넘어갔을 일들에 대해, 사회적으로 힘이 약한 그룹들도 PR 커뮤니케이션 기능을 강화함으로써 경쟁적인 담론을 사회적으로 유포하고, 정부의 독점적인 담론과 대등하게 대응했다는 점은 매우 특이한 현상이라고 할 수 있다. PR 커뮤니케이션의 주체로서 유가족과 시민단체, 정부, 진보 언론, 그리고 보수 언론이 구성한 담론들 중 적극적인 담론적 실천을 보인 담론은 유가족과 시민단체 그리고 진보언론의 진상규명 담론이었다. 유가족과 시민단체는 진상규명 담론을 구성하였고, 담론의 헤게모니를 확보하기 위해 스스로 다양한 방식으로 담론적 실천을 형성해 갔다. 유가족과 시민단체들은 진상규명 담론을 꼬리 자르기 담론, 특별법 담론, 기억 담론으로 변화시키면서 정부에 대항하는 역동적인 담론적 실천을 이어갔다. 결국 유가족과 시민단체들은 세월호 참사가 우리 사회에 던지는 '의미'를 진상규명을 통해 공유하고자 했다. 보상 담론과 피로감 담론과 같은 정부와 보수언론의 끊임없는 왜곡이 있음에도 유가족과 시민단체의 담론경쟁은 성공적이었고, 대등한 담론 대치 상황을 보여주었다. 세월호 참사는 비극을 함의하고 있음에도, 사회적인 약자도 담론의 주체로서 담론 헤게모니를 획득할 수 있으며 거대 권력에 대항할 수 있다는 것을 보여준 역사적 사건이었다.

❖ 안전한 대한민국을 위하여, PR 커뮤니케이션에 남겨진 과제

학생들이 직접 찍은 침몰 직전의 세월호 내부 모습과 학생들의 대화 장면을 담은 영상은 많은 생각을 하게 만든다. 그 순간에 이루어졌던 많은 선택과 그 선택이 이루어지게 만든 구조적인 모순이 그들을 죽음으로 몰았을 것이다. 그 잘못된 선택과 그 선택을 만들어낸 잘못된 구조가 죄 없는 사람들을 죽음으로 몰아갔다는 것을 인지한 이상, 우리에게 남겨진 선택은 하나뿐이다. 앞으로 얼마나 안전한 대한민국을 만들 것인가의 문제이다. 그것은 결국 서로를 지켜줄 수 있는 사회적인 연대에 대한 국민적인 공감대를 형성하고, 위기를 안정적으로 관리할 수 있는 시스템을 만들어가는 일이다. 이런 일은 사람과 사람을 이어주고, 지속가능한 관계를 효율적인 시스템과 연결하는 PR 커뮤니케이션이 작동하지 않는다면 어려운 일이다. 세월호는 우리 사회의 문제를 해결하기 위해 PR 커뮤니케이션이 좀 더 사회적인 역할을 강화해야 한다는 시대적인 명제를 안겨주었다. 그것을 외면할 자유는 우리에게 없다.

➡ 참고자료

김영욱·함승경. 2015. 「언론의 세월호 참사보도 구성」. 《위기관리논집》, 11권 7호, 51~77쪽.

_____. 2015. 「세월호 침몰은 참사인가? 사고인가?」. 《홍보학연구》, 19권 4호, 83~116쪽.

민주사회를 위한 변호사모임. 2014. 『416 세월호 민변의 기록』. 서울: 생각의길.

유시민. 2014.『나의 한국현대사』. 서울: 돌베개.

진실의 힘 세월호 기록팀. 2016.『세월호, 그날의 기록』. 서울: 진실의힘.

국제 스포츠 대회의 갈림길에서 열린 인천아시안게임

2014년 ● 인천아시아경기대회 개최

김 재 인

다트미디어 고문, 전 인천아시아경기대회 홍보본부장

❖ 올림픽 규모의 인천아시안게임

제17회 인천아시아경기대회는 2014년 9월 19일부터 10월 4일까지 16일간 인천과 9개 협력도시(서울, 고양, 수원, 안산, 화성, 하남, 부천, 안양, 충주)에서 열렸다. 개·폐막식이 열린 인천아시아드 주경기장을 포함, 17개 신설 경기장과 협력도시 9곳의 13개 경기장까지 49개 경기장을 활용했다. 북한을 포함한 45개 OCA Olympic Council of Asia(아시아올림픽평의회) 전 회원국에서 올림픽 종목 28개에 비올림픽 종목 8개를 더한 총 36개 종목에 1만 4632명의 선수단이 참가했다. 선수단은 역대 최대 규모를 기록했는데 1만 5000여 명이 모인 2016년 브라질 리우올림픽과도 맞먹는 수준이었다. 미디어도 9697명이 등록하여 아시안게임 사상 가장 많은 언론인이 찾은 것으로 기록되었다(「인천아시아경기대회 공식결과보고서」).

인천아시안게임은 기록 면에서 어느 대회보다 풍성했다. 양궁, 역도, 사격 등에서 17개의 세계신기록과 30개의 아시아신기록이 쏟아져 나왔다. 4년 전

엄청난 물량공세를 벌였던 2010년 중국 광저우 대회에서는 세계 신기록 3개(타이기록 1개)에 아시아신기록은 12개였고 2006년 카타르 도하 대회 때도 세계신기록은 7개, 아시아신기록은 22개였다.

국가별 성적에서는 중국이 금메달 151개로 1982년 인도 뉴델리 대회부터 9회 연속 메달 순위 1위를 하며 독주한 가운데 대한민국이 금메달 79개로 5회 연속 2위, 일본이 금메달 47개로 3위를 차지했다. 대회가 거듭될수록 한·중·일 3국으로의 메달 쏠림은 지속되었지만 역대 대회 중 가장 많은 37개국이 1개 이상의 메달을 따는 기쁨을 맛보았다. 경기 그 자체로만 보면 선수들이 최상의 기량을 발휘한 올림픽 수준의 대회였다.

❖ 대한민국 세 번째 아시안게임, 세 번의 선거

인천은 동북아 최대 공항으로 성장한 인천국제공항을 두고 있고 송도, 청라, 영종도 등 경제자유구역을 중심으로 국내외 많은 투자를 유치하며 글로벌 허브 도시로 눈부시게 발전하고 있었다. 하지만 세계적인 인지도는 서울이나 부산에 비해 매우 낮은 편이어서 인천을 국내외에 제대로 알리고 도시 발전을 한 단계 업그레이드하기 위해 아시안게임 인천 유치를 적극 추진하게 된다. 올림픽과 아시안게임을 다 치른 서울은 말할 것도 없고 2002년 아시안게임 개최를 계기로 세계적인 도시로 발돋움하게 된 부산의 사례가 자극제가 되었을 것이다.

인천아시안게임은 대회 유치와 준비 과정에서부터 많은 어려움을 겪었다. 유치 활동이 본격화할 즈음 국내적으로는 평창동계올림픽 유치를 방해한다는 오해를 받았고 국제적으로는 아시안게임을 오랜만에 개최하려는 1회 개최지 인도를 가로막는다는 곱지 않은 시선이 있었다. 우여곡절 끝에 2014년 아시안게임 개최지로 선정된 후 7년 동안의 준비 과정도 결코 순탄치 못했다. 정부와는 유치 과정에서부터 이견이 있었던 터라 경기장 및 부대시설 건설,

교통 인프라 구축 등 엄청난 비용이 드는 사업에 대한 정부의 예전 같은 지원을 기대하기 어려웠고 2008년 국제금융위기 이후 전국 최고로 치솟은 부채율 이슈로 인천지역 내에서조차 완벽한 공감대가 만들어지지 않았다. 인천의 일부 시민단체에서는 "아시안게임 개최가 인천시 재정 위기의 주범"이라는 주장을 펴기도 했다.

정부의 관심이 줄어든 상황에서 과거 어느 종합 대회 때보다 지방자치단체의 역할이 중요해졌지만 대회 유치·준비 기간에 있었던 선거로 개최도시 인천시장이 두 차례나 바뀐 것(대회를 유치한 시장, 경기장 건설 등 본격적으로 준비한 시장, 대회 개막을 맞은 시장이 다 다르고 소속 정당도 왔다 갔다 함)도 복병이었다. 정부나 조직위원회와의 원활한 의사소통 및 대회 지원의 일관성 확보라는 측면에서 애로가 생길 수 있는 요인이었다.

한껏 높아진 스포츠에 대한 국민의 눈높이도 변수였다. 국내에서 올림픽과 월드컵을 직접 경험하고 세계 스포츠 무대에서의 메달 획득도 낯설지 않은 시기가 되었기에 1986년 서울, 2002년 부산에 이어 한국에서만 세 번째로 개최되는 아시안게임에 대한 관심이 예전만 할 수가 없었다.

♣ PR 앞에 놓인 과제: '무관심의 벽을 뚫어라'

대회가 열린 2014년에는 앞서 개최된 러시아 소치동계올림픽(2월), 브라질월드컵(6~7월) 등 빅 스포츠 이슈와 세월호 참사(4월), 프란치스코 교황 방한(8월)과 같은 대형 사회 이슈들 틈 속에서 국민적 관심을 끌어내야 했다. 올림픽, 월드컵을 성공리에 개최하고 아시안게임도 이미 두 차례 치렀던 국민들의 높아진 눈높이도 PR 전략으로 뚫어야 할 숙제였다.

이전 국제 스포츠 대회의 전통적인 PR 방식인 대회 일정을 알리고 주요 종목을 소개하는 데서 벗어나 PR 방향을 공감과 참여로 정하고 인지도보다는 관람 의향률을 높이는 데 중점을 뒀다. 경기장에 직접 가거나 TV를 통한 간접 관람의 욕구를 만드는 것이 관건이었다. PR 플랫폼을 정립하고 시의성을 살린 콘텐츠로 살을 붙였다. 디지털 미디어의 활용이 급증하던 트렌드를 감안해, '역대 최초의 소셜 아시안 게임'이라는 모토를 내걸고 블로그, 유튜브, 페이스북, 트위터 등 11개 SNS 채널을 기반 매체로 삼았다. K-POP을 활용한 '치어 아시아 캠페인Cheer Asia Campaign'(1250만 조회), 스마트폰을 통해 성화를 옮기는 '스마트 토치 릴레이Smart Torch Relay'(370만 공유) 등이 그 무대 위에서 빛을 발했다. OCA와 함께 아시아 국가를 돌며 진행한 'Fun-Run & Learn Festival', 홍보대사를 엔도서Endorser로 활용한 '스타 마케팅', 초등학교와 전국 집객지를 대상으로 펼쳤던 '찾아가는 홍보 활동' 등의 오프라인 이벤트도 온라인 활동과 전략적으로 연계하여 시너지 효과를 만들었다. 대회 개막 D-100일을 기점으로 홍보 자원을 집중했다. 대회 전 국민들의 관심을 송두리째 앗아간 대형 이슈 때문이기도 했지만 역대 어느 대회든 대회가 임박해서야 본격적으로 분위기가 오른 전례에 착안했다.

스포츠 이벤트의 흥행을 가늠하는 경기장 관람객 수와 미디어를 통한 간접 관람객 수에서 대박까지는 아니어도 준수한 실적이 나왔다. 152만여 명이 경기장을 찾았다. 2002년 부산 대회의 101만여 명에 비해 50% 증가된 수치였다. 입장권 판매액도 개·폐막식을 포함해 270억 원을 기록했다. 부산 대회는 152억 원이었다. 12년의 시차는 있었지만 '북한 미녀 응원단 신드롬'으로 대회 개막 직전 후끈 달아오른 당시 부산 대회의 열기를 감안할 때 의미 있는 숫자였다. 야구, 축구, 수영, 체조 등 스타 선수들이 출전한 종목은 물론 세팍타크로, 카바디 등 낯선 종목에도 많은 관중이 몰려 아시아 고유 스포츠의 저변이 더욱 확대될 수 있다는 전망을 밝혔다. 일부 종목은 다문화 가정을 초청하고 학생들에게 다양한 현장학습 기회를 제공하여 아시아 한마당 축제의 분위기를 만든 것도 경기장의 열기로 이어지는 원동력이었다.

TV 시청률도 호조를 보였다. 첫 중계인 개막식의 시청률 합계가 24.8%로 앞선 광저우대회의 16.5%를 넘어섰다.

남자축구 결승전(25.4%), 남자 수영 400m 결승(22.9%), 1500m 결승(21.7%), 리듬체조 여자 결승(20.5%) 등이 합계 20%가 넘는 고시청률을 기록하며 경기장에 못 간 시청자들을 TV 앞으로 끌어들였다(TNMS 가구 시청률 기준).

하지만 경기 중계권 협상 결과, 네이버와 카카오 같은 주요 포털이나 스마트폰으로 중계를 볼 수 없었던 점은 디지털 기기가 대세 미디어로 자리 잡은 상황을 고려할 때 매우 아쉬운 부분이었다. 특히 2030세대의 관심도를 떨어트리고 대회에 대한 부정적 평가를 높인 주된 요인이 되었다. 정보통신정책연구원의 2014년 방송매체 이용행태 조사에 따르면 주 5일 이상 이용 매체로 스마트폰(70.8%)이 TV(78.4%)와 거의 비슷한 수준에 도달했고 컴퓨터(30.6%)까지 합하면 디지털 미디어가 라디오(9.5%), 신문(8.2%)를 포함한 전통 미디어 전체보다 앞선 상황이었다.

❖ 미디어라는 양날의 검劍

미디어는 대형 스포츠 이벤트의 자산 가치를 결정한다고 해도 과언이 아니다. 경기장 관람객보다 수천 배는 족히 많은 시청자와 독자를 만들고 경기장 관람객 수도 미디어의 역할에 좌우되기 때문이다. 미디어부문에 역대 최고 인원이 등록한 인천아시안게임은 기회였다. 43개국 798개 언론사에서 9697명이 등록했다(방송 6593명, 프레스 3104명). 프레스 등록자 수는 4년 후 열린 평창동계올림픽(2654명)보다 많을 정도로 성황을 이뤘다.

방송은 국내 지상파 3사와 일본의 NHK, 중국의 CCTV 등 총 25개 사가 IBCInternational Broadcasting Center(국제방송센터)에서 주관 방송사IHB가 제작한 72개 피드Feed의 영상을 받아 중계와 하이라이트로 전 세계에 감동을 전했다. 프레스 미디어는 MPCMain Press Center와 50개 SPCSub Press Center에서 현장 취재와 조직위원회가 제공한 AGNS(아시아경기대회 뉴스서비스)를 바탕으로 경기 기록과 대회 소식을 알렸다.

참가 미디어가 많다는 건 PR의 관점에서 보면 기회 못지않은 위기 요인이기도 했다. 올림픽보다 많은 종목에 뿔뿔이 흩어진 경기장과 부속 시설, 수많은 접점 인력…. 이들이 원활히 돌아가게 하기 위해서는 숙련된 인력과 치밀한 계획, 충분한 시뮬레이션이 필요했음에도 대회 초반 미진한 경우가 종종 있었다. 이 틈을 역대 최대 수가 등록한 미디어가 속보 경쟁을 하면서 파고들었다. '최종 성화 주자 유출', '성화 소화', '경기장 정전', '수송버스 연착', '자원봉사자의 일탈' 같은 사건·사고가 인터넷을 타고 빠르게 퍼졌다. 온라인 미디어의 수가 대폭 늘어나고 SNS의 영향력이 폭발하던 미디어 트렌드를 실감하는 순간이었다. 일부 언론의 부정 보도에 대한 실시간 대처가 미흡한 부분도 있었지만 사전 이슈 관리의 중요성을 뼈저리게 느끼게 하였다(한국언론재단의 2014년 언론산업 실태 조사에 따르면 2014년 당시 인터넷신문사는 2332개로 2년 전에 비해 39.7% 성장하여, 전체 언론사 3714개 중 62.8%를 차지하는 상황이었다).

❖ 인천아시안게임은 무엇을 남기려 했는가?

지금까지 국내에서 개최된 대형 스포츠 이벤트들은 저마다 뚜렷한 시대적 소명과 그 나름대로의 의미를 지니고 있다. 1986년 서울아시안게임은 우리나라 최초의 국제 종합 스포츠 대회이자 88 서울올림픽의 프리 이벤트Pre-Event로 역할을 했고, 1988년 서울올림픽은 12년 만에 동·서 냉전 체제를 극복한 통합 올림픽을 실현하고 산업화된 대한민국의 진면목을 전 세계에 알린 대회였다. 또한 2002년 한일월드컵은 경기 운영, 대표팀 성적, 국민들의 응원 열기가 삼박자가 되어 대한민국의 역동적인 이미지를 지구촌에 심었고 2002년 부산아시안게임은 종합 스포츠 대회 사상 처음으로 북한 선수단이 응원단과 함께 한국 땅을 밟은 대회이자 지방에서 열린 첫 종합 대회로 기억되고 있다. 그렇다면 2014년 인천아시안게임은 어떤 시대적 함의含意를 품고 있었을까?

경제적이고 효율적인 대회

인천아시안게임이 열린 시점을 전후로 국내외에서 국제 스포츠 대회의 존립과 관련된 두 가지 상징적인 사건이 있었다. 하나는 2012년 5월, 국내에서의 '국제경기대회 지원법' 제정이고 다른 하나는 2014년 12월, IOC(국제올림픽위원회)의 올림픽 개혁안인 '어젠다 2020' 발표였다. 재정 낭비를 막고자 국제 대회 유치·준비의 절차적 요건을 강화한 '국제경기대회 지원법'이나 복수의 국가나 도시끼리의 분산 개최 허용 등 올림픽 개최의 부담을 줄이려는 '어젠다 2020'에 나타난 공통적인 화두는 '경제성'이었다.

인천아시안게임은 약 2조 원의 비용으로 치러졌다. 대회 운영에 약 4900억 원, 경기장 건설 등 인프라 확충에 약 1조 5100억 원이 들어갔다. 2010년 중국 광저우 대회가 총 20조 5400억이 투입된 것과 비교하면 약 10분의 1쯤 되는 수준이었다. 오일 달러의 파워를 보여준 2006년 카타르 도하 대회도 운영 비용만 2조 8800억이 소요된 것으로 알려졌는데 인천 대회는 5분의 1이 채 안되었다(인천아시아경기대회 공식결과보고서). 선수촌과 미디어촌, 미디어센터 등은 나중에 민간에 분양할 신설 아파트와 기존 시설을 활용했고 신설 경기장도 대회를 치른 다음에 철저히 재활용하는 것을 목표로 했다.

개최도시인 인천의 재정 악화와 정부 지원의 한계도 있었지만 전 세계적으로 종합 스포츠 대회 개최에 대한 부정적 기류가 높아가던 분위기를 감안하면 '저비용 고효율 대회'는 피해갈 수 없는 시대적 소명이자 아시안게임의 미래를 위해서도 반드시 이뤄야 할 과제였다. OCA는 "인천이 대회 비용을 크게 줄인 것은 향후 아시안게임을 유치하려는 개발도상국들에게 큰 도움이 될 것"이라고 매우 긍정적인 평가를 내놓았고 "이런 롤모델이 개발되지 않는다면 한국, 중국, 일본과 일부 중동국가를 제외한 아시아 국가들은 향후 대회를 개최하기가 힘들 것으로 보인다"고 평가했다. 주요 외신에서도 '저비용의 효율적 운영 모델'(AFP), '미래 대형 스포츠 이벤트의 모델'(로이터통신)이라며 인천아시안게임의 효율적 대회 운영에 대한 긍정적 반응을 보였다. 실제로 차기 대회를 유치했던 베트남 하노이가 재정적인 문제로 대회를 반납하고 인도네시아 자카르타가 2018년 개최지로 결정되면서 자카르타 대회는 인천 대회를 철저하게 벤치마킹했다.

그럼에도 "대회 슬림화를 위한 도전 자체는 높이 평가한다"면서도 "비용 절감의 직접적인 발단이 인천아시아드 주경기장 신설 여파라는 점은 간과할 수 없다"는 어느 외신의 따끔한 지적도 가슴 깊게 새겨야 할 대목이었다.

화합과 배려의 대회

인천아시안게임은 '스포츠에 의한 인간의 완성과 경기를 통한 국제평화의 증진'이라는 올림픽 이상에 조금 더 다가가고자 '화합과 배려'를 대회 목표 중 하나로 삼았다. 종합 스포츠 대회가 국력 과시의 장으로 변하면서 스포츠의 숭고한 정신과 이념이 오염되는 안타까운 상황 인식 위에서 나온 것이었다.

지구상의 유일한 분단국가인 대한민국 개최 대회에 북한의 참가는 평화와 화합의 이념을 구현하기 위한 필요조건이었다. 몇 해 전까지 서해 해전, 연평도 포격 같은 남북 간 실전 상황이 벌어졌던 인천이 개최지였기에 의미가 더욱 깊었다. 마스코트도 남북한을 자유롭게 왕래하는 백령도 앞바다의 물범 삼남매를 내세워 평화의 상징으로 삼았다. 조직위원회와 체육계 등의 다각적인 노력이 결실을 맺어 북한도 대회 4개월 전 일찌감치 참가 발표를 하고 평화의 제전답게 45개 전 OCA 회원국이 참가하는 '퍼펙트Perfect 아시안게임'이 실현됐다.

북한은 총 243명의 선수단이 참가하여 금메달 11개, 은메달 11개, 동메달 14개 등 총 36개의 메달을 따 종합 7위를 기록하고 역도에서 5개의 세계 신기록을 세우는 등 좋은 성적을 냈다. 2002년 부산아시안게임 때 신드롬을 일으켰던 응원단 참가가 무산되었지만 대회 마지막 날인 10월 4일, 황병서, 최룡해, 김양건 등 북한 최고위급 인사들이 폐막식에 전격적으로 참석하여 남북 고위급 회담을 갖는 등 남북 화해 분위기를 만드는 데 기여를 했다. 인천아시안게임이 스포츠를 통해 꽁꽁 얼어붙었던 남북 간의 관계를 푸는 실마리를 제공한 셈이 되었지만 이후 추가 교류로 이어지지 못해 아쉬움을 남겼다.

아시아 스포츠의 균형 발전을 이루고자 하는 '비전 2014 프로그램'을 통해 배려의 정신이 발휘됐다. 7년 동안 2000만 달러를 투자해 국내 유능한 지도자를 파견하고 장비를 지원해 스포츠 약소국을 도왔다. 30개국 696명의 선수가 혜택을 입었다. 이 프로그램 참가자 중 캄보디아 여자 태권도 선수가 조국에 아시안게임 사상 첫 금메달을 안긴 것을 비롯해 금메달 1개, 은메달 1개, 동메달 5개가 나왔다. 조직위원회는 또한 참가국별 시민 서포터즈를 운영해 응원 문화에서부터 내셔널리즘을 극복하고 패자를 배려하는 새로운 경기 문화를 만들려고 노력했다. 이를 통해 역대 대회 중 가장 많은 37개국이 1개 이상의 메달을 따는 간접적 성과도 나타났다.

✤ 인천아시안게임이 던진 교훈

인천아시안게임이 끝난 후 갤럽이 실시한 여론조사에 따르면 국민의 47%가 '인천아시안게임이 성공적으로 치러졌다'고 응답했다. '그렇지 못하다'라고 답한 사람은 42%였다. 2030세대보다 5060세대에서 긍정적 평가가 많았다.

'성공적이다'라고 응답한 사람들은 '사고 없이 무난함'(38%), '대표팀 선전'(18%) 등을 주요 이유로 꼽았으며 '성공적이지 못했다'는 응답은 '경기 운영·대회 진행 미숙'(34%), '경기장·시설·교통 문제'(17%) 등을 주로 지적했다. 복합적인 요인이 작용하는 종합 스포츠 대회를 성공과 실패의 이분법으로 재단한다는 건 애당초 무리지만 각각의 이유에 대해서는 냉철히 분석해 소중한 교훈으로 삼을 필요가 있다.

인천아시안게임은 올림픽 규모의 대회를 안전하고 알뜰하게 개최해 풍성한 기록도 만들었지만 대회 운영과 관련해 아쉬운 부분도 있었다. 그 출발점은 짓지 않아도 될 경기장의 건설이었다. 4700억 원 가까이 들어간 주경기장

건설에 따른 재정 부담이 운영비 삭감(당초 예산의 12%인 631억)으로 이어지다
보니 인건비 절감이 불가피하여 대회 인력 운영에 문제점이 생겼다. 통역 등
전문 인력 부족은 물론 현장 지원 인력이 대회가 임박해서야 배치됨으로써 대
회 초반 미숙한 면들이 나타났다. 또한 지역 복지를 위해 각 군·구(10개)별로
고루 건설한 신설 경기장과 협력도시로의 이동 거리 때문에 선수단과 미디어
관계자의 불만이 컸다. 주경기장과 일부 신설 경기장은 '하얀 코끼리'(희소성
은 있지만 유지비용이 많이 드는 애물단지) 논란에서도 자유롭지 못하다. 신설
경기장의 운영 적자가 한 해 100억 원을 넘고 운영 수익이 50% 이하인 곳도
반이나 된다고 한다(2017년 인천시 국정감사 자료). 향후 종합 스포츠 대회 개
최 시 막대한 예산이 투입되는 경기장 등 시설 확충은 사후 활용 방안을 종합
적으로 고려한 치밀한 계획 수립이 요구되는 대목이다.

인천아시안게임은 종합 스포츠 대회 개최의 주도권과 관련해서도 갈림길
에 있었다. 정부 주도로 일사불란하게 치러졌던 이전 대회와 달리 인천 대회
는 유치에서부터 지자체 의견이 강하게 작용했다. 엄청난 비용이 들었던 주
경기장 건설도 정부의 '기존 경기장 리모델링' 권고와는 다르게 지역 여론을
앞세워 관철했다. 상대적으로 정부의 관심과 지원은 멀어졌다. 공교롭게 대
회 유치와 본격적 준비 기간의 지자체장과 그때마다 대통령의 당적이 달랐던
점도 불리한 여건일 수 있었다. 어쩌면 의도치 않게 인천아시안게임은 '지방
주도로 치른 첫 종합 스포츠 대회'의 성격을 띤 셈이 되었다.

'20% 지자제'라는 자조 섞인 말도 나오는 한국적 현실에서 정부의 유·무형
지원이 제대로 뒷받침되지 않는 종합 스포츠 대회의 준비와 운영에는 한계가
있다. 그렇다고 앞으로 있을 수도 있는 대회에 정부가 매번 주도적으로 나서
는 것도 답은 아니다. 지자체의 무분별한 국제 대회 유치가 논란이 되고 있고
대회 유치를 위해 정부 문서도 위조하는 사건까지 발생하는 상황에서 정부의
단호한 입장도 이해하지 못할 바가 아니기 때문이다. 다만 지금 마련되어 있
는 국제 대회의 유치·준비, 예산 분담에 대한 법적 기준과 절차를 더욱 정교

하게 하여 막무가내식 지역이기주의나 선거 등의 변수가 스며들 수 없게 하고 대회 운영과 관련해서는 조직위원회의 전문성이 훨씬 더 강화되는 방안을 찾아볼 필요가 있다. 대회 운영 노하우나 경험이 축적된 인력들이 갖춰진다면 조직위원회를 축軸으로 정부와 지자체가 삼각 균형을 이루며 상호 시너지 효과를 만드는 구조도 충분히 유용한 모델이 될 수 있다.

국내에서 또 한 번의 아시안게임 유치 움직임이 활발하다. 지난 2월, 충청권 4개 시·도(대전·충남·충북·세종) 공동으로 2030년 아시안게임 유치 계획을 발표했고 대구·경북과 제주도도 유치 의향을 내보이고 있다. 2023년쯤의 개최지 최종 선정 때까지 지역 내 공감대 확보, 국내·외 희망 도시와의 경쟁 등을 차근차근 거쳐 가야 하겠지만 무엇보다 중요한 건 생산 유발, 고용 창출 등 경제 효과는 물론 브랜드 가치 창출 등의 무형 효과까지 제대로 검증하여 제시하고 시설물 하나하나에도 효용성이 우선된 실속 있는 전략이 바탕이 되어 '승자의 저주', '하얀 코끼리' 논란에서 벗어날 수 있는 아이디어가 필요해 보인다. 여기에 그 대회만의 차별적인 가치가 더해질 때 길게는 10년이 넘는 대회 유치·준비 동안 경기景氣, 선거 등의 변수에도 흔들림이 없을뿐더러 대회 후 그보다도 수십 배는 긴 시간이 흘러도 역사적인 유산으로 국민들의 뇌리 속에 남아 있을 것이다.

선의의 경쟁과 불굴의 도전 속에 만들어지는 스포츠 드라마가 그 외적인 요인으로 훼손되지 않고 정치, 이념, 종교, 인종을 뛰어넘는 감동 매개체로서 제 모습을 찾아가길 기대해 본다.

➡ **참고자료**

인천아시아경기대회조직위원회. 2015. 「제17회 인천아시아경기대회 공식결과보고서」.
정보통신정책연구원. 2014. 「2014년 방송매체 이용행태 조사」.
한국언론재단. 2014. 「2014년 언론산업 실태 조사」.

메르스 사태가 보여준
대한민국 위기관리와 소통의 민낯

2015년 ● 메르스 사태

성민정

중앙대학교 광고홍보학과 교수

❖ 전례 없는 확산과 피해

메르스MERS 사태는 2015년 5월 한 중동 여행객에게서 처음 발생한 중동호흡기 증후군Middle East Respiratory Syndrome 감염이 2개월 동안 서울, 수도권 일대에 확산되면서 일어난 의료적·사회적 파문을 일컫는다. 메르스는 그 이름에서 짐작할 수 있듯이, 중동 지역의 풍토병 성격을 가진 바이러스성 호흡기 질환이다. 2012년 이집트 의사가 최초로 발견했고, 2015년 당시까지 발생국(21개국) 가운데 절반 정도가 중동 지역 국가였다. 하지만 메르스 바이러스의 파괴적 영향은 중동에서 멀리 떨어진 한국에서 극대화되었다. 5월 18일 첫 확진 환자 발생 이후 우리나라에서 발생한 메르스 피해(환자 186명, 사망자 38명) 규모는, 2012년 9월부터 2년여 동안 전 세계 21개 나라에서 발생한 메르스 피해(환자 955명, 사망자 386명)와 비교하면 상상할 수 없을 정도로 큰 규모였다. 한국의 메르스 환자 사망률 20.4%는 사우디아라비아에 이어 세계 2위였고, 국가별로 집계한 감염 환자 숫자 역시 1000명이 넘는 사우디아라비아에 이어 2

위였다. 이례적 확산에 대해 의료계는 초기에 바이러스 변종 발생 가능성을 제기했으나, 나중에는 병원 쇼핑 등 한국의 의료문화와 정보공개 부재 등을 확산 원인으로 고쳐 지목했다. 이후 대한민국 정부는 검역 관리에 수천억 원의 예산을 투입하고 관련법을 개정하는 등 대대적인 시스템 개편에 나섰다. 본 사태는 11월 25일 마지막 감염자의 사망으로 12월 종식 선언되었다.[1]

공중보건 영역에서 시작돼 경제·사회적 파문으로 확산된 메르스 사태는 역설적으로 공중 보건을 담당하는 정부와 민간 영역에 공히 '위기관리'가 얼마나 중요한지 알리는 계기가 됐다. 정부는 첫 환자 발생 12일 만에 대응 컨트롤 타워의 직급을 두 차례나 격상하며, 보건복지부 장관이 대책 본부장을 맡는 최고 수준의 대응에 나섰다.[2] 행정부처 한 곳의 정책적 자원을 감염병 확산 방지에 전폭적으로 투입하는 전례 없는 조치였지만, 그 성과는 참혹했다. 의료기술이 국내 최고수준으로 평가받던 한 대형병원이 기록적 감염병 확산을 막지 못했고, 오히려 확산시키는 숙주 역할을 했다는 사실은 뛰어난 의료기술만으로 감염병을 막을 수 없다는 어찌 보면 당연한 반성을 하는 계기가 되었다.

❖ 정보 오류와 소극적 정보공개에 따른 혼란

메르스 사태는 국내 첫 감염자인 이른바 1번 환자(68세)가 바레인과 카타르를 거쳐 5월 4일 인천공항에 입국하면서 시작됐다. 이 환자는 입국 7일 만에 고열과 기침 증상을 처음으로 발현했고, 5월 12일부터 병원 3곳의 진료와 입원을 거쳐 삼성 서울병원에 입원한 뒤 20일에야 비로소 메르스 환자로 확진되고 이후 국가지정 격리병상으로 옮겨 치료를 시작했다.[3] 6월 1일 최초 감염자

1 　보건복지부, 『2015 메르스 백서: 메르스로부터 교훈을 얻다!』(2016).

2 　같은 책.

와 접촉했던 감염자 2명이 처음으로 사망했으며, 6월 4일 사망한 감염 의심자가 양성으로 판정되면서 사망자가 3명으로 증가하는 등 사망자가 지속적으로 늘어났으나, 정부는 첫 환자 확진 이후에도 감염 의심자를 격리하지 못했고, 이는 2차·3차 감염으로 확산되었다. 감염자 일부는 심지어 해외여행까지 가서 현지 전파를 하기도 했다. 또한 의료진들에게 적절한 조치를 취하지 않아 의료진의 피해가 커졌을 뿐만 아니라 의료진들이 슈퍼 전파자가 되어 사태가 확산되었다.[4]

이 과정에서 눈에 띄는 것은 정부가 발표한 질병에 대한 정보에 상당한 오류가 있었다는 점이다. 대표적으로 정부는 사태 초기 "공기 중 감염자는 없을 것"이라고 공언했으나, 비슷한 사례가 나타나면서 장관이 사과를 해야 했다. 또한 "1시간 이상 2m 이내에 머문 사람"을 감염 위험이 높은 밀접 접촉자로 판단하고 격리조치를 취했으나, 감염자가 진료받았던 병원에 방문했던 환자가 감염되는 일이 반복되면서, 정부는 5월 26일 밀접 접촉자 판정 기준을 바꿈으로써 초기의 위험 평가가 잘못됐음을 스스로 인정했다. "메르스의 전염력이 평균 0.6명에서 0.8명에 지나지 않는다"는 낙관적 전망 역시 첫 번째 환자가 가족 및 동일 병동에 있었던 환자 수십 명을 감염시킨 사실에서 보듯 오관으로 드러났고, 반복된 "곧 진정세에 돌입할 것"이라는 평가도 매번 어긋났다. 정부는 이 같은 판단의 근거로 WHO 등 메르스를 연구했던 의료진들의 과학적 지식을 들었지만, 사태가 확산됨에 따라 "이에 대한 지나친 의존으로 위험성을 제대로 판단하지 못했고, 소극적으로 대응하게 됐다"고 고백했다.[5]

정부는 사태의 심각성을 인지한 뒤 메르스 핫라인 109 개설(5월 30일), 메르

3 오수진, "질병관리본부장 "메르스 확산 추이 3~4주 지켜봐야"", 《연합뉴스》(2015. 5.22)(검색일 2019.8.21).

4 보건복지부, 『2015 메르스 백서: 메르스로부터 교훈을 얻다!』.

5 같은 책.

스 포털 개통(6월 10일), 기자 대상의 일일 브리핑(6월 1일) 등 여러 채널을 통해 폭발적 정보 수요에 대응했으나, 정작 정보공개에는 소극적이라는 비판을 받았다. 대표적인 사례가 감염자들이 거쳐 간 병원 이름 공개로, 정부는 병원 이름과 지역을 공개하라는 언론과 전문가 그룹의 요구에 "혼선을 부추길 것"이라는 이유로 응하지 않다가, 여론의 반발에 떠밀려 그간의 입장을 바꿨고, 지방자치단체의 반발이 공개화된 직후인 6월 5일 갑작스럽게 1차 진원지가 된 평택성모병원의 이름을 공개했다. 하지만 이 역시 충분치 않다는 비판을 받자 이틀 뒤 그동안의 방침을 완전히 뒤집고 감염자들이 거쳐 간 병원 이름을 모두 공개했다.

병원 이름의 공개를 늦추는 사이, 첫 감염자가 거쳐 간 평택성모병원은 의료진, 환자, 방문자 등 수십 명이 감염 원천인 '1차 진원지'가 되었다. 인근 거주민들은 떠도는 소문의 진위를 확인하기 위해 노력해야 했고, 문제의 병원에 다녀와 격리되어야 할 방문 환자 일부는 그 사실을 알지 못한 채 일상생활을 계속하기도 했다. 이 과정에서 정확하지 않은 정보가 제공되기도 했다. 정부가 6월 7일 공개한 병원 리스트에서 일부 병원 이름과 지역이 잘못 기재돼, 이를 시민들이 지적해 수정하는 일이 벌어졌다. 6월 16일 감염자들이 거쳐 간 이른바 '경유 병원' 명단을 발표했을 때에도 대상 병원 일부가 빠져, 정부 발표 전반의 신뢰도에 의문이 제기되었다.

한편, 정부가 정보 공개를 막는 사이에 SNS를 통해 메르스에 대한 공포가 확산되었다. 정부가 감추려 한다는 인식이 확산되면서, 일부 인터넷 이용자들은 스스로 메르스 발병 병원을 표시한 메르스 지도를 만들어 페이스북을 통해 공유했고, 이후 언론이나 지자체 역시 자체적으로 메르스 지도를 만들어 정부도 더는 비공개원칙을 지키기 어렵게 되었다. 반면 검증되지 않은 정보가 확산돼 국민들의 불안감과 공포가 증폭되었는데, 가령 '바셀린 민간요법으로 메르스를 예방한다', '특정 병원은 폐쇄되었으니 그 근처는 안 가는 것이 좋다' 등 수많은 유언비어로 사회적 혼란을 겪었다.[6]

국내 메르스 사태 주요 일지(2015)

05.04	1번 환자 카타르 거쳐 인천공항 통해 귀국
05.12~14	1번 환자 아산서울의원 외래 진료
05.15~17	1번 환자 평택성모병원 입원
05.17	1번 환자 365서울열린의원 진료
05.18~20	1번 환자 삼성서울병원 입원
05.20	1번 환자 메르스 국내 최초 확진
06.01	격리 대상자 682명으로 급증
06.03	메르스 환자 30명으로 급증, 격리자 1000명 돌파
06.14	삼성서울병원 부분폐쇄
06.15	메르스 환자 150명으로 증가
06.23	이재용 삼성전자 부회장, 대국민 사과문 발표
06.25	확진환자 180명으로 증가
06.29	국내 첫 메르스 환자 격리 해제, 일반 병실서 치료
07.06	방역당국 "메르스 큰 고비 넘겼다" 사실상 종식 선언
07.21	186번 환자 완치 판정으로 메르스 감염환자는 80번 환자 1명만 남음
10.02	마지막 메르스 감염자 80번 환자 완치, 퇴원
10.12	80번 환자 메르스 다시 양성 판정, 재입원
11.25	마지막 메르스 환자 80번 환자 사망으로 사망자 38명으로 증가, 메르스 감염자 수 '제로'
12.23	방역 당국, '24일 0시 메르스 상황종료' 선언

자료: ≪연합뉴스≫(2018.9.8).

중앙정부 차원의 대응이 대중들의 혹평을 받자, 일부 지자체가 중앙정부와 협의 없이 독자 행동에 나서기도 했다. 가령, 서울시는 한밤중에 긴급 기자회견을 열고, 35번 환자(의사)가 감염 사실을 알고도 자가 격리를 어기고 1500여

---

6 정명진·홍석근, "메르스 공포 SNS 타고 확산, 한발 늦은 정부 방역대응", ≪파이낸셜뉴스≫(2015.5.29)(검색일 2019.8.21).

명이 참석한 행사에 참석했다며, 행사 참석자들을 모두 격리시키겠다고 발표했다. 이 기자회견은 모임 참석자들을 비롯해 해당 지역 주민들에게 극도의 공포를 초래했다. 문제가 된 의사의 감염 시점이 명확하지 않았고 전파력 또한 정확하게 계산할 수 없었다는 사실은 뒤늦게 논쟁거리가 되었다. 지방자치단체가 중앙정부 조치의 부당성을 알리기 위해 "정보를 공유하지 않았다"는 등 정부의 조치를 비판하고 나선 것도 정부 조치의 신뢰성을 떨어뜨리는 촉매 역할을 했다.

결과적으로 본 사태는 의료적인 측면에서 나아가 경제적·사회적 차원에서 큰 파장을 일으켰다.[7] 가령 전국의 초·중·고교와 대학교 등 2700여 곳의 학교가 휴교를 했고, 각종 행사나 모임이 취소됐을 뿐만 아니라 대통령은 방미 계획을 취소하는 등 국가적으로 정상적인 생활과 운영이 모두 멈춰 섰다고 할 수 있다. 심지어 6월 금리인하 이유 가운데 하나로 메르스 사태가 언급되기까지 했다.

❖ 제도적·문화적 문제와 위기관리 시스템의 부재

이처럼 대한민국 사회에 큰 파장을 일으킨 메르스 사태의 발생과 확산, 그리고 해결 과정을 PR 이론, 특히 위기관리의 이론적 틀에 근거하여 그 의미와 시사점을 살펴보자면 다음과 같다.

탐지/예방 단계에서부터 문제점이 노정되었다. 메르스가 발생 초기 잠복기 동안 전파된 것은 해당 질병이 국내에 거의 알려지지 않은 신종 전염병이었다는 점에서 이해 불가한 것은 아니지만, 전염병 예방과 관련된 제도적·문화적 대비가 부족했다.[8] 1990년대 전 세계적으로 유행했던 신종플루 이후 2000년

---

7 이강, "전국 휩쓴 3년 전 메르스··· 허술한 대응이 피해 키웠다", 《SBS》(2019.9.8)(검색일 2019.8.21).

대에 들어 2002년 사스, 2009년 신종플루, 2014년 에볼라 바이러스 등 전염병의 유행이 빈번해졌다. 사스의 경우 우리나라는 감염자 4명, 사망자 0명으로 WHO에서도 인정할 만큼 조기방역에 성공한 사례로 꼽힌 반면, 메르스는 초기 방역에 큰 문제가 있었다고 할 수 있다.

보균자의 입국 시 차단이 이루어지지 않았다는 원론적인 문제는 접어두고, 메르스가 국내 유입 이후 이처럼 확산된 데에는 우리나라 의료 문화의 특성이 있다. 먼저, 다인실 입원이 많고 보호자·간병인 상주를 허용하며 가족이나 문병객의 방문에 제한이 없는 대형 병원의 병실 운영 문화를 들 수 있다. 전염병의 2차·3차 감염 위험성이 있었음에도 예방을 위한 조치가 소홀한 부분이다.[9] 한편 국내 주요 대학병원 및 대형병원 응급실은 하루 평균 200~300명의 환자가 몰려 응급실 과밀화 지수와 중증응급환자 응급실 체류 시간이 매우 높은 수준이며, 여기에 환자의 보호자들까지 동반 체류하며 포화도가 매우 심각한 상황이다. 메르스의 경우 14번 환자가 입원했던 삼성서울병원 응급실이 전파의 중심지로 밝혀졌다.[10] 끝으로 환자들의 병원 쇼핑 문화와 대형병원 선호 역시 메르스 확산의 원인 중 하나로, 우리나라 사람들은 지역 사회에서 주치의를 통해 건강을 관리하기보다는 발병하면 유명 대형 병원을 찾아다니며 병증 소견을 타진하는 '닥터 쇼핑' 또는 '의료 쇼핑'을 하는 점을 지적할 수 있다. 메르스 바이러스 확산에는 이러한 행태가 일조하였다.[11]

---

8 김문조, 「2015년 메르스 사태의 사회의료학적 조명」, 《과학기술학연구》(2016), 16: 1, 5~22.

9 고려대학교 의과대학 근거중심의학연구소(2015)의 '보호자/간병인 상주에 따른 환자 안전지표 위험비' 연구에 따르면, 보호자와 간병인의 상주 여부는 병원 내 감염에 큰 영향을 미치는 것으로 나타났다.

10 서울삼성병원 응급실을 들린 600여 명이 격리 대상자로 지정되었으며, 강원·전남·경남 등 지방에서 6월 10일 동시다발적으로 발생한 확진자들 역시 모두 삼성서울병원을 방문한 사람들로 나타났다.

11 이동현. "한국 정부, 초기에 신속·투명하게 정보 공개했어야", 《중앙SUNDAY》(2015.

또한 대비/인지 단계에서는, 중앙정부나 지방정부, 그리고 의료 기관에 이르기까지 모두 본 위기에 대응할 수 있는 위기관리 매뉴얼은 둘째 치고, 지침이나 업무 프로세스가 없었거나 있다 하더라도 활용하지 못했다. 또한 사전 대처법에 대한 논의나 지식도 부재한 상황이었다.

감염내과를 제외한 방역 및 전염병 역학 전문가가 부족해 메르스의 확산에 대한 전문적 판단이 불가했고, 관련 전문가들은 국제보건기구에서 만들어진 메르스의 관련 지식에 집착할 뿐 해당 질병의 확산에 영향을 미치는 한국의 역학적 환경에 대한 고려가 부족했다. 따라서 초기에 해당 질병의 심각성이나 대처의 필요성에 대한 인지가 전무했다고 할 수 있다.[12]

❖ 초동 대처 미흡과 정부에 대한 불신

이론적으로 볼 때 억제 단계에서 가장 큰 문제는 초동 대처가 미흡하였고, 이로 인해 질병 확산 억제에 실패한 것이다. 먼저, 사태 초반 정부의 지나친 낙관적 대응과 축소 발표가 혼란과 불안을 야기했다. 정부는 국민이 공포 확산을 막고 안심시키기 위해 메르스는 독성이 감기 수준이며 공기 감염이 없고 건강한 사람들은 잘 걸리지 않는다는 등 위험을 축소하는 발표를 했으나, 정부 발표와 다른 사건들이 나타나면서 '안심하라'는 정부 메시지에 대한 신뢰가 하락했고, 정부 자체에 대한 불신이 확대됐다.

또한 정부의 적절한 정보 공개 실패는 질병의 확산과 사회적 혼란을 초래했다. 정부와 질병관리본부는 메르스 감염이 1차를 넘어 2차·3차로 점차 확장되는 와중에도 사회적 혼란을 초래할 우려가 있다며 감염자가 발생한 병원과 환자의 이동 동선을 공개하지 않았다. 이로 인해 1차 진원지인 평택성모병

6.13)(검색일 2019.8.21).

12 보건복지부, 『2015 메르스 백서: 메르스로부터 교훈을 얻다!』.

원이 공개되지 않았고, 삼성서울병원이 2차 진원지가 되었다. 감염자가 있었던 병원명의 공개 및 주요 핵심 진원지 폐쇄가 초기에 이루어졌다면 메르스 차단이 가능했을 것이다. WHO 한국 합동평가단 역시 "투명하고 신속한 정보 공개의 실패가 사태를 확산시켰다"고 평가했다.[13] 이에 SNS를 중심으로 정부의 정보 통제에 대한 불만 및 비판이 제기되었으며, 이를 계기로 메르스 공포감과 정부에 대한 불신, 그리고 국가적 무능 인식이 극대화되었다.[14] 그뿐만 아니라, 사회적 공포와 비난이 증가하자 정부는 부정확한 정보 확산을 막기 위해 언론 창구를 일원화했으나, 이는 시민들의 알 권리를 막는 결과를 가져왔고, 질병관리본부가 잇따른 비판에 트위터를 비공개 전환하면서 시민과의 적극적, 직접적 소통이 차단되었다. 심지어 정부가 괴담 유포자를 처벌하겠다고 공포함으로써 오히려 소통의 간극은 늘어났다.[15] 결국 정부의 커뮤니케이션은 과학성과 엄밀성을 추구하였으나, 위험에 대한 시민들의 인식과 정보 수요를 간과하고 적정 수준의 정보를 적절한 방식으로 제공하는 데 실패해 정책에 대한 불신만 키웠다고 볼 수 있다. 또한 위기 커뮤니케이션에서 필수적인 정보의 신속성과 투명성, 공개성, 정직성 등이 모두 부재했다고 평가할 수 있다.

혼란스러운 초반 이후 효과적인 대응을 이끌어갈 컨트롤타워가 부재했다는 점도 본 케이스의 실패 요인 중 하나라고 할 수 있다. 메르스에 대해 중앙정부와 지방자치단체가 서로 다른 입장과 대응책을 제시하면서 컨트롤 타워가 이원화된 것은 위기관리 차원에서 매우 큰 실책이다. 지자체는 중앙정부와 협의 없이 독자적으로 조치를 취하는 것의 정당성을 얻기 위해, 정부 조치의 부당성을 더 크게 알렸다. 또한 같은 정보라 하더라도 수용자의 인식에 따

---

13 이동현, "한국 정부, 초기에 신속·투명하게 정보 공개했어야".

14 김문조, 「2015년 메르스 사태의 사회의료학적 조명」.

15 김은성, 「메르스 관련 정부 위험소통의 한계에 대한 사회적 원인 분석」, 《한국위기관리논집》(2015), 11: 10, 91~109.

라 해석과 판단이 달라질 수 있는데, 초기 단계의 학습 효과에 의해 중앙 정부의 정보에 대한 국민적 불신은 더 커지기만 했다. 이는 결국 정보의 이원화로 이어졌고, 국민들의 불안은 고조되었다.

정부는 2016년에 질병관리본부를 차관급 기관으로 격상시켰고, 24시간 국내외 신종 감염병 등을 감시하는 긴급상황센터와 대국민 위기소통을 전담하는 위기소통담당관을 신설하고 역학조사관 30명을 신규 채용하는 등 대비를 강화하였다.[16] 일련의 사태를 통해 인프라 구축과 시스템 개선이 이루어졌음은 분명하다. 그러나 메르스 사태를 통해 드러난 시민들의 정부에 대한 불신이나 사회적 신뢰 저하를 회복하기 위한 노력은 많지 않아 보인다. 또한 커뮤니케이션상의 문제점을 개선하기 위한 변화는 눈에 띄지 않는다. 특히 커뮤니케이션 공황 상태를 초래한 일방향적 소통 방식과 SNS를 통한 자발적 정보 생산 및 유포를 어떤 식으로 대응할 것인가에서 개선된 부분이 있을지 많은 의문이 남는다.

➡ 참고자료

김문조. 2016. 「2015년 메르스 사태의 사회의료학적 조명」, 《과학기술학연구》, 16: 1, 5~22.

김은성. 2015. 「메르스 관련 정부 위험소통의 한계에 대한 사회적 원인 분석」, 《한국위기관리논집》, 11: 10, 91~109.

보건복지부. 2016. 『2015 메르스 백서: 메르스로부터 교훈을 얻다!』

오수진. 2015.5.22. "질병관리본부장 "메르스 확산 추이 3~4주 지켜봐야"". 《연합뉴스》 (검색일 2019.8.21).

이동현. 2015.6.13. "한국 정부, 초기에 신속·투명하게 정보 공개했어야". 《중앙

---

16 보건복지부, 『2015 메르스 백서: 메르스로부터 교훈을 얻다!』.

SUNDAY》(검색일 2019.8.21).

이강. 2019.9.8. "전국 휩쓴 3년 전 메르스… 허술한 대응이 피해 키웠다". 《SBS》(검색일 2019.8.21).

정명진·홍석근. 2015.5.29. "메르스 공포 SNS 타고 확산, 한발 늦은 정부 방역대응". 《파이낸셜 뉴스》(검색일 2019.8.21).

「김영란법」이 PR 업계에 미친 파장

2016년 ● 「김영란법」 시행

최 영 택

《The PR》 발행인

♣ 「김영란법」의 탄생

2016년 9월 28일 「부정청탁 및 금품 등 수수의 금지에 관한 법률」, 일명 「김영란법」이 시행에 들어갔다. 한국사회의 뿌리 깊은 부패 고리를 청산하기 위해 제정된 이 법은 김영란 전 국민권익위원장이 추진했던 법안으로 2015년 3월 3일 국회 본회의를 통과했고 3월 26일 박근혜 당시 대통령의 재가를 거쳐 시행되었으며, 그 후 한 차례 수정을 거쳐 오늘에 이르고 있다.

언론에서 더욱 관심을 두고 보도한 이유는 적용 대상에 공무원은 물론 언론사 기자들과 임직원, 그리고 가족들까지 약 400만 명이 포함됐기 때문이다. 즉 언론사 기자들이 이해관계자(기업 홍보인, PR 회사 직원 등)에게서 3만 원 이상의 식사 접대와 5만 원 이상의 선물을 받으면 불법으로 과태료를 내야 했기 때문이다.

언론사는 대부분 사기업이지만 공공의 이익을 위해 일한다. 방송의 경우는 특히 더 그렇다. 언론은 입법·행정·사법부 외에 제4부로 불리며 국민의 권익

보호를 위해 존재해 왔지만, 무소불위의 펜대를 휘두르며 한때 언론사주는 '밤의 대통령'으로까지 불렸다. 최근에는 인터넷과 모바일 미디어의 발전으로 펜 끝이 무뎌졌다고는 하나 그 영향력은 무시할 수 없다.

❖ 공직사회를 공정하고 투명하게

김영란 전 국민권익위원장이 2011년 6월 초안을 만든 지 3년 9개월 만인 2015년 3월 3일 「김영란법」(「부정청탁 및 금품 등 수수의 금지에 관한 법률」)이 국회 본회의를 통과해 2016년 9월 28일부터 시행되었다. 이에 따라 대가성이나 직무 관련성을 증명하지 않아도 부정 금품·향응 수수를 처벌할 수 있게 됐다. 2015년 당시 '스폰서 검사'나 '벤츠 여검사' 사건 등 비리가 눈에 보이는데도 대가성을 입증하지 못해 무죄 판결을 받는 일이 빈발하여 이 법을 촉진시키는 빌미가 됐다. 공직사회를 한결 맑고 투명하게 하는 제도적 기반이 마련됐다는 점에서 의미가 크다. 하지만 입법과정에서 정치권이 원안에 없던 사립학교 교원과 언론인을 법 적용 대상에 포함시키고 정작 자신들은 빠져나갈 안전장치를 곳곳에 만들었다는 비판이 제기됐다. 이에 대해 언론사들은 사설 등을 통해 정치권을 비판하기도 했다.

여야가 법안 시행 시점을 1년 뒤에서 1년 6개월 뒤로 연장해 2016년 4월 총선에 적용받지 않도록 했고, 국회의원과 같은 선출직 공직자와 정당이 '공익적 목적'을 위해 민원을 전달하는 행위는 '청탁'에서 제외했다. 공직사회 부패 방지가 목적인 법에 언론인과 사립학교 교원을 억지로 욱여넣은 것도 위헌 소지가 다분하며, 이 법은 자유가 생명인 언론을 권력의 나팔수로 만드는 수단으로 악용할 개연성이 충분하다는 점 등을 지속해서 지적했다.

김영란 씨도 권익위 원안의 핵심인 이해충돌방지 규정이 빠져 '반쪽 법안'이 됐다고 지적했으며, 무엇보다 자기 영역을 지키려는 국회의원들의 얄팍한 처신, 즉 선출직 공직자들의 청탁을 예외로 돌림으로써 의원들 스스로 '사건

브로커'로 전락하는 가능성을 열어놓았다고 우려했다. 당초 공직자에 국한된 법 적용 대상이 언론인과 사립학교 교사 등으로 확대된 것에는 장차 확대시켜 나가야 할 부분이 일찍 확대된 것뿐이라며 위헌이 아니라는 입장을 피력했다.

국민권익위원회는 「김영란법」 시행령을 2016년 5월 13일 입법 예고했다. 권익위가 마련한 시행령에는 「김영란법」에서 구체적으로 명시되지 않은 접대 상한액이 적시돼 있다. 간단히 정리하면 식사(다과, 주류, 음료 포함)는 3만 원, 선물은 5만 원, 경조사비는 10만 원(개정 후 5만 원)으로 제한했다.

❖ 홍보· PR 업계에 끼친 파장 그리고 위상 하락에 대한 우려

「김영란법」이 시행된 지 3년이 지나 이제는 어느 정도 정착되는 모양새지만 시행 초기에는 판례가 없고 법 위반을 우려해 우왕좌왕하던 혼란과 함께 PR, 홍보업계에 많은 변화를 가져왔다. 「김영란법」 시행 이후 가장 큰 변화는 식사비 3만 원 제한으로 홍보인들의 기자 만남이 줄어든 점이었다. 저녁 약속도, 골프 접대도 줄었다. 「김영란법」은 한마디로 '공짜 밥은 없다'는 것이다. 그동안 언론은 취재를 이유로 취재원에게 식사를 대접받고 공연 티켓이나 제품, 상품권 등을 무상으로 받았다. 홍보인들도 관계 유지를 핑계로 골프 접대, 명절선물 등을 으레 제공했다.

또한, 기업에서 비용을 충당하는 해외 출장이나 기업 문화재단에서 실시하는 고가의 공연 티켓 배포 등도 힘들어졌다. PR 회사에서 근무하는 임직원들도 기자 만남의 횟수가 줄어들었고 그동안 관행적으로 해왔던 기사협찬이나 행사 등도 제약을 받고 법의 저촉 여부를 체크했다.

법 시행 후 간단하고 저렴한 식사문화로 바뀌었으며 한정식이나 일식집도 2만 9000원짜리 김영란 세트를 내놓았다. 해외취재도 비중이 큰 행사는 언론사에서 자비로 다녀오고, 골프는 각자 지불하는 형태로 바뀌었다. 김영란 전 국민권익위원장도 이 법을 '더치페이법'이라고도 말했다.

「김영란법」 주요 내용(2017년 12월 시행령 개정 반영)

1) 법률 적용 대상 및 주요 내용

가. 적용 대상자: 공직자 또는 공적 업무 종사자

- 공직자 등: 국가·지방공무원, 공직 유관단체·공공기관의 장과 임직원, 각급 학교의 장과 교직원 및 학교법인의 임직원, 언론사의 대표자와 그 임직원.
- 공직자 등의 배우자.
- 공무 수행사인: 공공기관의 의사결정 등에 참여하는 민간인.
- 일반 국민: 공직자 등에게 부정청탁을 하거나 수수금지 금품 등을 제공한 민간인.

나. 주요 내용

- 공직자와 언론사 임직원, 사립학교와 유치원의 임직원, 사학재단 이사장과 이사는 직무 관련성이나 대가성에 상관없이 본인이나 배우자가 100만 원 이상의 금품 또는 향응을 받으면 형사처벌을 받게 되며, 직무 관련인으로부터 금품 수수 시 과태료 부과, 금품을 받은 공직자 등뿐만 아니라 금품 등을 제공한 국민도 동일하게 형사처벌이나 과태료 부과(단, 음식물은 3만 원, 선물은 5만 원, 경조사비는 5만 원의 가액 기준 내에서는 허용됨).

2) 금품 등의 수수금지

가. 공직자 등의 금품 등 수수금지

- 공직자 등이 동일인으로부터 직무 관련 여부 및 명목에 관계없이 1회 100만 원 매 회계연도 300만 원을 초과하는 금품을 수수하는 경우 형사처벌.
  → 100만 원 이하 금품 수수에 대해서는 직무와 관련한 금품 수수 시 과태료 부과.
- 원활한 직무수행이나 사회상규에 반하지 아니하는 금품 등으로서 대통령령으로 정하는 가액 범위 안의 금품 등은 예외.

- **대통령령으로 정하는 가액**
  - 음식물 3만 원, 선물 5만 원(다만 농수산물 선물에 한정하여 10만 원까지 가능), 경조사비 5만 원(화환, 조화의 경우 10만 원까지 가능)으로 한다. 다만, 선물·음식물을 수수한 경우 합산하여 5만 원, 선물·음식물·경조사비를 함께 수수한 경우 합산하여 10만 원으로 한다.

- **금품이란**
  - 금전, 유가증권, 부동산, 물품, 숙박권, 회원권, 입장권, 할인권, 초대권, 관람권, 부동산 등의 사용권 등 일체의 재산적 이익.
  - 음식물, 주류, 골프 등의 접대, 향응 또는 교통, 숙박 등의 편의 제공.
  - 채무면제, 취업제공, 이권 부여 등 그 밖의 유형. 무형의 경제적 이익.

- **금품의 종류**
  - 음식물: 제공자와 공직자 등이 함께하는 식사, 다과, 주류, 음료 등.

- 선물: 금전 및 음식물을 제외한 일체의 물품(선물 범위에서 상품권 등 유가증권 제외).
- 경조사비: 축의금, 조의금 등 각종 부조금과 화환, 조화 등 부조금을 대신하는 선물, 음식물을 말한다.

나. 외부강의 등의 사례금 수수 제한

① 「국가공무원법」 또는 「지방공무원법」에 따른 공무원: 직급별 구분 없이 최고 상한액 40만 원 범위 내에서 기관별 자율적 운영.

② 한국은행, 공기업, 지방공사 및 정부 출연기관 등의 장과 그 임직원.

(단위: 만 원/시간)

구분	기관장	임원	그 외 직원
상한액	40	30	20

③ 국공립학교·사립학교, 일반 언론사·공직 유관단체 임직원: 동일한 상한액.
- 상한액은 1시간당 100만 원으로 한다. 기고의 경우 1건당 100만 원으로 한다.
④ 외부강의 등 사전 신고사항 및 보완 신고 기간 정비.
- 외부강의 등의 유형, 요청 사유를 사전 신고사항에서 삭제.
- 사후 보완 신고 기산점 조정 및 신고 기간 연장.
(신고 기산점을 사전 신고 시 제외된 사항을 안 날로부터 5일 이내)

3) 징계 및 벌칙

유형	위반행위		제재수준
부정 청탁 금지	• 공직자 등에게 직접 자신을 위하여 부정청탁을 한 이해 당사자		제재 없음
	• 공직자 등에게 제3자를 통해 부정청탁을 한 이해 당사자		1000만 원 이하의 과태료
	• 제3자를 위하여 부정청탁을 한 자	공직자 등을 제외한 일반인	2000만 원 이하의 과태료
		공직자 등	3000만 원 이하의 과태료
	• 부정청탁을 받고 그에 따라 직무를 수행한 공직자 등		2년 이하 징역, 2000만 원 이하 벌금
금품 등 수수 금지	• 직무 관련 여부 및 명목과 관계없이 1회 100만 원(매 회계연도 300만 원)을 초과하는 금품 등을 수수한 공직자 등 - 배우자의 금품 등 수수 사실을 알고도 신고 또는 반환(인도)하지 않은 공직자 등 - 금품 등을 공직자 등이나 그 배우자에게 제공한 자		3년 이하 징역, 3000만 원 이하 벌금 (몰수·추징 대상)
	• 직무와 관련하여 1회 100만 원 이하의 금품 등을 수수한 공직자 등		수수금액의 2배 이상 5배 이하 과태료

	- 배우자의 금품 등 수수 사실을 알고도 신고 또는 반환(인도)하지 않은 공직자 등 - 금품 등을 공직자 등이나 그 배우자에게 제공한 자	
	• 외부강의 등 초과사례금을 수수 후 신고 및 반환을 하지 아니한 공직자 등	500만 원 이하 과태료
기타	• 신고자 등의 인적사항이나 신고자 등임을 미루어 알 수 있는 사실을 다른 사람에게 알려주거나 공개 또는 보도한 자 • 위반행위의 신고 및 조치 등의 업무를 수행하거나 수행하였던 공직자 등이 업무처리 과정에서 알게 된 비밀을 누설한 경우	3년 이하 징역, 3000만 원 이하 벌금
	• 신고자 등에게 신고 등을 이유로 「공익신고자 보호법」 제2조 제6호 2) 가목에 해당하는 신분상의 불이익조치를 한 자 • 확정된 보호조치 결정을 이행하지 아니한 자	2년 이하 징역, 2000만 원 이하 벌금

4) 기타

- 법인 단체의 종업원이 업무에 관하여 위반행위를 하면 그 행위자인 종업원 외에 법인 단체도 양벌규정(법 제24조)에 따라 제재 대상.

※ 관련 조문

제5조(부정청탁의 금지) ① 누구든지 직접 또는 제3자를 통하여 직무를 수행하는 공직자 등에게 다음 각 호의 어느 하나에 해당하는 부정청탁을 해서는 아니 된다.

제8조(금품 등의 수수금지) ⑤ 누구든지 공직자 등에게 또는 그 공직자 등의 배우자에게 수수금지 금품 등을 제공하거나 그 제공의 약속 또는 의사표시를 해서는 아니 된다.

제24조(양벌규정) 법인 또는 단체의 대표자나 법인·단체 또는 개인의 대리인, 사용인, 그 밖의 종업원이 그 법인·단체 또는 개인의 업무에 관하여 제22조 제1항 제3호[금품 등의 제공자가 공직자 등(제11조에 따라 제8조가 준용되는 공무 수행사임을 포함한다)인 경우는 제외한다], 제23조 제2항, 제23조 제3항 또는 제23조 제5항 제3호[금품 등의 제공자가 공직자 등(제11조에 따라 제8조가 준용되는 공무 수행사임을 포함한다)인 경우는 제외한다]의 위반행위를 하면 그 행위자를 벌하는 외에 그 법인·단체 또는 개인에게도 해당 조문의 벌금 또는 과태료를 과한다. 다만, 법인·단체 또는 개인이 그 위반행위를 방지하기 위하여 해당 업무에 관하여 상당한 주의와 감독을 게을리 하지 아니한 경우에는 그러하지 아니하다.

- 부정청탁 금지법 준수 서약서 제출: 공공기관의 장이 소속 공직자들로부터 준수 서약서를 받는 주기는 신규 채용 시.

일각에서는 기자와의 만남 축소가 자칫 홍보의 위상 하락으로 이어질 수 있다는 우려도 제기됐다. 기자 상대 업무를 중시하는 기업 홍보팀의 경우 오너 등 최고경영자가 홍보비 삭감이나 인력 감축을 검토하기도 했다. 부처 예산은 곧 부처 파워인데 홍보비가 줄면 사내 입지가 줄어들 가능성도 있었다. 더 나아가 「김영란법」 때문에 홍보조직이 축소·재편될 수 있다는 관측도 나왔다. 기자관리가 줄었고 홍보업무 중 「김영란법」에 걸릴지 말지 애매한 것들이 많으니 핵심만 남기고 나머지는 외부 에이전시에 맡기려는 움직임도 있었다.

홍보인들의 평상업무로 언론사와 벌이는 기사축소, 제목수정 등과 광고·행사 협찬, 특집기획, 기사광고 등에 대한 유권해석도 판례가 없어 부정청탁, 법규위반 여부를 놓고 변호사들의 시각이 엇갈렸다. 기업의 기자실 운영은 허용됐으나 식음료나 간식 제공이 제한되고 식권과 주차권 제공이 중단됐다. 기자 몇 명과 르포 기사 작성을 위한 취재편의 제공도 문제가 됐다. 「김영란법」은 기업에서 발행하는 사보를 폐간하거나 온라인으로 전환, 정보간행물로 전환 등록하는 사태를 가져오기도 했다. 발행인에 대표이사의 이름이 올라가 본의 아니게 언론인으로 분류돼 「김영란법」 적용을 받아 경영 활동이 위축되기 때문이었다. 시행 초기 「김영란법」을 피하기 위한 영수증 쪼개기, 더치페이 후 현금전달 등 각종 편법이 자행되었지만 이를 적발한 사례는 드물었고, 내부고발자에 의해서나 일부 비중이 큰 사례들이 권익위에 고발되거나 신고됐다. 기업들은 양벌규정을 피하고자 임직원들에게 평소 교육을 실시하고, 준수 서약서, 내부 매뉴얼, 모니터링과 시정조치, 재발 방지 시스템 등을 마련했다.

2016년 10월 10일 국민권익위원회에 대한 국회 국정감사에서는 「김영란법」 1호 신고 사건이 거론됐다. 제자가 교수에게 건넨 캔커피를 문제 삼은 사례였다. 이를 비롯해 스승의 날 카네이션 선물의 적절성 논란 등을 언급하며 국회의원들은 권익위의 해석이 지나치게 엄격하다고 지적하기도 했다.

2017년 12월 「김영란법」이 개정되어 농축수산물의 선물 상한액이 5만 원에서 10만 원으로 상향되고 경조사비는 10만 원에서 5만 원으로 축소 조정됐다. 외부강의 등 사례금 상한액이 일원화되거나 조정됐다. 또한 시행 1년여 만에 기업출연 공익법인의 언론인 해외연수 사업도 재개됐다.

❖ 시행 3년이 지나 경각심 많이 떨어졌지만, 긍정적 변화 가져와

시간이 흐르면서 관리·감독 기관의 무관심과 함께 일선 언론 현장 역시 「김영란법」 도입 초기와 달리 경각심이 많이 떨어졌다는 이야기들이 나온다. 해외취재 비용 제공이나 광고·협찬에 대한 증빙은 과거보다 철저해지면서 일견 변화된 모습이 나타나지만, 그 외 영역에서는 과거와 크게 다를 바 없다는 것. 특히 법 적용 대상에 언론인이 포함됨으로써 취재 현장은 물론 언론홍보 관행에도 일대 변화를 예고했었다. 하지만 그 후 1년 동안 청탁금지법 위반으로 처벌된 사례는 17건에 지나지 않았고, 그마저도 언론인 관련해선 전혀 없어 당초 취지와 달리 큰 실효성을 거두지는 못한다는 지적이 나왔다.

그럼에도 「김영란법」은 사회 곳곳에서 긍정적 변화를 불러왔다. 우선 불필요한 접대 등의 관행이 근절되면서 사회적 비용이 감소했다. 저녁 회식 및 술·골프 약속 등이 눈에 띄게 줄었으며, 공공기관 등에 청탁을 하는 사례도 사라졌다는 평가다. 시행 1년 후 한국사회학회에서 발표한 여론조사 결과에서 응답자의 89.5%가 「김영란법」이 "효과가 있었다"고 답했다.

「김영란법」 제정이 홍보·PR 업계에 큰 파장과 변화를 가져올 것이라는 예상은 시간이 흐르면서 다소 빗나갔지만, 기존의 관행에 경종을 울려주고 접대 관행 개선과 부정청탁 금지에 이바지한 바가 크다. 법 시행 초기 홍보업무 자체가 위축될 것으로 우려됐는데, 3년이 지난 지금 많이 완화되어 기자나 홍보인 모두 이 법에 적응한 모양새다. 식사자리는 검소해졌고 골프 접대도 줄었고 경조사비 상한액도 지킨다. 광고·협찬 시에는 증빙서류를 챙겨 권원權原을 확보하며 광고·협찬 기사에는 '애드버토리얼'이라고 명시한다. 홍보·PR 시장도 주먹구구식을 지나 체계적으로 정비되고 법제화시키는 데 공헌한 역할도 있다.

또한, 「김영란법」은 홍보인들에게 저녁과 주말이 있는 삶을 선사하기도 했다. 술 약속과 골프 약속 등 접대가 줄어든 결과다. 이후 제정된 정부의 주 52시간제 도입은 야근을 없애고 공부와 취미 활동 등 여가를 즐기는 문화를 가져다주기도 했으며, 직장 내 괴롭힘 금지법 제정과 함께 홍보인들의 건전한 직장문화 조성에 한몫하고 있다. 「김영란법」은 홍보인들에게 거절의 충분한 명분이자 강력한 핑곗거리로 불필요한 요청의 방패막이 역할을 하기도 한다.

➡ 참고자료

문용필. 2018.6.12. "김영란법 3만원? 기자 접대에선 유명무실해진 지 오래". 《The PR News》.
박형재. 2016. "김영란법 한달, 기자도 홍보인도 몸사리기 바쁘다". 《The PR》, 11월호, 16.
안선혜. 2017. "김영란법으로 편해진 홍보·대관, 양극화 뚜렷". 《The PR》, 10월호, 17.
최영택. 2016. "김영란법, 피할 수 없다면 기꺼이 받아들이자". 《The PR》, 7월호, 16.
_____. 2016. "'김영란법 시대' 새로운 홍보전략 세우자". 《The PR》, 9월호, 16.
「부정청탁 및 금품 등 수수의 금지에 관한 법률」(2016.9.28 시행).

평창에서 하나 된 열정, 하나 된 대한민국

2018년 ● 평창동계올림픽 및 패럴림픽

김 주 호

KPR 사장

❖ 평창의 세 번째 도전, 사람의 마음을 사로잡은 프레젠테이션

평창동계올림픽[1]은 1986년부터 시작된 국제 메가 스포츠 이벤트의 개최 경험을 바탕으로 2000년 강원도를 중심으로 시작된 유치 노력의 결실이다. 우리나라는 이미 다양한 국제 메가 스포츠 이벤트를 통해 경제도약, 북방외교, 남북평화 등의 계기를 마련한 바 있다. 1986년 서울아시아경기대회를 시작으로 1988년 서울올림픽은 우리나라의 스포츠 강국으로의 도약과 국제적 위상 강화 등에 결정적 계기가 되었다. 2002년 얼드컵은 한국과 일본의 공동개최라는 역사적 의미를 부각시키면서 붉은악마로 대표되는 거리응원을 통해 한

---

[1] 평창동계올림픽의 공식 명칭은 2018 평창동계올림픽대회2018 PyeongChang Olympic Winter Games이고 평창동계패럴림픽은 2018 평창동계패럴림픽대회2018 PyeongChang Paralympic Winter Games이다. 조직위원회 공식 명칭은 2018 평창동계올림픽대회 및 패럴림픽대회 조직위원회이다. '2018 평창' 또는 영문으로 'PyeongChang 2018'로 약칭을 사용하기도 했다.

국인의 열정을 세계에 펼쳐 보이기도 했다. 우리나라는 2002년 부산아시아경기대회, 2011년 대구육상대회, 2014년 인천아시아경기대회 등을 통해 서울뿐만 아니라 지방도시에서 국제 스포츠 대회를 유치하며 지역 활성화 및 국가브랜드 증진 등에 성과를 거두기도 했다.

평창동계올림픽의 유치는 강원도 차원에서, 특히 당시 김진선 지사의 의지로 시작되었다고 해도 과언이 아니다. 강원도는 기후 특성상 다양한 동계대회를 개최했지만 국제대회는 1999년 1월 30일부터 2월 6일까지 용평, 강릉, 춘천에서 개최된 제4회 동계 아시아경기대회가 거의 전부였다.

1998년 도지사가 된 김진선 지사는 동계올림픽 유치를 통해 강원도의 힘을 대내외에 알리고자 했다. '변화의 새 바람 강원도 세상'을 도정구호로 내걸고 동계올림픽 유치 카드를 꺼내 들었다.[2] 김 지사는 평창동계올림픽 유치를 도정의 핵심 동력으로 삼았다. 2000년 10월 23일 동계올림픽 유치를 공식 선언한 것이 무주와의 국내 후보지 유치 경쟁의 시작이었다.[3] 강원도는 치열한 국내 유치도시 경쟁에서 승리했지만 2010년과 2014년 유치에 두 번 실패하고 세 번 만에 올림픽 유치의 꿈을 이루었다. 유치 과정에서 주 개최지는 평창으로 정했다. 비교적 규모가 큰 춘천, 원주, 강릉 등 다양한 옵션이 있었지만 소도시인 평창을 개최도시로 정한 것은 평창휘닉스파크, 용평리조트 등 겨울스포츠의 입지조건과 영서지방에 대한 지역적 배려 때문이다.

최종 유치 때에는 결국 평창과 정선에 스키와 썰매 등 설상종목을, 강릉에 빙상종목을 배치하면서 개·폐회식이 치러지는 주 개최지도 평창으로 정했다. 알펜시아 리조트 등의 완성으로 스키장 등 경기장 시설을 확보하는 데에는 문제가 없었지만 인구 6000여 명의 소도시[4]라는 게 큰 문제였다. 더구나

---

2 김진선, 『평창실록. 동계올림픽 20년 스토리』(서울: 도서출판 이새, 2019).
3 박건만, 『2018 평창동계올림픽 한 겨울에 핀 꽃』(서울: 호영, 2018).
4 평창군의 인구는 행정안전부 KOSIS 자료(2019.7)에 따르면 4만 2343명, 올림픽 개회식장이 있는 대관령면은 6020명이다.

평창군의 읍소재지 평창은 경기장이 밀집되어 있는 대관령면에서 60km 이상 떨어진 곳에 위치했다. 이러한 여러 여건을 고려해 정부는 올림픽 개·폐회식장을 임시건물로 짓는 등 소도시 개최에 맞추는 전략을 취했다.

강원도의 평창동계올림픽 유치는 국내 개최도시 확정을 위한 경쟁으로 시작되었다. 경쟁도시는 전라북도 무주였지만 대한체육회는 여러 가지 입지여건상 평창을 택했다. 2010년 올림픽 개최를 위해 밴쿠버와 경쟁했던 평창은 'Games of Purity and Peace for All'을 주제로 내세워 청정 환경 속에서 올림픽의 순수성을 구현해 남북평화에 기여한다는 메시지를 내세웠다. 하지만 그동안 국제스포츠 이벤트에서 내세웠던 평화 메시지가 국제사회에 큰 공감을 얻지 못했다.

2003년 프라하에서 개최된 IOC 총회에서 평창은 53 : 56으로 아쉽게 개최지로 선정되지 못하고 탈락했다. 다음 날 미국의 《유에스에이 투데이USA Today》(2003.7)는 "평창이 지도에 이름을 올렸다PyeongChang on the Map"는 자크 로게 위원장의 인터뷰를 헤드라인으로 올렸다. 평창이 비록 탈락했지만 국제적 인지도를 높였다고 본 것이다. 고건 총리가 이끄는 우리 정부 및 대표단의 적극적인 유치활동과 홍보활동이 있었음에도 유치 과정에서 국제올림픽위원회IOC 부위원장에 출마한 김운용 IOC위원의 선거 활동이 평창 유치에 부정적 결과를 미쳤다는 것이 일반적 견해이다.[5]

2014년 동계올림픽 유치전은 실질적으로 소치와 유치경쟁을 한 것이었는데 평창은 과테말라 IOC 총회에서 소치에 47 : 51로 패했다. 평창은 'New Dreams@ PyeongChang'이라는 슬로건으로 평화메시지보다는 평창의 꿈, 미래의 희망 등을 내세우고 당시 노무현 대통령이 발표자로 나서기도 했지만 푸틴의 적극적인 국제스포츠계 로비 등으로 벽을 넘지 못했다.

평창의 세 번째 도전의 강력한 경쟁 도시는 독일의 뮌헨이었다. 새로운 지

---

5   박건만, 『2018 평창동계올림픽 한 겨울에 핀 꽃』.

평New Horizons이라는 슬로건을 내세운 평창은 새로운 스포츠 시장의 확대를 목표로 내세웠다. 첫째, 그동안 개최된 21회의 동계올림픽 중에서 아시아에서 두 번밖에 개최되지 않았다는 점을 내세웠다. 둘째, 평창에서 5시간 내 30억, 2시간 내 10억의 인구가 분포되어 있어 인류 평화와 화합의 제전인 올림픽이 아시아에서 개최됨으로써 동계 스포츠의 저변을 확대할 수 있다는 논리를 제시했다. 마침내 2011년 더반에서 개최된 IOC 총회에서 자크 로게 위원장은 2018년 동계올림픽 개최도시로 평창을 발표했다. 평창 63표, 뮌헨 25표, 안시 7표로 압도적인 승리였다.

유치의 성공은 두 번의 유치과정을 겪으며 준비된 알펜시아를 포함한 경기장 등 시설, 주민들의 유치 열망, 정부의 적극적인 지원, 스포츠 유관단체 및 삼성 등 기업들의 노력, 그리고 실사평가단 방한 시 철저한 현장 대응 및 프레젠테이션presentation을 통해 보여준 전략적 메시지 구성 및 감성과 이성의 조화를 통한 IOC위원 설득 등이 주효한 것으로 평가되었다. 특히 더반의 프레젠테이션은 IOC위원들의 마음을 사로잡도록 기획되었다. 더반 프레젠테이션에 참여한 나승연 유치위 대변인은 '가장 기억에 오래 남고 사람들 입에 오르내리는 프레젠테이션은 감동을 불러일으키는 프레젠테이션이다. 평창 프레젠테이션이 사람들의 마음을 사로잡을 수 있었던 것도 감성에 호소하는 데 성공했기 때문'이라고 밝혔다.[6]

유치 후 조직위원회가 출범하면서 김진선 위원장의 컴백, 조양호 위원장으로의 교체, 이희범 위원장 체제로의 전환 등을 거치는 등 올림픽은 우여곡절을 겪었다. 이 과정에서 최순실 국정농단의 여파로 경기장 공사업체 선정 지연, 경기장 설계변경, 마스코트 선정, 개·폐회식 준비 등 여러 측면에서 어려움도 있었지만 올림픽은 차근차근 준비되어 갔다.

2016년 최순실 국정농단과 박근혜 대통령 탄핵을 거치며 2017년 들어선 문

---

6 나승연, 『나승연의 프레젠테이션』(서울: 21세기북스, 2016).

재인 정부는 올림픽의 성공을 정부의 주요 정책 목표 중 하나로 채택하게 되었다. 특히 평창동계올림픽을 북한과의 대화 모티브를 만드는 계기로 적극 활용하였다.

❖ 동계올림픽 사상 역대 최대 규모, 최고 흥행

평창동계올림픽대회는 2018년 2월 9일부터 25일까지 17일간 '하나 된 열정 Passion. Connected'을 주제로 평창, 강릉, 정선에서 개최되었다. 평창동계패럴림픽은 2018년 3월 9일부터 18일까지 10일간 평창과 강릉에서 설상경기 4종목, 빙상경기 2종목의 경기를 개최했다. 평창동계올림픽이 국제올림픽위원회IOC가 주관하는 대회라면, 평창동계패럴림픽은 국제패럴림픽위원회IPC에서 주관한다. IOC와 IPC의 협약에 의해 개최도시나 경기장 베뉴나 선수촌 시설 등을 공유하며, 대회 조직위원회도 공동 운영된다.

평창동계올림픽은 92개국 NOC에서 2920명의 선수가, 패럴림픽은 총 47개국 567명의 선수가 참가해 역대 최대 규모로 치러졌다. 평창동계올림픽은 신규 참가 국가가 6개국이고 여성 참가 비율이 41.5%로 역시 동계올림픽 사상 가장 많았다. 금메달도 소치보다 4개나 많은 102개였다.

방송사는 국내외 총 76개국에서 1만 1642명이, 언론사는 51개국에서 2654명이 올림픽 취재에 참여해 역시 동계올림픽 사상 최대를 기록했다.[7]

흥행과 기록 면에서도 최고를 기록했는데 입장권은 목표 대비 100.9%로 107만 8000장을 판매했고, 12개 경기장을 비롯한 올림픽 플로자 등을 찾은 방문객은 141만 명에 이르렀다. 설 연휴 기간에는 일평균 10만 명 이상의 관람객이 방문했고, 설 다음 날은 14만 6000명이 방문하는 기록을 세우기도 했

---

[7] International Olympic Committee. 2018. Marketing Report-PyeongChang 2018. www.olympic.org

다. 패럴림픽은 판매목표 22만 매에 34만 6000매를 팔아 157.2%의 판매율을
기록하기도 했다.[8]

평창이 성공한 데에는 우리나라 대표 팀의 활약을 빼놓을 수 없다. 우리나
라는 금메달 5개, 은메달 8개, 동메달 4개 등 총 17개의 메달로 종합 7위를 기
록했다. 전통적 강세 종목인 쇼트트랙은 물론 스켈레톤의 윤성빈, 스피드 매
스스타트의 이승훈 등이 금메달을 목에 걸었고, 스노보드, 봅슬레이, 여자 컬
링팀이 동메달을 따는 등 평창동계올림픽의 흥행을 주도했다. 노르웨이가 금
메달 14개 등 총 메달 39개로 1위를 기록했고 독일이 금메달 14개 등 총 31개
로 2위를 차지했다. 대회 전체 세계 신기록 3개, 올림픽 기록 25개로 이 역시
역대 최고 수치이다.

특히 한국팀은 과거 쇼트트랙 위주의 메달 전략에서 17년간 평창 올림픽
유치와 준비과정에서 동계 스포츠에 대한 투자가 이루어지면서 김연아의 피
겨스케이팅과 이상화의 스피드스케이팅은 물론, 봅슬레이, 스켈레톤 등 썰매
종목, 여자컬링까지 메달을 획득으로서 동계 스포츠의 확산이라는 평창동계
올림픽 비전vision을 이루어냈다.

평창동계올림픽의 하이라이트는 개회식이라고 할 수 있다. 개회식은 '올림
픽의 꽃'이라고 할 정도로 올림픽에서 차지하는 비중이 크다. 개회식은 국가
의 문화적 역량의 집합체이자 최고의 국가의전행사로서, 그리고 세계인의 이
목을 집중시키는 메가 이벤트이다. 개회식은 대회 성공의 반 이상을 상징한
다 해도 과언이 아니다. 평창 개회식의 주제는 '행동하는 평화Peace in Motion'
이다. 우리나라 전통 문화의 정신인 조화와 현대문화의 특성인 융합을 바탕으
로 강원도 시골마을에서 꿈을 찾아 떠나는 다섯 아이의 이야기로 구성되었다.

올림픽 개회식은 다양한 전통 소재를 재해석하고 ICTInformation, Communication
& Technology와 접목했는데, 고구려벽화에서 모티브를 가져온 '인면조', 증강현

---

8 김주호, 『PR의 힘』(서울: 커뮤니케이션북스, 2019).

실 기술을 활용해 재현한 600년 전의 '천상열차분야지도'[9] 등이 대표적인 예이다. 또 5G 기술을 활용한 중계 및 비둘기 퍼포먼스, 드론을 활용한 밤하늘의 오륜마크와 수호랑 연출 등도 국내외 문화와 기술을 융합해 찬사를 받는 프로그램이었다.[10]

개회식은 특히 한반도기 사용과 남북 선수단 공동입장이라는 측면에서 세계적 관심을 받았고, 남북선수가 공동으로 성화를 받아 김연아 선수에게 넘기는 역할도 수행함으로써 평화의 메시지를 전달하는 효과를 거두었다.

성화 점화는 리허설 과정에서 일부 취재진이 사진을 찍어 보도를 하기도 했지만, 마지막까지 숨겨진 깜짝 아이디어는 최종주자가 피겨스타 김연아라는 것과 함께 얼음판을 성화대 주변에 설치한 것이었다. 경기장에서 전이경, 박인비, 안정환, 남북 여자아이스하키 선수를 통해 전달된 성화는 스케이팅을 하며 나온 김연아가 이어받아 불을 붙여 성화불꽃이 30개의 링을 타고 올라가 성화대에 점화되어 평창올림픽의 서막을 알렸다.

평창동계올림픽 개폐회식은 〈난타〉의 제작사인 PMC의 송승환 대표가 총감독을 맡았고, 연극연출가이자 서울예술대학교 교수인 양정웅 감독이 개회식 연출을, 영화감독이자 뮤지컬 연출가인 장유정 감독이 폐회식 연출을 맡았다.

티모 루미 IOC TV·마케팅 운영국장은 전 세계 3억 명이 올림픽 개회식을 지켜보았고 한국 내에서도 1000만 명이 시청했다고 말했다. KBS, MBC, SBS 등 방송 3사의 개회식 시청률은 46%를 기록했다(AC 닐슨). 개회식은 IOC를 비롯해 국내외 언론의 호의적인 평가를 받았다. 올림픽 개막을 앞두고 혹한과 노로바이러스, 교통, 숙박 등 대회 운영에 대한 부정적 보도가 많았지만 개회식의 성공은 평창올림픽의 성공가능성과 대회운영의 자신감을 심어준 결

---

9 1395년(태조 4년) 종이가 아닌 돌에 새겨진 천문도로 국보 228호로 지정되어 있다.

10 2018 평창동계올림픽대회 및 패럴림픽대회 조직위, 『2018 평창동계올림픽대회 개회식 미디어 가이드』(2018).

정적 계기였다. 조직위는 개·폐회식을 포함해 1200여 회의 문화 프로그램을 운영해 총 83만 명이 참여하는 문화올림픽을 실현하기도 했다.

평창동계올림픽대회는 다양한 올림픽 유산을 남겼다. 올림픽을 통해 강릉과 정선에 많은 경기장 시설이 들어섰다. 평창에는 알펜시아 스키점프센터, 올림픽 슬라이딩센터, 바이애슬론센터, 크로스컨트리센터 등과 용평의 알파인경기장, 휘닉스 스노경기장 등과, 정선의 알파인경기장 등이 건설되었다. 강릉에는 강릉 아이스아레나, 강릉하키센터, 강릉 스피드스케이팅 경기장, 관동하키센터, 강릉컬링센터 등이 세워졌다. 이 중 민간 시설인 용평리조트와 휘닉스파크, 기존에 있던 시설을 개조한 강릉컬링센터 등을 제외하면 사실상 올림픽 유치과정에서 생긴 시설이다. 일부 경기장을 제외하고는 대부분 경기장, 생활체육시설, 학교체육시설 등으로 용도가 정해졌다. 이러한 올림픽 시설들은 동계 스포츠의 발전과 지역 활성화의 계기가 된 것이다. 평창과 강릉에 건설된 선수촌과 미디어촌은 이미 분양되어 새로운 주택단지가 들어섰고, KTX 및 제2영동고속도로, 서울 - 양양 고속도로 등 다양한 교통 인프라의 건설은 강원도의 관광산업을 포함한 지역 발전의 기반이 되었다.

이희범 조직위원장은 평창동계올림픽과 패럴림픽이 총 5500만 달러(총 619억 원)의 흑자를 냈다고 제133회 IOC 총회에 보고했다.[11] 평창대회가 경제적인 면에서도 성과를 거둔 것이다. 정부는 잉여금으로 2019년 4월 '2018 평창기념재단'을 설립해 평창동계올림픽의 유산관리와 스포츠 발전에 힘쓰고 있다.

❖ 성공적 PR, 평화와 화합의 메시지를 담다

스포츠 PR은 일반 PR과 다르지 않다. 스포츠 PR은 PR 활동에 스포츠 프로퍼

---

11 김현길, "이희범 조직위원장 평창올림픽 최소 619억 원 흑자", 《국민일보》(2018. 10.9), 21면.

타나 스포츠 기업, 단체들이 이해관계자로 등장한다는 점이 특징이다.[12] 스포츠의 꽃인 올림픽은 PR 측면에서 다양한 의미를 갖는다. 먼저 평창에서는 올림픽 유치과정과 준비과정의 PR이 갖는 의미가 크다. 유치는 시설, 운영 등을 담은 유치 계획서Bid Book를 포함해서, 실사 평가단 대응, 프레젠테이션, PR, IOC위원을 포함한 유관 단체 커뮤니케이션 등이 핵심 요소이다. 특히 올림픽 유치는 IOC위원의 개인적인 견해도 중요하지만, 국가를 대표하는 상징성이 크다. 따라서 주요 언론을 통해 각국의 평창에 대한 지지 여론을 조성하는 게 필요하고, 주요 오피니언 리더에 대한 설득 작업도 중요하다. 때로는 정부 부처의 외교적 노력이 함께 수반되어야 하는 이유이기도 하다. PR은 공감을 얻어내는 설득과정으로 유치단계는 아시아 스포츠 마케팅 시장의 확산이라는 PR메시지를 강조했다.

올림픽 준비과정과 관련하여 사전 홍보 측면에서 보면 성화 봉송이 평창올림픽의 사전 붐 조성에 기여했다. 성화 봉송은 올림픽의 사전 홍보 캠페인이라고 해도 과언이 아니다. 성화는 올림픽의 평화와 화합의 정신을 상징하는 불꽃이다.[13] 성화는 그리스 올림피아 신전에서 채화되어 11월 1일 인천에 도착한 이후 101일 동안 전국 2018km를 2018명의 주자들이 달리면서 올림픽축제의 사전 분위기 조성에 기여했다. 조직위는 '모두를 빛나게 하는 불꽃Let Everyone Shine'을 슬로건으로 주자선발, 성화 봉송 루트 개발, 성화 봉송 방법의 다양화, 지역 축제 행사와의 연계 등을 통해 많은 국민들이 올림픽에 다가갈 수 있게 했다.

준비과정에서 북한의 계속된 핵위협 속에 남북 관계가 긴장상태가 계속되고 국정농단 사태로 국민들의 관심이 멀어지는 상황에서 PR은 국민들은 물론 국제사회의 참여, 공감, 소통을 이끌어내는 역할을 했다. 조직위는 '하나 된

12 배미경·우창완, 『스포츠 PR』(서울: 커뮤니케이션북스, 2017).
13 김주호, 『세계 10대 메가 스포츠 이벤트와 스폰서십』(서울: 커뮤니케이션북스, 2015).

열정'의 공식 슬로건 외에 '하나 된 열정, 하나 된 대한민국'의 캠페인 캐치프레이즈를 만들어 적극적으로 활용하면서 '헬로우 평창'이라는 디지털 캠페인을 전개했다. 많은 국민, 특히 젊은 세대들이 평창에 관심을 갖고 티켓 구매를 늘리기 위한 PR 수단으로 활용한 것이다. 대통령이 티켓 구매자와 평창행 KTX 안에서 오찬을 하는 경품까지 내걸며 시작된 PR 캠페인은 많은 국민들의 참여 속에 5차까지 지속되었다. 특히 '헬로우 평창' 캠페인은 웹툰, 영상, VR, 퀴즈, 경품, 홍보대사 등 다양한 방법으로 추위에 대한 우려 불식, 티켓 구매확대, 젊은 세대의 관심 등을 이끌어냄으로써 정보 제공 위주의 조직위 공식사이트와는 다른 차원의 PR 활동은 전개했다.[14]

북한의 참가와 평화는 신중한 PR 소재였다. 유치과정에서 평화라는 메시지는 국제사회에서 크게 어필되지 못했다. 그러나 2017년 연이은 북한의 핵실험과 장거리미사일 발사 실험 등으로 한반도의 위기가 고조되자 일부 국가에서 올림픽 불참 여론이 대두되기도 했다. 조직위는 IOC 등을 통해 북한의 참가 설득과 함께 세계를 향해서는 평창이 올림픽 개최를 통해 한반도 평화의 중심지가 될 것이라는 것을 설명하는 데 주력했다. 특히 정부와 평창조직위는 '스포츠와 올림픽 이상을 통해 평화롭고 더 나은 세상 건설'이란 주제로 국제연합UN이 '평창올림픽 휴전 결의안The Olympic Truce Resolution for PyeongChang'을 채택할 수 있게 했다. 157개국이 결의안을 공동제안하고, 북한이 반대표를 던지지 않은 가운데 193개국 만장일치로 채택되었다.

2018년 1월 김정은 위원장의 신년사를 계기로 북한의 올림픽 참가가 결정되고 북한에 관한 다양한 스토리가 쏟아져 언론과 국민의 관심을 끄는 계기가 되었다. 선수 22명 포함 46명의 선수단, 고위급 대표단, 공연단, 응원단 등이 평창 대회에 참가하고, 여자아이스하키 남북단일팀 등을 구성하면서 평화올림픽의 틀을 마련하였다. 북한의 참가는 남북단일팀 구성, 공동입장, 상호 방

---

14 김주호, 『PR의 힘』.

문 문화공연, 남북대화 등 많은 긍정적 뉴스를 만들어내기도 했지만, 단일팀 선수단 구성의 공정성 논란, 한반도기의 독도 제외 등 부정적 이슈도 만들어 졌다.

결국 북한의 참가는 평창동계올림픽이 평화올림픽의 메시지를 심어주는 강력한 PR 수단이 되었으며 남북대화의 문을 여는 출발점이 되었고, 북미정상회담으로 이어지기도 했다.

PR의 기능적 측면에서도 조직위는 대회가 임박하면서 디지털 PR의 강화, 진실에 입각한 정보 공개 원칙, 위기관리 매뉴얼 준비 및 시뮬레이션, 각종 계기별 행사의 연계 PR, 대통령의 적극적인 참여, 다수의 홍보대사 활용, 올림픽에 대한 주민을 비롯한 학생들 교육과, 성화, 개회식, 추위 대책 등에 대한 집중 PR, 평화 메시지의 PR 강화 등 다양한 노력을 기울였다.

또 컬링팀의 '영미' 신드롬, 롱패딩과 수호랑·반다비 등 마스코트의 적극적 PR 활용, 다양한 계층의 자원봉사자 참여, 기업 및 공공기관의 적극적인 스폰서 활동 등이 많은 관람객이 올림픽 경기장을 찾는 PR요소가 되었다.

스포츠는 사회적·경제적·문화적·역사적인 영향을 받으며 변해왔다.[15] 올림픽은 스포츠 축제로서의 가치 이상으로 다양한 함의를 갖는다. 평창동계올림픽은 경제·문화·평화·문화·환경 등 5대 가치 실현을 목표로 설정했고 이를 실천했다. 평창동계올림픽을 역대 최대 규모의 동계올림픽으로 치르면서 국내외 오피니언 리더들의 설득, 국민들의 참여 유도, 미디어의 원활한 올림픽 중계와 보도의 지원, 올림픽을 통한 국가 브랜드 이미지 증진 등 다양한 측면에서 적극적인 PR 활동이 이루어졌다고 볼 수 있다.

올림픽이 페어플레이fair play 정신과 아마추어리즘amateurism을 바탕으로 국제평화의 유지와 인류화합을 목적으로 한다고 볼 때,[16] 평창동계올림픽은

---

15 김도균, 『스포츠마케팅』(서울: 도서출판 오래, 2011).

16 김정구·박종민·이수범·한정호, 『스포츠마케팅을 통한 국가 및 기업의 경쟁력 강화에

북한을 포함한 92개국의 선수와 관중들이 국민과 함께 올림픽의 이상을 실현한 올림픽이라고 평가할 수 있다.

➡ 참고자료

2018 평창동계올림픽대회 및 패럴림픽대회 조직위. 2018. 『2018 평창동계올림픽대회 개회식 미디어 가이드』.

김도균. 2011. 『스포츠마케팅』. 서울: 도서출판 오래.

김주호. 2019. 『PR의 힘』. 서울: 커뮤니케이션북스.

_____. 2015. 『세계 10대 메가 스포츠 이벤트와 스폰서십』. 서울: 커뮤니케이션북스.

김정구·박종민·이수범·한정호, 2001. 『스포츠마케팅을 통한 국가 및 기업의 경쟁력 강화에 관한 연구』. 서울: 한국광고학회.

김진선. 2019. 『평창실록. 동계올림픽 20년 스토리』. 서울: 도서출판 이새.

김현길. 2018. "이희범 조직위원장 평창올림픽 최소 619억 원 흑자". 《국민일보》, 2018.10.9. 21면.

나승연. 2012. 『나승연의 프레젠테이션』. 서울: 21세기북스.

박건만. 2018. 『2018 평창동계올림픽 한 겨울에 핀 꽃』. 서울: 호영.

배미경·우창완. 2017. 『스포츠 PR』. 서울: 커뮤니케이션북스.

International Olympic Committee. 2018. Marketing Report-PyeongChang 2018. www.olympic.org

---

관한 연구』(서울: 한국광고학회, 2001).

한국 미투 운동의 변곡점, 서지현 검사 성추행 폭로사건

2018년 ● 미투 열풍

이유나

한국외국어대학교 미디어커뮤니케이션학부 교수

❖ 전통적 성 역할 패러다임의 변화와 '미투' 운동

2018년 대한민국 미투#MeToo 운동 열풍은, 한 현직 여검사가 검찰 내부 통신망에 전직 검사장의 성추행을 폭로하면서 시작됐다. 미투는 2017년 10월경부터 미국 영화계 유명 여성 영화배우들이 트위터를 활용해 자신들이 경험한 성폭력 피해를 연이어 밝히며 해시태그[1]를 'MeToo'로 달면서 시작된 폭로운동을 지칭한다.[2] 미국에서 이러한 운동이 시작된 지 수개월 이내에, 우리나라에

---

1 해시태그hashtag란 게시물에 일종의 꼬리표를 다는 기능으로서, 특정 단어 또는 문구 앞에 해시('#')를 붙여 연관된 정보를 한데 묶을 때 쓴다. 해시hash 기호를 써서 게시물을 묶는다고tag 해서 해시태그라는 이름이 붙었다(안상욱, "해시태그hashtag — 문화현상으로 진화한 SNS 검색용 메타데이터", 네이버 지식백과 https://terms.naver.com/entry.nhn?docId=3579481&cid=59088&categoryId=59096, 입력일 2015.4.30, 검색일 2019.8.2).

2 최태섭, 『억울한 사람들의 나라』(위즈덤하우스, 2019).

서는 서지현 검사사건을 기점으로 법조계를 비롯해 문화·예술·체육·교육·정치·언론 등 각계에서 성추행·폭력에 대한 폭로가 일어났다. 사실, 한국사회에서 성추행 및 성폭력 문제는 어제 오늘의 일이 아니다. 정희진은 한국사회 내의 성폭력은 "가장 오래된… 광범위한 현상"이었으며 미투 운동으로 인해 "침묵과 방조로 지속되던 문제가 세상 밖으로 나왔다"고 말한다.[3] 물론 과거에도 성추행·폭력 피해자들의 폭로와 고발은 있었으나 2018년처럼 폭발적으로 단기간 내에 확산된 적은 없었다. 다양한 시대적 배경과 환경요소가 이러한 확산을 가능하게 했으나, 특히 PR 커뮤니케이션 관점에서 보았을 때 소셜 미디어의 발달로 대변되는 매체환경변화는 핵심요인 중 하나이다. 과거에는 성추행·폭력 문제를 사회가 제도적으로 해결해 주기를 기대하고 공개적으로 나섰던 다수의 여성들이, 오히려 문제를 촉발시킨 원인제공자로 낙인이 찍히는 등 2차 피해를 경험하기 일쑤였다. 이로 인해 피해자들의 사법 기관과 제도권 언론에 대한 신뢰도는 낮아졌고, 대안을 찾는 과정에서 자신의 목소리를 직접 낼 수 있는 온라인 채널들이 유효한 선택지가 된 것이다.

피해자들이 변화한 매체환경을 활용할 수 있었던 것은 지속적인 여성인력의 사회진출, 전통적 성 역할 패러다임 변화, 여성의 인권인식 증진이라는 보다 근본적인 시대적 흐름이 존재하였기 때문이다. 과거 남성은 생계부양자, 여성은 가정주부라는 이분법적 성 역할 구분에 속박되어 있었으며 이 그림자는 일터에서도 가동되었다. 그러나 후기 산업사회에 들어서면서 남녀 할 것 없이 임금노동자 역할을 맡게 되고 공동 생계부양을 하게 되면서 이제 더는 이분법적인 성 역할 구분이 타당하지 않게 된 것이다.[4] 전통적으로 가사노동과 육아활동은 금전적으로 환산될 수 있는 대상이 아니며, 가정 밖의 임금노동에 비해 그 가치가 현저히 낮은 것으로 간주되었기 때문에 해당 역할을 주

---

3 정희진, 『미투의 정치학』(교양인, 2019).
4 핀켈, 『괜찮은 결혼』(지식여행, 2019).

로 떠맡은 여성의 지위도 생계부양자에게 예속되는 것으로 인식되어 왔다. 하지만 최근 들어 이러한 편향적 인식을 거부하는 경향이 남녀 모두에게서 나타나고 있다.

기본 경제활동 단위인 가정을 이루기 위한 사회제도로 자리 잡은 결혼에 대한 한 인식조사 결과에서도 이러한 성향은 극명하게 드러난다. 결혼이 필수라고 생각하는 서울지역 거주 미혼여성은 2.9%에 지나지 않았으며, 결혼 후 자녀를 꼭 낳아야 한다고 생각하는 비율도 5.8%에 머물렀다.[5] 전통적 성역할에 대한 인식 변화는 비단 여성에만 국한된 것은 아니다. 한 경영연구원 보고서에 따르면 결혼이 필수가 아닌 선택이라고 생각하는 미혼남성 비율이 지속적으로 높아지고 있으며, 특히 20대 남성의 경우 여성보다도 결혼 의향이 더 낮은 것으로 나타났다.[6]

시대정신을 반영하는 소설, 만화, 영화와 같은 문화텍스트들도 이러한 인식변화를 오롯이 보여주고 있다. 2018년 연달아 간행된 『며느리 사표』,[7] 『82년생 김지영』[8]과 같은 서적들은 모두 전통적으로 여성에게 부과되어 온 성역할의 타당성에 대한 질문을 던지고 있다. 유사한 내용을 다루는 텍스트는 인기 페이스북 웹툰 〈며느라기〉[9]와 영화 〈B급 며느리〉[10]로도 등장하였으며

---

5 한국여성정책연구원, 「미투 운동 이후 사회변화에 대한 의견 조사」. 보도자료(2019).

6 N = 2,000 중 '결혼할 의향이 없다' 20대 남성 8.2%, 여성 4.2% 로 보고되었다. 정인·강서진, 「한국 1인 가구 보고서」(KB금융지주 경영연구소, 2019) 참조.

7 20여 년간 며느리, 아내, 엄마로만 살았던 저자가 시부모에게 '며느리 사표'를 내고 남편에게는 이혼 선언을 하고 갓 대학을 졸업한 아들·딸에게도 분가를 권하는 동시에 자신만의 공간을 마련하고 자아 찾기에 나서는 과정을 기록한 에세이이다(https://www.yna.co.kr/view/AKR20180208142300005?input=1195m).

8 조남주가 쓴 소설로, 1982년생 여성 김지영의 고백을 한 축으로 하고 또 고백을 뒷받침하는 각종 통계자료와 기사들을 또 다른 축으로 삼아 30대를 살고 있는 한국 여성의 일상을 그린 책이다(https://ko.wikipedia.org/wiki/82년생_김지영).

9 평범한 직장인 주인공 민사린이 평범한 직장인 남편 무구영을 만나 평범한 시댁에서 평범한 며느리로 살아가는 과정에서 어떠한 고충을 겪는지 실감나게 보여주고 있다.

〈이상한 나라의 며느리〉,[11] 〈살림하는 남자〉[12] 등의 예능 방송 프로그램으로도 만들어졌다.

한편 19~59세 한국남성 3000명을 대상으로 한 성 역할 인식조사에서, 특히 20대 남성들은 '강한 남자, 일에서 성공하는 남자, 위계에 복종하는 남자' 등의 남성상을 그다지 이상적으로 생각하지 않는 것으로 보고되었다.[13] 미투 운동은 대한민국 여성과 남성 모두가 전통적으로 부과되어 온 성 역할을 당연한 것으로 받아들이지 않고 질문을 던지기 시작한 상황에서, 이를 감지하지 못한 기성세대와 변화하고 있는 후속세대 간 가치관 충돌과 갈등이 가시화된 현상으로도 볼 수 있다.

❖ 서지현 검사의 폭로 이후 연이어 터져 나온 '미투'

2018년 1월 26일, 서지현 검사가 검찰 내부게시판 '이프로스'에 안태근 전 검사장의 성추행 사실에 대한 글을 올렸음이 언론을 통해 보도되었다. 서 검사는 1월 29일, JTBC 저녁 메인뉴스인 뉴스룸에 출연하여 사건에 대해 직접 설명하였다. 그는 2010년 10월에 참석한 한 장례식장에서 옆자리에 앉은 검찰

웹툰의 인기를 힘입어 단행본 만화책으로 발간되었다(https://www.mk.co.kr/news/special-edition/view/2018/12/804848/).

10 며느리가 시어머니와 겪는 실제 갈등 상황과 장면들, 며느리의 역할과 의무만 강조하는 가부장적 가족 문화를 재치 있게 꼬집은 다큐멘터리 영화이다(https://www.edaily.co.kr/news/read?newsId=01439926619110848&mediaCodeNo=257).

11 결혼 이후 여성에게 보다 많은 책임과 희생을 요구하는 불합리한 관행을 과감하게 꼬집어내는 MBC 방송의 관찰 예능 프로그램(https://ko.wikipedia.org/wiki/이상한_나라의_며느리).

12 신세대 남편부터 중년 그리고 노년의 남편 등 살림하는 연예인들의 모습을 담은 KBS2 방송의 관찰예능 프로그램(http://program.kbs.co.kr/2tv/enter/kbshomenam/pc/).

13 마경희 외, 「2017 보고서: 지배적 남성성의 균열과 변화하는 남성의 삶」(한국여성정책연구원, 2017).

간부가 법무부 장관과 동료들이 있는 상황에서 자신의 허리를 감싸 안고 둔부를 쓰다듬는 행위를 하였고, 그 자리에서 대놓고 항의하거나 피하지 못한 사실이 있음을 폭로하였다. 그는 사건 발생 당시 성추행 사실이 외부로 알려질 경우 검찰의 명성에 타격이 있을 것이고 또한 자신에게 가해질 수 있는 2차 피해가 우려되어 자신이 소속된 청의 간부들에게 사과를 받는 것으로 사건이 정리되었다고 설명했다. 그러나 얼마 지나지 않아 사무 감사에서 부당한 지적을 받고, 이어 검찰총장 경고를 받았으며 전결권을 박탈당하고 이례적인 인사발령을 받는 불이익을 경험하였다는 것이다.

서 검사의 JTBC 출연 이틀 뒤인 1월 31일, 조희진 당시 동부지검장을 단장으로 하는 '성추행 진상규명 및 피해회복 조사단'이 문무일 전 검찰총장에 의해 전격 구성되었다. 2월 중 서지현 검사는 참고인으로 성추행 조사단에 출석하여 피해사실을 진술하고, 조사단은 법무부 검찰국을 압수수색해 서지현 검사 인사기록을 확보하였고, 26일 자로 안태근 전 검사장이 피의자로 소환되어 조사를 받았다. 3월에 안 전 검사장은 다시 두 차례에 걸쳐 소환조사를 받았다. 4월 9일, 조사결과를 토대로 문무일 검찰총장은 안태근 사건을 수사심의위원회에 회부하였고 4월 13일, 안태근 전 검사장에 대한 구속기소 심의결과가 발표되었다.[14] 안태근 전 검사장은 결국 4월 25일 불구속 기소되었으며 2019년 1월 23일, 후배 검사를 성추행한 뒤 인사 불이익을 가한 혐의로 1심에서 실형을 선고받고 법정 구속됐다. 2019년 7월 18일, 2심 재판부는 안 전 검사의 항소를 기각하고 1심과 동일한 징역 2년의 실형을 구형하였다. 2019년 8월 현재, 안 전 검사 측은 중앙대법원에 상고장을 낸 상태이다.[15]

서지현 검사의 폭로로 촉발된 미투 운동은 법조계뿐 아니라 문화예술체육

---

14 "'성추행·인사보복 의혹' 안태근 전 검사장 수사 일지", 《연합뉴스》(2018. 4. 13).
15 "'서지현 검사 인사보복' 안태근 前 검사장, 대법원 상고", YTN, 2019년 7월 19일 보도.

계 및 교육계 전반에서 줄을 이었다. 2018년에만 시인 고은, 연희단거리패 이윤택 예술감독, 배우 겸 대학교수 조민기, 영화배우 조재현, 쇼트트랙 국가대표 신서희 선수의 코치 조재범 등 사회 유명인사들의 성추행·폭행에 대한 폭로가 줄줄이 이어졌다. 특히, 2018년 3월 5일에는 유력정치인이었던 안희정 전 충남도지사의 정무비서였던 김지은의 폭로가 있었으며, 이는 '업무상 위력에 의한 성폭행'의 민낯을 보여준 일대 사건이었다.

미투 운동 초기에는 유명인을 그 대상으로 하였으나, 이후 일반기업인, 대학교수, 종교인들을 대상으로 하는 폭로로 이어졌다. 부하 여직원을 상습 성희롱·추행한 남성 상사, 강의실에서 부적절한 성적 농담을 하거나 학생들과의 회식자리에서 자행된 교수의 부적절한 행위, 신도들을 대상으로 종교행위를 빙자해 일어난 목회자의 상습적인 성추행 등 우리 사회의 일상생활 곳곳에 편재하던 성추행·폭행이 수면 위로 떠올랐고 이에 대한 온오프라인 보도가 연일 이뤄졌다. 또한 시간이 갈수록 가해자는 남성에만 국한되지 않고 여성 상급자나 권력자의 경우로도 확장되는 양상을 보였다.

❖ 젠더 이슈에 나타난 한국사회의 불신 문제

PR 커뮤니케이션에서 서지현 검사 폭로사건으로 시작된 미투 운동이 주는 의미는 과연 무엇일까? 조직커뮤니케이션 전문가 김호는 미투 운동을 페미니즘과 연계된 현상으로 규정하면서, 향후 한국사회와 PR업계에서 활동하는 데서 페미니즘에 대해 무지하거나 이러한 요소를 무시하는 것은 PR 전략 수립에 장벽이 될 것이라고 단언하였다.[16]

여성학자 정희진은 미투가 젠더 이슈와 직결된 현상이고, "젠더에 대한 인식 없이는 한국사회를 이해할 수 없다"고 말한다.[17] 사실, 한국사회를 지배하

---

16 2019년, 개인 커뮤니케이션.

던 가부장적인 가치관은 단순히 남성과 여성에 대한 차별로만 나타난 것이 아니라 위계에 의한 상급자와 부하, 갑과 을 사이에서도 고스란히 적용되어 왔다고 볼 수 있다. 그렇기에 기성세대가 강요하는 집단을 위한 개인의 희생논리에 공감하기를 거부하는 대한민국의 2030 세대는 남녀를 불문하고, 위력에 의한 성폭력이 발생한 안희정 사건의 김지은의 입장을 지지하고 미투 운동에도 응원을 보내는 것이다.[18]

이 책에서 다루고 있는 미국산 쇠고기 수입 반대 시위, 4대강, 세월호, 메르스, 최순실 국정농단, 박근혜 대통령 탄핵, 미투에 이르기까지 다양한 사건사고를 관통하는 것은 우리나라 국민들의 개인, 사회, 국가에 대한 깊은 불신이다. 한 사회학자는 이런 상황을 두고 한국사회의 가장 커다란 유산은 불신이며, 한국사회를 '불신지옥'이라고 칭하였다.[19] 조직과 공중 간 커뮤니케이션 관리로 규정되는 PR의 궁극적인 목적은 상호 호혜적인 관계의 형성과 유지이다. 그리고 조직-공중 간의 관계성은 공중이 대상 조직에 대해 인식하는 만족, 상호통제, 헌신, 신뢰의 정도로 측정된다. 2000년대 이후 관계성은 핵심 PR 성과지표로서 연구되어 왔으며, 특히 신뢰는 관계성에서 가장 중요한 요소임이 반복적으로 확인되었다. 다수의 학자들은 PR의 사회적 가치가 결국 사회적 신뢰의 회복에 기여하는 데 있다고 주장한다.[20] 이는 다시 말해, 조직 내외의 공중들과 쌍방향 소통을 통해 서로 신뢰를 회복하고 이를 유지하도록 돕는 것이 PR 영역의 소명이라는 것이다. 대한민국에 만연한 불신은 PR 커뮤니케이션이 자신의 사회적 소명을 제대로 실천하지 못하고 있음을 확인해 주는 것이기도 하다.

---

17 정희진, 『미투의 정치학』(교양인, 2019).

18 한국여성정책연구원, 「미투 운동 이후 사회변화에 대한 의견 조사」.

19 최태섭, 『억울한 사람들의 나라』, 28쪽.

20 이유나, 「제2장: PR의 사회적 책임과 역할」, 『디지털 사회와 PR윤리』(커뮤니케이션 북스, 2018).

최태섭은 민주화와 신자유주의 시대는 상명하달이 아닌 평등한 의사소통과 자유로운 의사개진을 강조해 왔지만, 사실 형식만을 강조하였을 뿐 소통의 질과 내용은 결코 평등하거나 쌍방향적이지 않았다고 비판했다.[21] 그는 우리나라 전반에서 이른바 '답정너'(답은 정해져 있으니 너는 말하기만 하라는 뜻) 식 껍데기 소통만이 팽배하여 사람들의 냉소를 증가시켰을 뿐이라고 하였다. 이러한 그의 비판은 그동안 PR 커뮤니케이션 영역에 대해 제기되어 온 냉소적 비판과도 결을 같이한다.

비판 커뮤니케이션 전통을 이어받은 유럽 PR학자들은 이미 1990년대 후반부터 PR이 소위 있는 자 혹은 권력자들이 원하는 바를 얻어내기 위해 이해관계자 혹은 공중들을 설득하는 전략을 개발하는 것에만 집중해 왔다고 주장해 왔다. 그들은 조직의 입장보다는 공중들의 입장과 시각에 무게중심을 둔 커뮤니케이션 연구와 실무가 더 확장되어야 한다고 소리 높여 온 바 있다. 한국 사회에서 PR이 학문적 - 실무적 영역으로서 안착한 역사는 그리 길지 않으며, 재벌기업과 군부정권하에서 실행되던 PR 커뮤니케이션은 막강한 의제설정력과 영향력을 가진 언론관계 활동으로서 시작된 바 있다. 88 올림픽과 문민정부의 시작, 시민사회의 성장 등을 토대로 PR은 일방향적인 커뮤니케이션이 아니라 쌍방향적인 커뮤니케이션으로서 조직과 공중 모두의 입장과 이익을 고려해야 한다는 방향성을 지향하게 된 것은 겨우 수십 년에 지나지 않는다. 특히 모바일 기기의 편재성과 소셜 미디어의 확산으로 대변되는 급격한 매체 환경의 변화에 따라 이제 '피할 것은 피하고, 알릴 것은 (알리고 싶은 것만) 알리는' PR 커뮤니케이션은 불가능해졌다.

미투 운동은, PR 커뮤니케이션의 관점에서 볼 때 대한민국의 그 어떤 영향력자나 그가 속한 조직도 잘못된 의사결정이나 부당한 행동에 대한 공중들의 문제제기로부터 자유로울 수 없음을 극명히 보여준 사건으로 해석될 수 있

---

21 최태섭, 『억울한 사람들의 나라』.

다. 조직들은 보다 더 공중에 대한 이해도를 높여야 하며 조직의사결정 과정에서 공중의 의견과 문제제기를 심각하게 고려하고 반영할 필요가 있음을 보여준다. 또한 미투 운동은 조직이 공중들과 신뢰를 형성하려면 껍데기만 쌍방향적인 소통이 아니라 진정성을 가진 메시지와 그에 상응하는 행동변화를 보여야 한다는 교훈을 주고 있다. 이제 공중들은 불만족스러운 조직의 행동과 소통노력에 대해 그냥 지나치지 않으며, 영향력 행사를 위해 제도화된 언론에만 의존하지도 않는다. 공중들은 소셜 미디어를 통해 직접 '디지털 시민권'을 행사하고 영향력을 확보한다.[22]

한편, 우리 사회에 일대 파장을 일으킨 미투 운동에 문제점이 없는 것은 아니다. 사실 확인과정이 누락된 채 소셜 미디어 등을 통한 폭로가 이루어지면 피해자뿐 아니라 가해자도 2차 피해를 입을 가능성에 노출되며 제도적 보호를 받는 데 어려움이 생길 수 있다. 예를 들어, 가해자로 지목된 일부 사람들이 생을 마감하는 극단적 선택을 하는 모습은 미투 운동의 그림자를 보여준다. 향후 성폭력에 대한 제도적 문제해결 과정과 결과에 대한 신뢰가 증진되어야만 이와 같은 개인적 소셜 미디어를 통한 폭로의 부작용도 감소될 수 있을 것이다. 미투 운동은 PR 커뮤니케이션 관점에서 보자면 결국 우리 사회에 만연한 불신, 더 상세히는 제도적인 소통과정과 결과에 대한 불신이 표출된 사건이라고도 할 수 있다. 조직과 이를 둘러싼 공중과의 제도적인 커뮤니케이션 관리를 담당하고 있는 PR에 대한 신뢰회복이 그 무엇보다 중요한 시점이다. 즉, 미투 운동은 PR 커뮤니케이션이 더는 '불신지옥'을 확대재생산하는 데 기여해서는 안 되며, 진정한 쌍방향균형성 회복을 통한 사회적 신뢰회복에 기여하는 것이 시대적 당위라는 교훈을 주고 있다.

<hr>

22 정희진, 『미투의 정치학』, 85쪽.

➡ 참고자료

마경희·문희영·조서연·김리나. 2017. 「2017 보고서: 지배적 남성성의 균열과 변화하는 남성의 삶」. 한국여성정책연구원.

이유나. 2018. 「제2장: PR의 사회적 책임과 역할」. 『디지털 사회와 PR윤리』. 커뮤니케이션북스.

정인·강서진. 2019. 「한국 1인 가구 보고서」. KB금융지주 경영연구소.

정희진. 2019. 『미투의 정치학』. 교양인.

최태섭. 2019. 『억울한 사람들의 나라』. 위즈덤하우스.

핀켈. 2019. 『괜찮은 결혼』. 지식여행.

한국여성정책연구원. 2019. 「한·중 미혼여성의 결혼과 출산, 가족변화를 조망하다」. 보도자료(https://www.kwdi.re.kr/plaza/bodoView.do?idx=122823).

_____. 2019. 「미투 운동 이후 사회변화에 대한 의견 조사」. 보도자료(https://www.kwdi.re.kr/plaza/bodoView.do?p=2&idx=123303).

YTN. 2019.7.19. 보도. "'서지현 검사 인사보복' 안태근 前 검사장, 대법원 상고". https://www.ytn.co.kr/_ln/0103_201907191350064852(검색일 2019. 8.2).

《연합뉴스》. 2018.4.13. "'성추행·인사보복 의혹' 안태근 전 검사장 수사 일지". https://www.yna.co.kr/view/AKR20180413167400004?section=popup/print(검색일 2019.8.2).

OMG,[1] BTS 새 뮤비 봤어?

2019년 ● 방탄소년단BTS의 한류 열풍

한은경

성균관대학교 미디어커뮤니케이션학과 교수

미국의 청소년은 물론이고 대학생까지도 하루의 시작을 SNS에 "OMG, did you see the new M/V of BTS?"라는 말을 올리면서 하루를 시작한다는 우스갯소리가 있다. 사실 우스갯소리만은 아니고 실제로 그렇다고 해도 무방할 정도로 방탄소년단BTS의 열풍은 거세다. BTS 멤버 중에는 왕자도 있고, 변신한 말과 괴물도 있다는 말은 어린 BTS 신봉자들 사이엔 공공연한 듯 떠도는 비밀이다.

한류의 바람이 거세게 불기 시작한 22년 전만 해도 이렇게 오랫동안 한류가 지속되리라고 생각한 사람은 많지 않았다. 그럼에도 한류는 꺼질 듯하다가 다시 더 큰 불로 타오르는 저력을 보이며 이제 BTS가 세계무대의 정점에서 맹활약 중이다. 무엇이 이들을 계속 타오르게 하는가? 그 동력의 정체는 무엇인가?

방탄소년단, 즉 BTS는 2010년 9월 방시혁의 빅히트 엔터테인먼트가 포털인 다음Daum과 함께 BTS의 멤버를 모집하는 전국 오디션 〈힛잇Hit It〉을 통해

---

1   Oh My God의 약자로 '어머나', '세상에' 등 놀라움과 감탄의 표현으로 쓰인다.

탄생했다. 오디션의 전 과정을 SNS에 공개하면서 진행된 이벤트는 당시만 해도 획기적인 기획으로 그 결과 RM, 슈가, 진, 제이홉, 지민, 뷔, 정국 등의 멤버를 발탁되었다. 기획력과 실력이 탄탄함에도 그들의 성공은 쉽지 않았다.

그러나 4년 뒤인 2014년, BTS의 공식 팬클럽인 ARMY가 창단되면서 분위기가 달라지기 시작했다. ARMY의 전폭적인 지지와 SNS에서의 맹활약으로 BTS의 인기와 활동무대는 폭발적으로 확장되기 시작했다. 2015년 「화양연화」가 각종 음악 방송에서 1위에 랭크되고 그다음 해에는 전 세계에서 가장 많이 리트윗된 아티스트로 선정되었다. 앨범 〈화양연화〉에 이어 2016년 두 번째 발매된 앨범 〈Wings〉는 미국, 영국, 일본, 중국 등의 국제시장에서 음원차트 상위권에 진입하였다.

2017년에는 북미와 중남미의 월드투어를 하였고 빌보드에서 톱 소셜 아티스트Top Social Artist를 수상했으며 〈Love Yourself〉의 수록곡인 「DNA」로 미국 AMA 초청 공연을 했다. 또한 동일 앨범의 「TEAR」로 빌보드 200에서 1위를 달성하였으며, 「Fake Love」로 빌보드 핫 100 차트 10위를 기록했다. 그 여파를 몰아 BTS는 미국 UN 본부에서 연설하는 영예를 누렸다. 2017년을 기점으로 BTS는 폭발적인 인기를 보이고 특히 유튜브와 SNS 이용자 수에서 인지도가 증가하고 있음을 볼 수 있다. 올해 앨범 〈Map of the Soul: Persona〉가 빌보드200에서 1위를 기록하였으며, 미국 《타임》지에서 '세계에서 가장 영향력 있는 인물 100인'으로 선정되었다.

♣ 삶의 균열, 그 심연을 바라보는 통찰력

2018년 1월 BBC 〈웹 뉴스Web News〉는 스테파니 페어필드Stephanie Fairfield의 이야기를 톱뉴스로 다루었다. 초등학교 영어교사였던 23세의 스테파니는 BTS를 좀 더 잘 이해하기 위해서 한국어를 배웠고, BTS에 가까이서 지내고 싶다는 목적으로 서울로 왔다. BTS의 「No More Dream」을 듣는 순간 그녀는

BTS에게 완전히 빠져들었고 그들이 무엇을 노래하는지 궁금해서 견딜 수 없었다. 그리고 그들의 가사를 이해하게 되었을 때, 그때의 전율을 잊을 수 없었다. 결국 BTS와 그저 좀 더 가까이 있고 싶다는 욕망으로 자신이 여태껏 쌓았던 삶을 송두리째 팽개치고 무작정 한국으로 향했다는 것이다. 이러한 스테파니의 이야기에 BBC뿐만 아니라 BTS마저 너무 놀랐다고 한다. 무엇이 그런 과감한 행로를 나서게 만들었을까? 스테파니는 BTS의 비디오를 보는 순간마다 감동에 빠진다고 한다. 즉 BTS는 오디오와 비디오로 완벽하게 무장한 곡을 선보인다는 점이다.

결국 BTS 성공의 핵심은 본인들의 이야기인 듯 진솔한 서사구조를 지닌 가사와 곡들, 그리고 이들과 완벽한 조화를 이루는 군무는 현대를 살아가는 젊은이들을 팬덤으로 몰아가는 기본 동력이다. 그들의 노래는 젊음이 느끼는 내적인 고민이나 사회적 이슈를 담고 있어 공감의 폭이 넓다. 그리고 이러한 노래를 특출한 퍼포먼스를 토대로 학교폭력, 자살, 입시, 취업난 등 현재 사회에서 흔히 일어나는 각종 이슈를 충격적인 비주얼에 넣어 메시지를 전달한다. 예를 들어, 방탄소년단BTS의 「Love Myself: Answer」에서는 "타인을 사랑하는 것보다 나 자신을 사랑하는 것이 더 어려운 것, 그래서 이제 나 자신을 용서하자"라고 노래한다.

> 어쩌면 누군가를 사랑하는 것보다
> 더 어려운 게 나 자신을 사랑하는 거야
> …
> 니 삶 속의 굵은 나이테
> 그 또한 너의 일부, 너이기에
> 이제는 나 자신을 용서하자 버리기엔
> 우리 인생은 길어
>
> — BTS, 「Love Myself: Answer」 중

어떻게 보면 BTS의 가사는 1960~1970년대 세계의 젊은이들을 열광으로 몰고 갔던 비틀즈의 취향과 닮은 느낌을 준다. 그만큼 세상을 색다르게 바라보고, 낡아버린 통념을 과감히 거부하고 스스로를 사랑할 수 있는지에 대한 고뇌와 자아존중감이 가사에서 우러난다. 2015년에 발매한 〈화양연화〉를 보면 불확실한 미래로 인해 위태롭고 항상 불안에 시달리는 청춘들의 모습, 그리고 꿈을 향해 질주하려는 젊은 세대의 이야기를 담고 있다. 또한 2017년과 2018년에 걸쳐 발매한 〈Love Yourself〉를 보면 사랑을 시작하는 사람들의 설렘과 두근거리는 마음, 이별했을 때 느끼는 아픔, 사랑하는 사람을 만나고 사랑하면서 각자의 자아를 찾아가는 감정적 변화를 서사구조라는 틀 안에서 보여주고 있다.

❖ BTS 템플 기사단, '아미ARMY'

BTS의 팬클럽, 그저 팬클럽이라는 언어는 그 실상을 재현하기에는 너무 작은 말이다. 말 그대로 그들은 ARMY이다. 미국 ARMY의 홈페이지 첫머리에 홈페이지 운영에 관한 면책조항이 명시되어 있다. 거기에는 "우리는 단지 군대 ARMY일 뿐이다. 당신을 BTS에게 쉽게 접근하도록 돕는 ARMY일 뿐이다"라고 쓰여 있다. 멋진 카피보다 더 근사하고 크게 들린다. 이들은 전 세계에 거미줄처럼 퍼져 있다. 어마어마한 자금을 들여서 누군가가 건설한 군대가 아니다. 마치 성배를 지키기 위해서 스스로 일으킨 십자군 전쟁의 주역, 템플 기사단처럼 스스로의 자금을 털어, 자신의 몸을 바쳐 엮어낸 군대이다. 이들은 미군보다 거대하고 조밀하게 세계 곳곳을 거미줄처럼 얽어매고 있다.

말 그대로 BTS의 템플 기사단, 즉 군대로서 이들은 충성스럽다. 이들은 BTS 팬덤일 뿐 아니라 BTS의 정체성 형성에 중요한 역할을 담당하고 있다. 그 첫째는 팬챈트이다. 팬챈트는 BTS가 공연을 할 때 응원구호를 외치거나 자신들의 우상인 BTS에 대한 집단의례를 하는 것을 의미한다. 둘째, 음원 스트리밍이다. 이들은 BTS에 대한 지지 의사로 음원이나 여러 영상에 대해 구매를 하는 등의 미션을 수행한다. 셋째, 전 세계적으로 통일되고 조직적인 팬덤을 형성하여 커뮤니케이션한다. 특히 두터운 팬덤은 BTS의 전 세계적인 인기와 흥행에 가장 주요한 영향 요인이라고 볼 수 있다. 국내외 팬들의 전폭적인 지지가 BTS 공연, 음원판매 그리고 방송 및 시상식의 투표로 이어졌다. 그 결과 BTS의 활동무대가 국내를 비롯해 전 세계로 확대될 수 있는 계기를 만들었다. ARMY는 SNS에 영상이나 이미지를 올림으로써 BTS를 자발적으로 홍보하고 한국어 열풍을 일으키고 SNS 조회 수를 올리는 데 결정적인 역할을 한다.

❖ 소셜 미디어 활용의 귀재

BTS의 음원 데뷔는 2013년 6월이었으며, 2012년 말부터 SNS 활동을 블로그와 트위터를 통해 시작했다. BTS는 TV 출연과 동시에 자신들이 녹화 전 안무 연습하는 영상을 유튜브에 올렸다. 데뷔 전이나 후에도 BTS는 자신들의 안무 연습과 일상생활을 자유롭게 포스팅하면서 팬들과의 공감대를 유지하고 있다. 또한 활동이 없을 때조차 멤버들의 일상과 음악, 팬과의 커뮤니케이션을 지속적으로 업데이트한다.

BTS는 콘텐츠 생태계이면서 플랫폼으로 자신의 역할을 규정하고 있다. 그들은 연예계에서 일반적으로 사용하는 신비주의를 과감하게 버리고 실시간 1대 1 소통 방식을 택했다. 트위터, 유튜브, 인스타그램 등의 SNS 플랫폼 특성에 따라 서로 다른 메시지 전략을 구사하며, 글로벌 팬들에게 '모두의 우상이면서 동시에 나만의 우상'을 만들어주었다. BTS 신드롬의 진원지는 소셜 미디어이다. 소셜 미디어는 시간과 공간을 뛰어넘어 실시간으로 전 세계 모든 사람과 양방향 소통을 할 수 있기 때문에 대륙별·국가별 갭이나 시간적 갭이 발생하지 않고 동시다발적으로 전 세계적인 인기를 얻을 수 있다. 또한 소셜 미디어 플랫폼은 개인화된 맞춤형 미디어로서 7명의 멤버별 판타지를 개별 소구하는 데 최적화되어 있다. 무한대의 바이럴 루프Viral Loop, 유튜브 같은 온라인 동영상 스트리밍streaming 채널, ARMY 등 이 모든 첨단 장치들이 BTS의 인기와 선한 이미지 증폭에 정조준되어 있다.[2] 그리고 그 조준점은 정확히 BTS에게 생명력을 공급하는 원천이다.

➡ 참고자료

김정수. 2018. 「방탄소년단BTS에 투영된 정책의 나비효과: 긴급조치 9호는 어떻게 K-Pop의 성공을 가져왔을까?」. 2018 한국정책학회 동계학술대회, 19~44쪽.

김예구. 2018. 「KB 지식비타민: 방탄소년단BTS 사례를 통해 본 디지털 시대의 브랜드 커뮤니케이션」. KB 금융지주 경영연구소, 1~9쪽.

류은주·변정민. 2019. 「K-Pop의 한류 지속을 위한 소셜 미디어 활용 방안에 대한 고찰: 방탄소년단의 활동 패턴 분석을 중심으로」. 《문화와융합》, 41(3), 167~218쪽.

박용정·류승희·정민·한재진. 2019. 「방탄소년단BTS의 성공요인 분석과 활용방안」. 《경제수평》, 19-19(통권 842호), 현대경제연구원.

정민·오준범·신유란·류승희. 2018. 「방탄소년단BTS의 경제적 효과」. 《현안과 과제》, 18-15호. 현대경제연구원.

양희수·현은정. 2019. 「신문 기사 담론 토픽 모델링분석을 통한 방탄소년단의 성공 요인에 대한 탐색적 연구」. 《문화와융합》, 41(1), 55~92쪽.

윤여광. 2019. 「방탄소년단BTS의 글로벌 팬덤과 성공요인 분석」. 《한국엔터테인먼트산업학회 논문지》, 13(3), 13~25쪽.

이민하. 2019. 「트랜스미디어 스토리텔링을 활용한 브랜드 마케팅」. 《한국엔터테인먼트산업학회 논문지》, 13(3), 351~361쪽.

이영지·오효정·안승권. 2019. 「대중음악 아카이브를 위한 K-Pop 팬덤 기록 특성 분석

---

2 윤여광. 2019. 「방탄소년단BTS의 글로벌 팬덤과 성공요인 분석」, 《한국엔터테인먼트산업학회 논문지》(2019), 13(3), 13~25쪽.

및 활용 방안: 방탄소년단 팬덤 '아미'를 중심으로」.《기록학연구》, no.60, 161
~194쪽.

Fisk, R. P. and K. A. Coney 1982. *Conceptual and empirical contributions to consumer
satisfaction and complaining behavior*, Indiana University Press, Bloomington,
IN, 9~16.

https://www.bbc.com/news/newsbeat-42718123

https://www.usbtsarmy.com/

엮은이 _ (원고 수록순)

한국PR협회|Korea Public Relations Association

1989년 PR산업의 발전과 PR업계 종사자의 권익 보호 및 상호 친선을 목적으로 설립된 단체.
한국PR대상, PR전문가인증시험, PR포럼 및 세미나, PR인의 날 행사 등을 개최하고 있다.

지은이 _

김경해 kyonghae@commkorea.com

커뮤니케이션즈코리아 대표로서 1987년 국내 최초로 PR전문 대행사를 설립하고 30년간 국내
외 유수의 기업을 대상으로 한국 미디어 환경에 부합하는 전문 PR 서비스를 제공하고 있다. 지
난 1999년에는 국정홍보의 민간기법 도입에 대한 공로를 인정받아 김대중 대통령 표창을 수상
하였다.

문철수 moon@hs.ac.kr

한신대학교 미디어영상광고홍보학부 교수이다. 성균관대학교 신문방송학과를 졸업하고, 동
대학원에서 언론학 박사학위를 취득한 뒤 한국언론연구원 선임연구위원을 지냈다. 한국언론
학회 회장과 한국광고홍보학회 회장을 역임했으며, 관심 분야는 미디어 관계와 정책PR이다.
주요 저서로는 『미디어 정책론』(공저), 『PR캠페인』(공저) 등이 있다.

한광섭 kshahn@naver.com

2016년부터 한국PR협회 회장과 한국광고단체총연합회 이사를 맡고 있다. 1993년 삼성전자 홍
보팀 소속으로 대전엑스포 '93의 '무인비행선'과 '사물놀이 로봇' 프로젝트를 맡아 진행했다.
2012년 여수엑스포 삼성관 프로젝트를 맡아 삼성관 건설과 운영을 총괄했다. 삼성그룹 구조조
정본부, 삼성전자, 삼성물산 커뮤니케이션팀에서 기업 커뮤니케이션 관련 제반 업무를 수행했
다. 한국광고주협회 뉴미디어위원장, 운영위원을 역임했다. 현재는 CJ주식회사 커뮤니케이션
실장으로 재직 중이다. 저서로 시집 『그 시간들의 풍경』(2002), 『미운 이 누구냐고』(2006)가
있고, 역서로 『국경을 넘는 마케팅』(2004)이 있다.

조재형 young@prone.co.kr

피알원 대표이사이다. 한양대학교 광고홍보학 박사로서 1984년 LG 홍보실에 입사하여 1990년
LG홍보기획팀장을 지냈다. 신화커뮤니케이션 대표(1993)와 PR기업협회 회장(2006~2007),

그리고 숭실대 언론홍보학과 겸임교수(2008~2018)와 한양대학교 언론대학원 겸임교수(2016, 2018)를 역임하였다. young@prone.co.kr

최창섭 choices@sogang.ac.kr
언론학박사로서 미디어콘텐츠학술연합 공동의장, 국회품앗이포럼공동대표, 상생과통일포럼 공동대표이다. 서강대 신문방송학과 교수, 부총장 및 총장대행을 역임하고 한국언론학회장, 한국 PR협회 회장, 문화관광체육부 지역신문발전위원장, MBC 방송문화진흥회 이사, KBS시청자위원회 위원장을 역임하였다. 저서로는 『방송철학』, 『自我커뮤니케이션』, 『영상美學』, 『한국방송론』, 『미디어산책』, 『언론통제론』, 『지식을 넘어 지혜를 향해』 등이 있다.

권오용 oykwon0070@naver.com
한국가이드스타 상임이사이다. 1955년생으로 고려대학교를 졸업하고 전국경제인연합회(런던, 도쿄 주재원) 국제경제실장을 지냈으며 SK(주) 사장과 효성그룹 고문을 역임하였다.

심인 sogangco@chol.com
언론학 박사로서 서강엔터프라이즈(주) 대표이다. 한국PR협회 회장과 전국경제인연합회 홍보실장 및 이사를 역임하였다.

김광태 doin4087@hanmail.net
(주)온전한커뮤니케이션 회장과 서강대학교 언론대학원 겸임교수로 활동하고 있다. 삼성전자 홍보팀 전무를 역임했고 한국PR협회 홍보이사, 광고주협회 광고 분과위원장, 서울신문 독자 권익위원회 위원장을 역임하였다.

장혜연 helen.jhang@ketchum.com
글로벌 PR대행사 케첨Ketchum 상무이다. 서강대학교 신문방송학과를 졸업하고 광고대행사, PR대행사 리앤컴을 거쳐 2010년부터 제일기획에서 삼성올림픽 후원 PR과 아시안게임, 첼시구단 등 삼성 글로벌 스포츠마케팅 PR 업무를 담당하였다. 케첨에서 PR 기획과 스포츠 분야를 맡고 있으며 2018 평창동계올림픽에서는 한국 P&G 올림픽 후원 및 땡큐맘 캠페인 PR을 담당하였다.

김흥기 sanimini@hanmail.net
한국사보협회 회장, 런던국제광고제 한국대표, 동국대 언론정보대학원 겸임교수, 한국광고홍보인협회 운영위원 겸 이사이다. 대방기획 PR국 부국장과 PR컨설팅회사 (주)마인 대표이사를 역임했다. 1989년 「심상」으로 등단한 시인이며, 저서로는 『PR실무론』, 『PR과 이벤트 마케팅』, 『인쇄매체 헤드라인 카피의 이론과 실제』, 『국정홍보 길라잡이』(공저) 등이 있다.

이준경 jklee@leencomm.co.kr
종합 PR회사인 리앤컴의 대표이다. 한국PR기업협회 KPRCA 회장을 역임했으며, 30년 넘게 PR 분야 현장에서 뛰고 있다. 1987년부터 2000년까지 LG그룹 회장실(전 기획조정실) 홍보팀, HS 애드(전 LG애드) PR팀에서 근무했다.

신호창 hochang@sogang.ac.kr
서강대 커뮤니케이션학부 교수이다. 서강대학교 정치외교학과를 졸업하고 켄터키대학교 커뮤니케이션대학에서 석사학위를, 오하이오대학교 저널리즘스쿨(Public Relations 전공)에서 박사학위를 받았다. 한국PR협회 연구이사, 부회장, 고문 등을 지냈고, 전북대 신문방송학과 교수, 이화여대 언론홍보영상학부 교수, International Communication Association Public Relations Division, Program Chair & Chair, 한국PR학회 회장을 역임하였다.

박찬혁 sportspark@naver.com
한화생명 브랜드전략팀 상무이며, 제일기획을 거쳐 한화그룹 경영기획실 IMC파트 부장 및 한화이글스 마케팅 팀장을 맡아왔다. 삼성의 첼시FC, LPGA, 올림픽, 수원블루윙즈 및 한화의 유벤투스FC, SF자이언츠, 함부르크SV, 한화이글스 등 다수의 스포츠마케팅 업무를 포함, 최근에는 브랜드 마케팅 차원에서 통합 한화 금융 브랜드인 라이프플러스를 책임지고 있다. 뉴욕광고제, 레드닷디자인어워드 및 대한민국광고대상 등의 주요 수상경력이 있다.

신성인 sishin@kpr.co.kr
KPR의 부회장으로 KPR커뮤니케이션그룹을 총괄하고 있으며 한국IMC연구회 부회장직을 맡고 있다. 사단법인 한국PR기업협회 KPRCA 회장을 다섯 차례(4, 8, 16~18대) 역임했다.

조삼섭 josamsup@sookmyung.ac.kr
2004년부터 현재까지 숙명여자대학교 홍보광고학과 교수로 재직 중이다. 제일기획(1989~1996)을 거쳐, 2003년에 플로리다대학교에서 언론학(PR 전공)으로 박사학위를 받았다. 16대(2014~2015) 한국PR학회 회장을 역임하였다.

유재웅 yoojw777@hanmail.net
을지대학교 홍보디자인과 교수이다. 고려대학교 신문방송학과를 졸업하고 연세대학교에서 석사학위를, 한양대학교 신문방송학과에서 박사학위를 받았다. 제23회 행정고등고시(1979)를 통해 공직에 입문했다. 국정홍보처 국정홍보국장, 홍보기획국장, 대통령홍보기획비서관, 해외홍보원장을 역임했다. 저서로『PI, 최고 책임자의 이미지 관리』,『이미지 관리』,『한국사회의 위기사례와 커뮤니케이션 대응 방법』,『위기관리의 이해』,『정부 PR』,『국가 이미지』등이 있고, 역서로『PR이론』,『이미지 외교』가 있다. 다수의 논문을 SSCI급 국제 저널 및 국내 주요 학술지에 발표했다.

박영숙 yvonne.park @fleishman.com
플레시먼힐러드 코리아와 케첨 코리아의 총괄대표로서, 아름다운재단 이사, 재단법인 숲과나눔 이사이기도 하다. 연세대학교 언론홍보영상학부 겸임교수, 국가경쟁력강화위원회 위원, 청와대 대통령실 정책홍보자문위원, 정부혁신지방분권위원회 위원, 국가이미지개발위원회 위원을 역임하였다. 저서로는『기업문화가 답이다』(2014/공저),『공공브랜드의 전략적 관리』(2014/공저)가 있다.

이용식 mentorys@hanmail.net
1인 기업 SynergyPR의 대표이며 한국PR협회 감사를 맡고 있다. 한국 IBM에서 23년(PR실무자 4년, PR 관리자 15년, PR 임원 4년), 메트라이프생명에서 PR 임원 3년, 한국씨티은행에서 커뮤니케이션본부장 5년, 한국해비타트에서 협력개발본부장과 해외사업본부장으로 3년간 근무했으며 홍익대학교에서 PR기획실습 과목을 강의했다.

정민아 mina.jeong@allisonpr.com
앨리슨 파트너스 코리아Allison＋Partners Korea의 공동대표이자 KPRCA 19대 회장을 맡고 있다. 2002년에 민커뮤니케이션M＆K PR을 창업해 지속적으로 성장·발전시켰으며, 2018년에 글로벌 커뮤니케이션 에이전시인 앨리슨 파트너스와 파트너십을 통해 한국시장 성장을 지원하고 있다. 저서로는『하룻밤에 읽는 블록체인』(2018)이 있다.

박종민 jongmin@khu.ac.kr
경희대학교 언론정보학과 교수이다. 고려대학교 독어독문학과, 일반대학원 신문방송학과를 졸업하고, 미국 미주리 주립대학교에서 광고홍보학 석사, 언론학박사를 취득하고 부산대학교 신문방송학과 조교수를 지냈다. 한국광고홍보학회장과 독립기념관 이사를 역임했다. 주요 저서로는『Public Relations Leaders as Sensemakers: A Global Study of Leadership in Public Relations and Communication Management』(공저),『커뮤니케이션 과학의 지평』(공저),『정책PR론』(공저) 등 12권과 20여 편의 해외논문(SSCI), 100여 편의 국내논문이 있다.

김병희 kimthomas@hanmail.net

서원대학교 광고홍보학과 교수이다. 한국PR학회 제15대 회장과 한국광고학회 제24대 회장으로 봉사했다. 『100개의 키워드로 읽는 광고와 PR』(2017, 공저), 『문화예술 PR』(2015) 외 다수의 서서가 있으며, 「호스피스·완화의료에 대한 인식 수준과 PR 캠페인의 선제」(2018) 외 다수의 논문을 발표했다. 한국갤럽학술상 대상(2011), 제1회 제일기획학술상 저술부문 대상(2012), 교육부·한국연구재단의 연구성과 확산 우수 연구자 50인상(2017)을 수상했다.

이갑수 kevin.lee@inrcomm.com

종합 PR 회사 INR의 사장으로, 한국관광공사, 오리콤 PR국장을 거쳐, PR회사인 IPR을 설립하여 대표이사를 지냈다. 글로벌 PR기업 네트워크로는 세계 최대인 PROI Worldwide의 아시아 - 태평양 지역 부회장(2010~2012)과 한국 PR기업협회KPRCA의 회장을 두 차례(2005, 2009) 역임했으며, 서울신문 옴부즈맨 칼럼니스트, MBC시청자 평가원 등을 역임한 바 있다. 광운대학교, 한양대학교, 홍익대학교에서 강사와 겸임교수로 PR 과목을 강의하였고, 공동 번역서로 『인터널 마케팅』이 있다.

조영석 stonecys@naver.com

아시아나항공에서 홍보·광고·사회공헌 업무를 관장하는 커뮤니케이션 담당 상무이다. 고려대학교 영문과를 졸업하고 연세대학교에서 언론홍보학 석사학위를 취득했다. 27년간 언론 홍보 분야에 몸담고 있는 홍보전문가KAPR 1기이며 (사)한국PR협회 이사, (사)아시아나국제단편영화제 AISFF 집행위원이다. 《경향신문》의 〈내 인생의 책〉, 《매일경제》의 〈여행 반올림〉 등 칼럼 필진을 역임하였다.

김영욱 kimyw@ewha.ac.kr

이화여자대학교 커뮤니케이션·미디어학부 교수이다. 미국 일리노이주립대학교 커뮤니케이션학과 조교수, 미국 하버드대학교 법과대학 협상연구소 풀브라이트 교환교수 등을 역임했다. 단독 저서로는 『위험 커뮤니케이션』, 『PR 커뮤니케이션 이론의 진화』, 『갈등해소와 대체적 분쟁해결』 등이 있다.

김재인 kji63@hanmail.net

다트미디어 고문으로 있으면서 한국PR협회 기획이사를 맡고 있다. 서울대학교 신문학과(현 언론정보학과)를 졸업하고 삼성전자 광고·마케팅 분야에서 20여 년 근무했다. 인천아시안게임 홍보본부장, 서울주택도시공사 홍보처장을 역임했다.

성민정 mjsung@cau.ac.kr

중앙대학교 광고홍보학과 교수로 재직 중이며 한국PR학회 부회장, 한국PR협회 연구이사를 지내고 있다. 미국 메릴랜드대학교University of Maryland에서 홍보학 박사를 취득하였고 미국 뉴욕시립대학교City University of New York 조교수를 역임한 바 있다.

최영택 texani@naver.com

(주)온전한커뮤니케이션 대표이사이자 ≪The PR≫ 발행인이다. 연세대학교 신문방송학과를 졸업하고 인하대학교 언론정보학 박사로서 LG그룹, LG산전, 코오롱그룹 홍보 상무를 지냈다. 논문으로는 「소셜미디어SNS를 활용한 기업의 PR 활동에 관한 연구」가 있다.

김주호 jhkim@kpr.co.kr

종합커뮤니케이션 회사 KPR의 사장으로, 2018 평창동계올림픽대회 조직위 부위원장, 콜라보K 대표, 제일기획 마스터 등을 역임했다. 현재 한국PR협회 부회장을 맡고 있으며 네이버 블로그 '김주호의 PR의 힘'을 운영한다. 『이기는 홍보 성공하는 PR』, 『PR의 힘』, 『세계 10대 메가스포츠 이벤트 스폰서십』 등의 저서가 있다.

이유나 yrhee@ hufs.ac.kr

한국외국어대학교 미디어커뮤니케이션학부 교수이다. 이화여자대학교를 졸업하고, 메릴랜드대학교University of Maryland에서 저널리즘 석사 및 커뮤니케이션학 박사학위를 취득하고 미국 PR기업 오길비Ogilvy와 케첨Ketchum에서 일했다. 현재 한국PR학회장을 맡고 있으며, 관심분야는 사내커뮤니케이션과 정부·정책PR이다. 주요 저서로는 『공중관계PR 핸드북』(공저), 『글로벌PR』 등이 있다.

한은경 bird1226@gmail.com

성균관대학교 미디어커뮤니케이션학과 교수이다. 성균관대학교 영어영문학과를 졸업하고 동대학원에서 신문방송학 석·박사 학위를 취득한 뒤 한국방송광고진흥공사kobaco 연구위원을 지냈다. 한국광고홍보학회 학회장과 한국언론중재위원회 중재위원을 역임했으며, 관심분야는 브랜드·평판이다. 주요 저·역서로는 『브랜드관리』, 『명성을 얻어야 부가 따른다』, 『지속가능발전을 위한 광고의 새로운 패러다임』 등이 있다.

한울아카데미 2196

30대 뉴스에서 PR을 읽다

30인의 PR 전문가가 돌아본 30년간의 30대 뉴스

엮은이 **한국PR협회** | 펴낸이 **김종수** | 펴낸곳 **한울엠플러스(주)** | 편집책임 **조수임**

초판 1쇄 인쇄 **2019년 11월 5일** | 초판 1쇄 발행 **2019년 11월 20일**

주소 **10881 경기도 파주시 광인사길 153 한울시소빌딩 3층**
전화 **031-955-0655** | 팩스 **031-955-0656**
홈페이지 **www.hanulmplus.kr** | 등록번호 **제406-2015-000143호**

Printed in Korea.
ISBN 978-89-460-7196-4 03320
      978-89-460-6832-2 03320 (학생판)
* 책값은 겉표지에 표시되어 있습니다.
* 이 도서는 강의를 위한 학생판 교재를 따로 준비했습니다.
  강의 교재로 사용하실 때는 본사로 연락해주십시오.